Copyright desta edição © 2019 É Realizações
Título original: *La Dialectique de L'éternel Présent: De L'être*

Editor
Edson Manoel de Oliveira Filho

Produção editorial, capa e projeto gráfico
É Realizações Editora

Diagramação
Nine Design | Mauricio Nisi

Preparação de texto
Nelson Luis Barbosa

Revisão de texto
Edna Adorno

CIP-BRASIL. CATALOGAÇÃO NA PUBLICAÇÃO
SINDICATO NACIONAL DOS EDITORES DE LIVROS, RJ

L429d

Lavelle, Louis, 1883-1951
Do ser / Louis Lavelle ; tradução Carlos Nougué. - 1. ed. - São Paulo : É Realizações, 2019.
232 p. ; 23 cm. (Filosofia atual) (Dialética do eterno presente ; 1)

Tradução de: De l'être
ISBN 978-85-8033-371-8

1. Filosofia francesa. I. Nougué, Carlos. II. Título. III. Série. IV. Série : Dialética do eterno presente.

19-56736

CDD-194
CDD-1(44)

LEANDRA FELIX DA CRUZ - BIBLIOTECÁRIA - CRB-7/6135
29/04/2019 29/04/2019

Reservados todos os direitos desta obra. Proibida toda e qualquer reprodução desta edição por qualquer meio ou forma, seja ela eletrônica ou mecânica, fotocópia, gravação ou qualquer outro meio de reprodução, sem permissão expressa do editor.

É Realizações Editora, Livraria e Distribuidora Ltda.
Rua França Pinto, 498 · São Paulo SP · 04016-002
Telefone: (5511) 5572 5363
atendimento@erealizacoes.com.br · www.erealizacoes.com.br

Este livro foi impresso pela Pancrom Indústria Gráfica, em maio de 2019. Os tipos usados são Minion Condensed e Adobe Garamond Regular. O papel do miolo é o Lux Cream 70 g, e o da capa Ningbo C2 300 g.

"Este livro, publicado no âmbito do Programa de Apoio à Publicação 2014 Carlos Drummond de Andrade do Instituto Francês do Brasil, contou com o apoio do Ministério francês da Europa e das Relações Exteriores."

DIALÉTICA DO ETERNO PRESENTE
VOLUME I

DO SER

LOUIS LAVELLE

TRADUÇÃO
CARLOS NOUGUÉ

Sumário

Introdução à dialética do eterno presente 9

PRIMEIRA PARTE – A UNIDADE DO SER

1. Do primado do ser 31
    A. Primado da afirmação com respeito à negação 31
    B. Primado do ser com respeito à inteligência 33
    C. Primado do ser com respeito ao eu 36
    D. Primado do ser com respeito ao bem 39
    E. Privilégio do método analítico 41

2. Da universalidade do ser 43
    A. As diferentes espécies da afirmação 43
    B. O possível como modo do ser 45
    C. O tempo ou a relação entre os modos do ser, e não entre o ser e o nada 47
    D. Privilégio ontológico do instante 54

3. Da univocidade do ser 59
    A. O ser abstrato e o ser concreto 60
    B. A ideia de hierarquia e a de referência 68
    C. Univocidade ontológica e hierarquia axiológica 71
    D. A presença em cada ponto do ato criador 74

SEGUNDA PARTE – A MULTIPLICIDADE DO SER

4. Da extensão e da compreensão do ser 79
    A. Análise do ser 79
    B. O ser uno e infinito 82
    C. Distinção e solidariedade entre todos os conceitos 86
    D. Distinção e solidariedade entre todas as qualidades 91

E. Do conceito à essência, isto é, à ideia *97*
F. Dualidade da consciência ou ruptura do ser puro *103*

5. Do juízo de existência 109
A. O ser e a relação *109*
B. O juízo de inerência e o juízo de relação *115*
C. O ser como atributo e o ser como sujeito *119*
D. A cópula e o verbo *123*

6. Do ser do todo e do ser das partes 127
A. O ser do todo *127*
B. O ser da parte, isto é, do fenômeno *132*
C. O conhecimento ou a relação entre a parte e o todo *138*
D. O todo como ato e o todo como espetáculo *142*

TERCEIRA PARTE – A INTERIORIDADE DO SER

7. Do ser do eu 151
A. O pensamento, mediador entre o eu e o ser *151*
B. O eu que se limita e que se ultrapassa *160*
C. O eu ou a ligação entre o pensamento e o corpo *165*

8. Da ideia do ser 169
A. Adequação entre o ser e a ideia do ser *169*
B. A ideia do ser ou a potência infinita da afirmação *175*
C. A univocidade do ser e da ideia do ser, ou o segredo do argumento ontológico *178*
D. O ser e o conhecer *185*

9. Da presença do ser 191
A. A presença e o tempo *191*
B. A presença total e as presenças mútuas *197*
C. Ausência sensível e presença espiritual *203*
D. O possível e o cumprido *210*

Conclusão 217

DIALÉTICA DO ETERNO PRESENTE

Introdução à dialética do eterno presente

Quando trouxemos a lume, em 1928, a primeira edição deste livro, já tínhamos publicado duas obras: *La Dialetique du Monde Sensible* [A Dialética do Mundo Sensível] e *La Perception Visuelle de la Profondeur* [A Percepção Visual da Profundidade], que tinham sido apresentadas como teses de doutorado, a primeira delas composta na solidão do cativeiro no campo de Giessen, na Alemanha, de 1916 a 1918. Mas essas duas obras estavam longe de exprimir as primeiras abordagens de um pensamento destinado em seguida a se dilatar; pois este permanecia apegado desde muito tempo à consideração da imediação entre o eu e o ser, isto é, do poder que tenho de dizer eu, ou de fazer contato com o ser em minha própria participação no ser: aí sempre esteve para nós a experiência primitiva que todas as outras especificam.

E que se nos permita dizer que, muito antes de a palavra filosofia ter feito sentido para nós, podemos evocar duas emoções de nossa tenra idade que não cessaram de acompanhar para nós a própria consciência da vida, e cujo frescor nenhuma outra veio empanar: *a primeira*, saída da descoberta deste milagre permanente da iniciativa pela qual eu sempre posso introduzir alguma nova mudança no mundo, como mover o dedo mínimo, e cujo mistério reside menos ainda no movimento que produzo do que neste *fiat* de todo interior que me permite produzi-lo; e *a segunda*, da descoberta dessa presença sempre atual de que não consigo nunca me evadir, mas de que o pensamento do futuro ou o do passado tenta em vão me distrair, de modo que o próprio tempo, longe de fazer de minha vida uma oscilação indefinida entre o nada e o ser, me permite somente, graças a uma relação entre as diferentes formas da presença de que minha liberdade é o árbitro, constituir no ser um ser que é o meu.

Antes, porém, que esses temas pudessem ser aprofundados, as recreações do cativeiro nos tinham conduzido a nos perguntar, numa espécie de parêntese, onde haveríamos de encontrar uma contraprova dessas duas intuições fundamentais, em que podia se transformar o mundo das coisas e como podiam aparecer a qualidade e o conjunto dos dados sensíveis se o ser não era nada além de um ato que não se tornava nosso ser próprio senão por uma *démarche* de participação. É assim que tínhamos sido conduzidos a mostrar que os diferentes sensíveis limitam e cumprem as diferentes operações pelas quais se realiza nossa própria participação no ser, e que a visão goza na representação do mundo de um privilégio evidente, porque, conquanto me obriga a perceber o objeto em sua relação comigo, isto é, como fenômeno, ela o destaca todavia do eu, dando-lhe uma espécie de independência aparente, graças precisamente à *profundidade*.

Mas era preciso em seguida tentar apreender a noção do Ser em sua extrema pureza sob o risco de ser acusado de já não captar senão o vazio de uma abstração, ali onde precisamente se aspirava a descrever a gênese concreta de nossa própria existência. Tal era a tarefa a que nos consagramos antes de tudo. No entanto, este estudo do ser não era, por sua vez, senão o primeiro momento de uma empresa mais vasta a que já dávamos o nome de *Dialética do Eterno Presente* e que devia, ela mesma, compreender cinco volumes: *Do Ser, Do Ato, Do Tempo e da Eternidade, Da Alma* e *Da Sabedoria*, dos quais os três primeiros já apareceram, enquanto os dois últimos ainda estão em marcha. Mas, no momento em que nos pedem que reeditemos este pequeno livro *Do Ser* pelo qual tal dialética se inaugurou, pode ser útil confrontar os princípios que ele tinha posto, e que, em sua sobriedade quase excessiva, não podiam deixar de produzir certos mal-entendidos, com os desenvolvimentos que receberam ulteriormente e que podem servir para justificar sua significação e mostrar sua fecundidade. Talvez até seja conveniente definir sua relação com os temas fundamentais dessa filosofia da existência que é acolhida com tanto favor pela consciência contemporânea e que exprime tão fielmente seu estado de crise.

I

Introduzir novamente o problema do Ser na filosofia podia parecer, há cerca de vinte anos, uma espécie de paradoxo: não havia noção que estivesse então mais desprestigiada, não há nenhuma que se nos tenha tornado mais familiar. Mas habituaram-nos a um ascetismo intelectual que fazia do ser ora uma noção vazia, ora um objeto fora de alcance. O positivismo e o kantismo tinham triunfado: não podíamos esperar conhecer nada além dos fenômenos, seu modo de coordenação ou as condições lógicas que nos permitem pensá-los. Seria preciso resignar-se a dizer que os fenômenos se bastam a si mesmos e que não são fenômenos de nada? Ou que há por trás deles algo inacessível e que será para sempre, para nós, como se não fosse nada? O positivismo é uma espécie de síntese objetiva do saber que permanece muda sobre a possibilidade ao mesmo tempo do saber e dessa realidade de que é o saber. E, no kantismo, o próprio saber cuja formação se pretende explicar deixa-nos, no entanto, estranhos ao ser: ele é produto de uma união misteriosa entre uma atividade puramente formal, que é a do entendimento, e uma matéria puramente subjetiva que a sensibilidade não cessa de nos fornecer; e, se o ser verdadeiro se revela a nós no ato moral, ainda não se consegue mostrar como esse próprio ato supõe como sua condição ou como seu efeito a oposição dessa forma e dessa matéria de que nossa experiência é precisamente a síntese.

Este livro exprimia, por conseguinte, uma reação ao subjetivismo fenomenista no interior do qual a filosofia tinha acabado por nos encerrar. Por que, com efeito, era preciso ou negar o ser ou afirmar que ele estava além de tudo o que nos podia ser dado, quando havia, contudo, um ser do dado e, em sua natureza própria de dado, ele trazia em si o mesmo caráter do ser que pertencia a esse não dado a que se quereria reduzi-lo, mas que não se podia conceber por sua vez senão como um dado possível? Há mais: nós não podíamos fazer senão atribuir o ser ao mesmo tempo ao sujeito e ao fenômeno e até considerá-los, um e outro, como aspectos do ser obtidos somente pela análise. Que o próprio sujeito fosse o autor dessa análise, isso não podia impedir de considerá-lo também como seu primeiro objeto no seio de uma realidade infinita que o ultrapassava por todos os lados e à qual ele não conseguia jamais ser coextensivo. E que nenhum dos modos dessa realidade pudesse aparecer-lhe de outro modo senão em suas relações com ele, isso não seria suficiente para provar que estavam ali tantos modos de seu próprio eu, porque esse próprio eu se definia, ao contrário, por oposição a eles. Pois o eu não pode pôr-se senão pondo o todo do ser, de modo que esse todo do ser seja não posterior à posição do eu por si mesmo, mas suposto e implicado por ela como a condição de sua própria possibilidade. É uma presença de que eu participo; e até se pode dizer que descubro a presença totalmente pura, que é a presença do ser no eu, antes de descobrir a presença subjetiva, que é a presença do eu no ser. Esta aparece como um efeito da reflexão; é ela que me permitirá penetrar na própria intimidade desse ser que não era antes de tudo para mim senão a imensidade de uma coisa. Assim poderei distinguir formas diferentes do ser, buscar quais são suas relações e a própria origem dessas diferenças e dessas relações. Eu jamais evado do ser; e é contraditório que possa negá-lo, pois que ponho, negando-o, meu ser que o nega. Imaginar que não há nada é substituir o mundo por sua imagem que não é nada; querer pôr-se antes do nascimento do ser ou depois de sua abolição é pensá-lo ainda quer como uma possibilidade, quer como uma lembrança; e engolfar-me a mim mesmo no nada onde enterro tudo o que é é supor que existe alguém que o julga e erigir-me a mim mesmo como testemunha de sua existência ideal. Todas as formas particulares do ser podem desaparecer: mostrou-se justamente que pôr o nada é estender ao todo, por uma extrapolação ilegítima, o que não convém senão à parte, e que a destruição da parte como tal é sempre sua substituição por outra. Há mais: tal operação não poderia em caso algum mermar o próprio ser que a fez; e aqueles que quisessem dar o lugar maior ao nada não conseguiriam pô-lo senão por um ato de aniquilamento que não só supõe o ser que ele aniquila, mas ainda, enquanto é constitutivo da consciência, lhe dá a ela mesma seu *ser* ideal (ou espiritual).[1]

O que queríamos demonstrar por essa crítica é, assim, que estamos no mesmo plano que o Ser, que é vão querer definir o sujeito, como se faz quase sempre, dizendo que ele se constitui seja separando-se do ser, seja por uma busca do ser: pois, por um lado, essa separação, ainda que fosse possível, faria dele tão somente um *ser* separado, ainda que ela consistisse antes num privilégio concedido a essa forma do ser que sou eu na medida em que ela pode servir de referência a todas as outras; e, por outro lado, essa busca do ser não é estranha ao ser, pois há um ser da própria busca que nos permite somente medir a distância entre o ser que diz eu e o todo de que ele participa. É pois impossível imaginar que eu não esteja no mesmo nível que o Ser. Eu não me destaco dele senão para fixar meus próprios limites, que sempre tento ultrapassar. E, apesar de estar sempre unido a ele de fato, busco fazer dessa união um ato subjetivo que fundamente e edifique o ser que é meu ser.

É então uma mesma coisa excluir o nada e afirmar a universalidade do ser. Confundiu-se algumas vezes o nada com o ser puro, isto é, com o ser privado de toda e qualquer determinação. Mas a simplicidade da palavra ser não deve nos enganar, pois o ser puro tampouco é, sem dúvida, o total, mas a fonte de todas as determinações que se obtêm não juntando-se a ele, mas dividindo-o, atualizando separadamente todas as potências que ele encerra. Quanto à universalidade do ser, brilha desde que se percebe ser impossível pôr qualquer coisa senão pondo o próprio ser daquilo que se põe, de modo que a própria natureza do que se põe não é precisamente, em relação ao ser, senão uma de suas determinações possíveis entre uma infinidade de outras.

---

[1] As dificuldades de tal empreendimento são comparáveis às que Descartes encontrara ao querer demonstrar que *não existe movimento senão no pleno*. E sem dúvida a solução mais fácil seria dar ao tempo valor absoluto e fazer emergir o ser do nada de maneira que fizesse percorrer às coisas todo o intervalo que separa o nada do ser. Mas pareceu-nos que, se nossa vida temporal se desdobrasse sempre no tempo como a passagem de um de seus modos a outro, era pela solidariedade de todos esses modos que ela adquiria seu caráter de gravidade em testemunho da repercussão da menor de suas *démarches* na própria totalidade do ser.

Encontrar-se-ão mais dificuldades para admitir a univocidade do ser; e a ressurreição dessa palavra que se tomou da Idade Média mostrou que a querela que opunha os escotistas aos tomistas ainda não se extinguiu. No entanto, a universalidade e a univocidade não são senão as duas expressões que definem a unidade do ser quando o consideramos alternadamente do ponto de vista da extensão e do ponto de vista da compreensão. Mas que paradoxo, apesar de tudo, dizer que não há graus do ser, que são o mesmo ser o que é dito do todo e o que é dito da parte, da alma e do corpo, de um sonho e de um acontecimento, da ideia e da coisa, da ação espiritual mais pura e do vapor mais fugidio! Não obstante, além do paradoxo seria talvez introduzir o mais e o menos no coração do próprio ser e não somente em suas determinações, e importa observar que a escala do ser seria sempre uma escala entre o ser e o nada, ainda que entre esses dois termos não haja intermediário. É um infinito o que os separa: de cada coisa é preciso dizer se é ou não é; e mesmo dizer que ela não é, é dizer que ela não é o que se crê que fosse e que é outra coisa. Mas o ser é sempre o ser absoluto; não há nada acima dele, não há nada abaixo. Não há em particular atrás dele princípio mais alto que o fundamento, como o possível ou o valor, pois desses próprios princípios seria preciso dizer que são (ainda que de outra maneira que o ser tal como nos é dado numa experiência sensível). Se não o fossem, que eficácia lhes poderíamos conceder? Como poderíamos ter ideia deles, ou sequer nomeá-los? Assim, somos forçados a considerar toda razão de ser como interior ao ser, ou ainda, desde que procuremos justificar o ser como justificamos as existências particulares, a dizer que ele mesmo é sua própria justificação.

Mas se objetará talvez que a univocidade não poderia ser mantida senão fazendo do ser, contrariamente a nosso desígnio, a mais abstrata das noções, e de tal modo que, exprimindo somente a posição de tudo o que pode ser, ela permaneceria estranha ao conteúdo do que é. No entanto, não se negligenciará o valor ontológico desse ato de posição sem o qual nada poderia ser posto e que, longe de ser indiferente ao que ele põe, é sua essência constitutiva. A seguir, não há de esquecer que o ser de uma coisa não é distinto dessa coisa, senão que é essa própria coisa considerada, se tal se pode dizer, na totalidade atual de seus atributos. Isso ainda não é tudo: pois essa coisa não pode ser isolada, circunscrita em fronteiras suscetíveis de definir seu ser separado, enquanto ele for verdadeiramente independente de todos os outros. Pois ela está suspensa no todo por relações que a unem a todas as partes do todo. Assim, o ser que lhe é próprio reside em suas relações com o todo; é sua inscrição no todo ou sua pertença ao todo o que dá o ser a cada coisa, por mais miserável que ela possa ser. Tal é o verdadeiro sentido da univocidade por que se vê que ela reside menos num caráter único, presente em cada um dos modos do ser, do que na unidade concreta do ser de que esses são, todos, um aspecto e sem a qual nenhum deles seria capaz de subsistir. Daí o prestígio incomparável da noção de *relação*, que não exprime na linguagem da gnosiologia senão a identidade do ser e do todo na linguagem da ontologia.

Compreende-se desse modo como a noção de ser é anterior não somente à distinção entre sujeito e objeto, mas ainda à distinção entre essência e existência, e contém em si esses dois pares de opostos. Pois o sujeito e o objeto se distinguem do ser a partir do momento em que o eu se constitui como um centro de referência a que o todo pode ser reportado como um espetáculo. E a distinção entre essência e existência nasce no eu quando ele faz do ser inteiro um ser de pensamento em que ele atualiza esta forma de ser que será ele mesmo.

A univocidade do ser, no entanto, não representa nenhum menoscabo, como se pensa, à analogia do ser, apesar de esses dois termos terem sido opostos com muito vigor. E essas duas noções até se requerem em vez de se excluírem. São duas perspectivas diferentes e complementares sobre o ser, a primeira das quais considera sua unidade onipresente, enquanto a segunda, seus modos diferenciados. Estes não merecem o nome de ser senão pelo próprio ser que o todo lhes dá, mas cada um o exprime à sua maneira e de modo que, se se considera seu conteúdo, há sempre uma correspondência entre a parte e o todo cujo corolário é a correspondência entre as partes. É essa dupla correspondência que é o objeto próprio da filosofia e que permite considerar o ser e a relação como dois termos inseparáveis.

II

A descrição precedente, não obstante, precisa ser aprofundada. Enquanto não se ultrapassa a noção de ser, parece-nos, por estarmos habituados a considerar toda realidade como afetando a forma de uma coisa, que há um primado da objetividade sobre a subjetividade. E, se nos limitamos a mostrar que o ser que apreendemos é um ser que nos é próprio enquanto implica um ser que nos ultrapassa e em que ele está por assim dizer situado, continuamos obscuramente a considerar esse ser que nos é próprio como um corpo que ocupa um lugar determinado na infinitude do espaço. Mas isso não é senão uma imagem que é preciso interpretar. Importa mostrar agora *que* o ser é ato, *como* toda descrição é uma gênese e *por que* a própria relação só encontra sua verdadeira significação se se muda em participação.

Ora, é fácil ver que nada do que é objeto ou coisa tem sentido senão em relação a um sujeito que a pensa como exterior a si, ainda que não seja atualizada senão por ele, o que é justamente o sentido que damos à palavra aparência ou fenômeno. Quanto a esse próprio sujeito, reside no ato interior que ele cumpre e que não se pode reduzir ao pensamento de um objeto ou de uma coisa, pois o próprio desse ato é implicar a própria existência do eu, é fazê-la ser numa operação que é preciso cumprir e sem a qual ele não seria nada, pela qual ele dispõe do sim e do não, e que se pode definir como sua liberdade, que faz dele a cada instante o primeiro começo de si mesmo, e leva o nome de pensamento uma vez que se aplique a algum objeto para representá-lo e o nome de vontade uma vez que se aplique a ele para modificá-lo. Ainda é verdade que esse objeto não cessa de ultrapassá-lo e que o eu não consegue nunca reduzi-lo à sua própria operação, que na ordem intelectual guarda sempre um conteúdo perceptivo ou conceitual e na ordem voluntária não chega nunca a impelir a modificação até o infinito, isto é, a fazer dela uma criação.

Esse ato interior é inseparável ao mesmo tempo da iniciativa que o põe em jogo e da consciência que o ilumina. É só aí onde ele se exerce que podemos dizer eu. Ele é nosso ser mesmo no ponto onde se funda sem que nos seja possível recusá-lo. É verdadeiramente um absoluto que não é a aparência ou o fenômeno de nada. Sua essência é produzir-se a si mesmo antes de produzir qualquer efeito, que deve ser considerado como exterior a ele e como a marca ao mesmo tempo de sua manifestação e de sua limitação, bem antes que de seu poder e de sua fecundidade. E a filosofia começa ali onde precisamente o ser cessa de ser confundido com o objeto, mas se identifica com esse ato interior e invisível e que é tal que basta cumpri-lo para que ele seja.

Vê-se desse modo o absurdo que haveria em querer que esse ato constitutivo do eu estivesse, ele mesmo, situado num mundo formado somente de objetos e de fenômenos. Os objetos ou os fenômenos são as marcas próprias de sua limitação, que ele próprio não cessa de experimentar: mas não exprimem somente essa limitação, ou, ao menos, a exprimem conferindo-lhe também, em forma de dados que ele é obrigado a receber ou a padecer, tudo o que lhe falta e que o faz crer que sem elas ele não possuiria nada: donde ele concluir facilmente que sem elas ele não seria nada. No entanto, a limitação do eu é, em certo sentido, interior. Ou ainda o eu não é interioridade pura; nele a interioridade é sempre ligada à exterioridade: ele tem um corpo, há para ele um mundo. Qualquer que seja nele o poder de abstração ou de meditação, sua interioridade não pode jamais ser perfeita nem separada. Ela abre-se diante dele como um infinito a que o eu jamais consegue igualar-se. Compreende-se então que a passividade possa recuar em nós sem jamais abolir-se. Nosso ato pode sempre tornar-se mais puro. Assim, a experiência interior que tomamos de nós mesmos e que é inseparável da experiência de nossos limites não requer somente uma exterioridade que os exprima, mas uma interioridade que os funde e em que possamos penetrar sempre mais profundamente. E é muito admirável que o eu possa pensar em acrescentar-se ora exercendo uma dominação cada vez mais extensa sobre o mundo dos objetos, ora, ao contrário, recolhendo-se cada vez mais ao mundo secreto onde ele encontra a origem e a significação de sua existência manifestada.

O eu descobre-se a si mesmo no ato do pensamento, isto é, na participação de um universo de pensamento que ultrapassa singularmente seu pensamento atual e exercido. Ele implica a afirmação não somente da universalidade do pensamento de que participa, mas da universalidade do ser de que o pensamento o torna partícipe. Por conseguinte, pode dizer-se que eu não posso apreender minha própria interioridade como imperfeita senão pela limitação e pela participação de uma interioridade perfeita que é primeira em relação a ela, ou que o ato que cumpro (cuja imperfeição se exprime talvez pelo fato de ele não poder ser senão um ato de consentimento ou de recusa) é inseparável de um ato sem passividade de que ele próprio é a limitação e a participação.

Perguntar-se-á agora qual o sentido dessa subjetividade que ultrapassa minha subjetividade própria, dessa interioridade que está além da interioridade do eu, desse ato que transcende o ato que cumpro. Todavia, sem dúvida não há nenhuma contradição em admitir que o eu seja ultrapassado tanto para o dentro como para o fora, posto que precisamente a relação que os une e que pode ser até o fora nada mais é que o próprio dentro, na medida em que o eu o sofre em vez de penetrá-lo. Ademais, perguntar-se-á como se poderia produzir o progresso no sentido da interioridade senão por uma interioridade absoluta que é preciso definir não objetivamente como um universo realizado, mas subjetivamente como o motor supremo de todos os movimentos pelos quais somos capazes de nos interiorizar cada vez mais. Enfim, essa descoberta inicial que é a descoberta da presença do eu no ser e que nós definimos como uma experiência de participação permite dar sentido às palavras transcendente e imanente, compreender por que são para nós como dois contrários, mas que se opõem no próprio ponto em que se juntam. Pois o transcendente é isso mesmo que me ultrapassa sempre, mas donde não cesso nunca de haurir, e o imanente é isso mesmo que consegui haurir dali e que acabo por considerar como meu, esquecendo a própria fonte donde ele não cessa de jorrar. A doutrina da participação é, com efeito, a de um ser-fonte, que, é preciso dizer, não apreendo senão em seus efeitos, apesar de esses próprios efeitos serem para mim como nada se não encontro neles o gosto da fonte.

Seria um grave erro sobre a participação pensar que o ser de que participo por um ato possa ser, ele mesmo, outra coisa que um ato. Levantar-se-ão todavia dificuldades contra a própria possibilidade dessa participação de um ato por um ato, ali onde precisamente o próprio do ato é, ao que parece, fundar a separação, a independência e até a suficiência do ser que o cumpre. Não obstante, se há uma experiência reconhecida e por assim dizer popular da participação, se a própria palavra tem um sentido e designa uma saída de si pela qual cada um experimenta a presença de uma realidade que o ultrapassa, mas que ele é capaz de fazer sua, essa participação, que é sempre ativa ou afetiva, e ativa até na afecção que ela produz, é também uma cooperação, isto é, não uma operação repetida e imitada, mas uma ação comum, de que cada um toma sua parte ou a parte que ele consente em assumir. Para mim e enquanto não a cumpro, uma tal ação não é nada mais que um puro poder: mas como eu poderia pô-la em obra e fazer dela um fator de comunhão com outro, se ela não implicasse acima dele e de mim como uma eficácia sempre disponível e que, segundo a maneira como lhe abrimos ou recusamos passagem, nos separa ou nos une? Também é preciso dizer que não participamos nunca da existência das coisas, mas somente da vida das pessoas, ou da existência das coisas na medida em que é para a própria vida das pessoas um meio de comunicação carregado de significação espiritual, e da vida das pessoas na medida em que supõe entre estas e nós uma comunhão de origem e de fim.

Há mais: não pode haver aí participação senão de um ato que não é nosso, e que nunca conseguimos tornar completamente nosso. É, pois, ela que funda ao mesmo tempo nossa independência e nossa subordinação com respeito a tudo o que é. Nossa independência reside nesse próprio ato à proporção do poder que temos precisamente de fazê-lo nosso, nossa subordinação na distância que nos separa dele e que se exprime por tudo o que somos obrigados a sofrer.

Se de tal ato se pretende que não podemos nada dizer senão precisamente na medida em que o cumprimos, e que ele nos encerra em nossos próprios limites, responder-se-á não somente que todo ato aparece como uma superação, e que a experiência que temos de seus limites é precisamente a experiência de tudo o que nos apresenta um caráter de passividade, mas ainda que todo ato que se exerce em nós é a atualização de uma possibilidade e que toda possibilidade é para nós inseparável do todo da possibilidade. Ora, há entre o todo da possibilidade e a possibilidade que atualizamos como nossa uma relação que, no mundo interior, não é sem respeito com a relação que estabelecemos no mundo exterior entre o corpo que nos afeta e que nós sentimos como nosso e a totalidade dos corpos que preenchem o espaço e que não são para nós senão simples representações. A analogia é aqui tão profunda que, por comparação com nosso próprio corpo, as representações se reduzem para nós a ações possíveis. Nós vivemos, pois, num mundo de possíveis. E esses possíveis não são inventados por nós; eles nos ultrapassam, se impõem a nós; é neles que constituímos o que somos e mesmo aí não são para nós senão simples objetos de pensamento.

A palavra possível, porém, não tem sentido, ou ao menos não se opõe ao ser, senão quando se trata desse ser que atualizamos por uma operação que é nossa. Em si mesmo é um ser, e dizendo que é um ser de razão marcamos com bastante precisão que é um ser espiritual que ainda não encarnou. Os possíveis, é verdade, não se apresentam jamais a nós senão de forma separada; são enquanto possíveis o produto mesmo dessa separação que é por sua vez a condição da participação; entre todos esses possíveis, cabe-nos escolher aquele que se cumprirá em nós. Mas o todo da possibilidade já não é um possível: é o próprio ser considerado como participável e já não como participado. Em si, já não é participado nem participável; é o absoluto considerado como um ato sem passividade, no interior do qual toda existência particular se constitui, ela própria, por uma dupla oposição: por um lado, entre a possibilidade que a ultrapassa e a operação que ela cumpre, e, por outro lado, entre essa própria operação e o dado que lhe responde. E é do absoluto que o sujeito toma por análise não somente a possibilidade, tal como a concebe primeiramente por seu entendimento antes de atualizá-la por sua vontade, mas ainda a própria força de atualizá-la. A dissociação entre o entendimento e a vontade é a condição do nascimento da consciência e ao mesmo tempo do exercício da liberdade. Não deixaremos, no entanto, de observar que a possibilidade, longe de entrar com o ser numa relação de oposição, como se crê quase sempre, exprime tão só uma relação entre dois aspectos do ser, aqui entre o todo do ser e uma existência particular. Mas essa relação é suscetível de reverter-se, pois, se o todo do ser não é senão uma possibilidade infinita com respeito a toda existência particular que não chega jamais a se atualizar, são as existências particulares que, com respeito a todo ser em que elas se atualizam, já não são, como mostra o papel desempenhado nelas pelo tempo e pelo desejo, senão possibilidades sempre reencetadas. É admirável enfim que a teologia possa dizer de Deus que ele é o ser de todos os seres (ao qual cada ser tende para cumprir-se) e, ao mesmo tempo, que é também o todo-poderoso, como se a potência estivesse acima da existência que o atualiza em nosso nível.

Importa, no entanto, responder ainda a uma tripla objeção, pois:

1.º Pode-se arguir que o ato puro ou absoluto deve possuir uma suficiência perfeita e que se vê mal como ele terá necessidade de criar, ainda que essa criação consista unicamente em comunicar seu próprio ser ou em fazê-lo ser participado por outros seres. Mas talvez seja necessário dizer precisamente que a suficiência perfeita consiste não num fechamento em si, mas nesse poder infinito de criar, isto é, de dar-se, ali onde o próprio da criatura enquanto é passiva e imperfeita é sempre receber. O que se verificará talvez nas relações que os homens têm uns com os outros, e onde as leis da atividade espiritual encontram ainda uma aplicação imperfeita e aproximada.

2.º Pode-se dizer também que não sabemos nada dessas relações de que sempre falamos entre Deus e as criaturas, que há aí uma hipótese inverificável, e que toda dialética descendente é por conseguinte impossível. Mas a réplica será que a origem de toda dialética é a experiência da participação em que apreendemos a relação viva entre nosso ser próprio e o que o ultrapassa, não como um puro além do qual nada se pode dizer, mas como uma presença de que haurimos sem cessar e que não cessa de nos enriquecer.

3.º E se responderá facilmente à censura de panteísmo mostrando que Deus não pode comunicar a outro ser senão o próprio ser que lhe é próprio, isto é, um ser que é *causa sui*, de modo que toda relação que nós temos com ele nos libera, assim como toda relação que temos com a natureza nos subjuga, ou ainda que ele próprio não cria senão liberdades, sendo o mundo o instrumento desta criação antes que seu objeto.

III

Se a experiência inicial é a experiência da participação pela qual o eu constitui a existência que lhe é própria, compreende-se sem dificuldade que ela se orienta em dois sentidos diferentes ou que comporta duas extremidades entre as quais não cessa de oscilar e das quais nenhuma se pode considerar isoladamente. Uma é a do *ato puro*, ou do ato que não é senão ato (e que se encontra de forma menos despojada nas expressões "poder criador" ou até "elã vital" e "energia cósmica", mas com respeito à qual é preciso manter uma interioridade espiritual absoluta para pô-la acima de toda limitação e por conseguinte de toda passividade e de todo dado), e a outra é formada pelo *mundo*, onde a infinidade do ato acusa ainda sua presença por essa infinidade de coisas e de estados que parecem nascer da própria participação e que traduzem indivisivelmente em nós e ao mesmo tempo fora de nós o que a ultrapassa e o que lhe responde.[2]

Nós diremos do mundo que ele preenche o intervalo que separa o ato puro do ato de participação. É por isso que este mundo é um mundo dado, mas é por isso também que sua riqueza é inesgotável. E, ao contrário de pensar que a atividade interior, à medida que se desenvolve, faz recuar a representação que temos do universo exterior e tende a dissolvê-la, deve-se dizer que o próprio dessa atividade interior é multiplicar ao infinito as distinções qualitativas que podemos estabelecer entre as coisas, de modo que o mundo que aparece como uma massa confusa para a consciência nascente descobre para

---

[2] Esta análise mostra bastante nitidamente por que o inteligível e o sensível devem sempre, ao mesmo tempo, se opor e se corresponder, sem que o primeiro jamais absorva o segundo. É dessa oposição e dessa correspondência que tínhamos tentado dar um primeiro exemplo em nossa *Dialectique du Monde Sensible* (1923).

uma consciência mais delicada e mais complexa uma variedade de aspectos cada vez maior. É verdade que todos esses aspectos do dado, a inteligência, à medida que cresce, tentará cobri-los com uma rede cada vez mais cerrada de relações conceituais, que a arte buscará neles a expressão das exigências mais refinadas da sensibilidade, que a vontade fará deles o veículo cada vez mais dócil de todos os atos pelos quais ela tentará obter comunhão com as demais vontades.

A questão, todavia, é, antes de tudo, saber como se exerce essa liberdade pela qual o eu põe sua própria existência como uma existência de que ele é o autor. Ora, se todas as liberdades haurem do mesmo ato de que elas participam a própria iniciativa que as faz nascer, é preciso que permaneçam unidas a ele e ao mesmo tempo se desapeguem dele, isto é, que sua coincidência atual com o ser não cesse jamais de se afirmar e que possam constituir, contudo, nele, um ser que elas mesmas não cessam de se dar. Essa dupla condição se encontra realizada precisamente no interior do presente, que é uma presença total, ou seja, a própria presença do ser, e que é tal que podemos distinguir nela modos diferentes e, pelas relações que estabelecermos entre eles, constituir precisamente o ser que nos é próprio. Mas essa relação entre os diferentes modos da presença é o tempo, em que distinguimos antes de tudo uma presença possível ou imaginada, isto é, que ainda não fizemos nossa, mas que se tornará nossa por uma ação que depende de nós cumprir (essa presença é o futuro); que é, ela mesma, chamada a se converter numa presença atual ou dada em que nossa existência e nossa responsabilidade se encontram envolvidas com respeito ao conjunto do mundo (é a presença no instante); que se converte por sua vez numa presença rememorada ou espiritual (é a presença do passado) que constitui o nosso segredo, que não tem sentido senão para nós, e que é propriamente tudo o que somos.

A ligação entre o futuro e o possível justifica o caráter indeterminado ao mesmo tempo de um e de outro: mas não há possibilidade senão a partir da participação, quer consideremos esta como uma análise do ser imparticipado, e, mais precisamente, como um ato de pensamento destinado a antecipar um ato do querer, quer consideremos em cada possível o acordo de que ele deve dar testemunho com os outros possíveis e ao mesmo tempo com suas formas já realizadas, a fim de que a unidade do ser não seja rompida. – A ligação da existência com o presente acusa, por um lado, a impossibilidade de não considerar como atual todo ato que se cumpra, seja em sua forma pura, seja em sua forma participada, e, por outro lado, a necessidade de introduzir nosso próprio eu num mundo dado, onde se exprime sua solidariedade com todos os outros modos da existência na medida em que lhe impomos nossa ação ou sofremos a sua. – A ligação de nosso ser realizado com o passado mostra muito como ele se liberta então de sua indeterminação, que não cessava de afetá-lo na medida em que ele não era senão um ser possível, e ao mesmo tempo da servidão a que estava reduzido na medida em que estava implicado no mundo dos corpos: é nosso passado que pesa sobre nós como peso estranho; mas nosso passado presente exprime a escolha viva que fizemos por nós mesmos; ele é esse ser espiritual e invisível em que nossa liberdade não cessa de experimentar-se e ao mesmo tempo de nutrir-se. Nossa incidência no mundo tinha-nos permitido entrar em comunicação com tudo o que é e que nos ultrapassa; todos esses contatos foram espiritualizados; já não subsiste deles agora senão sua essência significativa e desencarnada.

* * *

Essa teoria do tempo definido como o meio mesmo da participação destina-se a preparar uma teoria da alma humana. Pois a alma não é uma coisa, mas uma possibilidade que se escolhe e que se realiza. De maneira mais precisa, é a relação que se estabelece no tempo entre nosso ser possível e nosso ser cumprido. É *uma consciência*, mas na qual nunca se encontra nada além do pensamento do passado e do futuro, dos quais é preciso dizer que não encontram senão nela sua subsistência. E, como testemunha a introspecção quando a interrogamos, a consciência é um movimento contínuo e recíproco entre o pensamento do que já não é e o pensamento do que ainda não é: ela não cessa de passar de um a outro e de convertê-los um no outro. No presente instantâneo ela não encontra nada além de uma realidade dada, isto é, o mundo ou a matéria. Ela se constitui destacando-se deles. Mas também é no instante que ela exerce seu ato próprio, que é um ato de liberdade, e esse ato não pode cumprir-se senão arrancando-se da presença dada a fim de criar o tempo, isto é, a relação entre o futuro e o passado; o tempo é, pois, o próprio veículo da liberdade. Somente a conversão do futuro em passado exige uma travessia da presença dada em que nossa consciência testemunha sua limitação e, por conseguinte, sua solidariedade com todas as outras consciências; é aqui que a alma faz a experiência de sua relação com o corpo e com o mundo cujo papel se vê bastante bem: fornecer às diferentes consciências os instrumentos que as separam e também que as unem. Ora, o possível e a lembrança não podem pertencer ao espírito puro: eles jamais rompem nenhuma relação com o corpo, sem o qual, pode-se dizer, um não poderia ser *chamado* [appelé] nem o outro *lembrado* [rappelé]; o corpo os distingue e os une; ele dissocia o tempo da eternidade, mas o situa nela.

Tal análise permite estabelecer um quadro sistemático das diferentes potências do eu; é preciso, com efeito, que ele possa constituir-se a si mesmo no tempo graças a uma *dupla potência volitiva e mnemônica* que, exercendo-se, forma todo o conteúdo de nossa vida interior; que ele possa atingir por uma *dupla potência representativa e noética*, isto é, na forma de um objeto que é dado e de um conceito que é pensado, isso mesmo que o ultrapassa e que não é senão um não eu em relação comigo; é preciso enfim que se possa estabelecer uma comunicação entre mim e o outro que eu, graças a *uma potência afetiva inseparável, ela própria, de uma potência expressiva*. E talvez seja preciso reconhecer que a distinção de um triplo domínio, o da formação do eu, da exploração do não eu e da descoberta de outro eu, com a correlação, em cada um destes domínios, de uma ação que é preciso cumprir e de um dado que lhe responde, basta para determinar de maneira bastante satisfatória as referências fundamentais pelas quais se pode medir o campo da consciência e descrever o jogo infinitamente variado de suas operações e de seus estados.

* * *

Mostrar-se-á enfim que, se o próprio da sabedoria é buscar obter esse domínio de si que nos impede de deixar-nos perturbar ou angustiar pelo evento, ele não pode ser obtido senão por uma tensão de nossa atividade separada, que, para marcar que somos capazes de nos bastar, acusa nosso conflito com o universo e esconde mal uma derrota contínua buscando transformá-la numa vitória aparente. E é somente na medida em que nossa própria atividade se reconhece como uma atividade de participação – sempre solicitada por uma presença que não lhe falta nunca e que pede a ela um consentimento que ela dá somente às vezes e que ela regateia sempre – que ela será capaz de superar essa tripla dualidade entre o que ela deseja e o que ela tem, entre seu esforço e a resistência que o mundo lhe opõe, entre o eu que ela assume e o eu do outro, donde derivam todas as infelicidades inseparáveis da própria condição da consciência. A sabedoria não é aprofundá-las, mas pacificá-las.

Ela não chega a isso, de modo algum, pelo emprego dos dois meios que lhe são frequentemente propostos, ora separadamente, ora simultaneamente: a saber, *em primeiro lugar*, por uma resignação indiferente a respeito da realidade tal como ela nos é dada e que não se nos pede consideremos como nos sendo estranha; pois essa realidade dada é mesclada à nossa vida como a matéria e o efeito de nossa ação, de modo que uma perfeita indiferença a seu respeito não é possível nem desejável; *em segundo lugar*, por uma espécie de abdicação de nossa atividade própria em favor de uma atividade que agiria em nós sem nós e pela qual bastaria deixar levar-se, como se vê no quietismo e em certas formas do abandono; mas, se o cume da participação é também o cume da liberdade, não é preciso que, levando a primeira até o limite, se aceite arruinar a outra.

É que a sabedoria não é, portanto, nada mais que *a disciplina da participação*, isto é, certa proporcionalidade que sabemos estabelecer entre nossos atos e nossos estados, onde a dualidade da natureza humana se encontra respeitada, mas onde, em lugar de permitir que nossos atos sejam determinados por nossos estados, nossos estados desenham tão exatamente a forma de nossos atos que eles parecem exprimi-los e segui-los, quase sem se distinguir deles. Os antigos sempre tinham ligado a felicidade à sabedoria, como se a sabedoria residisse em certa disposição da atividade cujo reflexo ou efeito em nossa vida afetiva seria a felicidade. E havia para eles uma união tão estreita entre os dois termos que nenhum dos dois podia existir sem o outro, como se fossem as duas faces de uma mesma realidade: tal é o ponto, sem dúvida, onde a participação recebe sua forma mais perfeita. E hoje podemos perfeitamente considerá-la impossível de atingir. Mas seria um mau sinal se ela fosse desprezada e se a consciência se esgotasse na busca de estados mais violentos e acabasse por se comprazer em sua própria impotência e seu próprio tormento. Pois onde a consciência crê aguçar-se mais, aí ela é a presa das forças que já não domina: a luz lhe é tirada. Rebaixa-se em vão como demasiado fácil o que não pode ser obtido senão por uma força que se perdeu.

IV

Conquanto nos abstenhamos em geral de toda polêmica e julguemos toda polêmica inútil, e conquanto cada doutrina deva necessariamente aparecer, numa filosofia da participação, exprimindo um aspecto da verdade e certa perspectiva sobre a totalidade do real, parece, no entanto, que não podemos nos eximir de confrontar nossa concepção do ser com uma concepção que é, de certa maneira, o inverso e que obteve nestes últimos tempos uma repercussão considerável muito além dos círculos onde se encerra quase sempre o pensamento filosófico. Assim, entre essas duas diferentes perspectivas, o leitor estará consciente da escolha que poderá fazer e das consequências que ela implica, tanto no que concerne à representação do universo quanto no que concerne à conduta da vida.

A nova filosofia da existência nos propõe antes de tudo que se oponham o ser *em si* e o ser *para si*. Mas não se pode pôr em dúvida que o em si e o para si sejam dois diferentes aspectos do Ser total ou, se se quiser, que estejam contidos nele. Responder-se-á sem dúvida pretendendo que o ser total é precisamente o ser em si, uma vez que o ser para si o supõe e não é obtido com respeito a ele senão por uma *démarche* de negação ou de "aniquilamento". E ao argumento de que o ser em si não pode ser apreendido, no entanto, senão em forma de fenômeno replicar-se-á que este envolve e já afirma um ser de que ele é fenômeno, isto é, cuja transfenomenalidade nos obriga a considerá-lo como se bastando a si mesmo independentemente do ato de consciência que o põe. O que é a própria significação do realismo enquanto, em lugar de realizar o fenômeno, o enxerta na coisa em si. Inversamente, o ser para si, ou o próprio ser da consciência, o único que pode dizer eu, não só será um ser incapaz de se bastar, mas se constitui, por assim dizer, em razão dessa própria insuficiência, não porque seja simplesmente, como já se disse com frequência, busca, inquietude ou privação, mas porque introduz o nada em si para ser, ou porque seu próprio ser reside na aniquilação do em si.

Ora, a posição que adotamos é completamente diferente. Pensamos que não há em si ou de si senão ali onde uma consciência é capaz de dizer eu. Ali está o único ponto do mundo onde o ser e o conhecimento coincidem. O ser para si é pois o único ser em si, que é um absoluto porque não é fenômeno de nada. No entanto, permanece verdadeiro que a consciência é sempre consciência de alguma coisa, mas não tem ser senão por ela e em relação a ela, e é precisamente o ser de um fenômeno. Muito longe de que se ultrapasse o aspecto que o objeto pode oferecer, ele ainda é um objeto que nos oferece um novo aspecto de si mesmo; é sempre este que se mostra ou que poderia se mostrar a alguém. A expressão *objeto absoluto* é uma contradição: é o que, não tendo existência senão em relação ao para si do sujeito, deveria ser posto, todavia, independentemente dessa relação. Ora, aí onde essa relação cessa, nós não podemos assinalar ao objeto nenhuma outra existência senão a de um *para si* que lhe é próprio e que é o único capaz de fundamentar seu *em si*: tal é, com efeito, a tese essencial da monadologia, e também de todas as doutrinas que reduzem o mundo a uma ação que Deus exerce sobre as consciências, numa linguagem que ele não cessa de fazê-los ouvir.

Atrás desse aniquilamento aparente destinado a fundar o ser do *para si* há uma *démarche* que é bem familiar aos filósofos e a que Descartes deu uma forma particularmente surpreendente, mas que recebe aqui um sentido oposto ao que ele tinha querido dar-lhe. Ninguém melhor que Descartes assinalou como o próprio *cogito* se funda não somente sobre a dúvida, mas sobre esse aniquilamento do mundo que não deixa subsistir senão o puro pensamento, e que realiza de algum modo a ausência. Mas não era para introduzir o nada no coração da consciência (conquanto ela se determine a si mesma como finita em sua relação viva com o infinito); era ao contrário para lhe dar acesso ao absoluto do ser pela possibilidade que ela tem de se pôr acima de todos os fenômenos e até de negá-los em virtude precisamente da ascendência ontológica que tem sobre eles; e é neles que ela nos descobre essa insuficiência de ser, ou essa parte de nada, que faz que o próprio ser que eles possuem lhes venha de alhures, do eu ou de Deus, e que ele tenha sempre necessidade de ser ressuscitado.

Convir-se-á que a filosofia da existência tem o grande mérito de fundar a existência sobre a liberdade[3] fazendo, é verdade, não propriamente da existência "uma ausência

---

[3] Observar-se-á que essa filosofia da existência é como uma elipse de dois focos: pois ora parece que é o em si que surge como exprimindo o próprio fundo do ser, ora parece que é a liberdade, que todavia supõe esse em si que ela

do nada", mas da própria liberdade uma espécie de irrupção do nada no ser. Desse modo, não se experimentará dificuldade para aceitar que a própria existência precede a essência, em vez de ser fundada sobre ela e de ser somente sua forma manifestada. Pois se aceitará ao mesmo tempo a identidade da existência e da liberdade, e o primado da existência em relação à essência, mas com a condição de resolver certas dificuldades que são inseparáveis dessas duas teses: pois se perguntará como essa mesma liberdade é envolvida numa situação, o que não se pode explicar senão fazendo da liberdade e da situação os dois aspectos correlativos do ato de participação. Ademais, não nos deixaremos deter pela afirmação de que é essa liberdade absoluta que Descartes dá a Deus que é preciso atribuir ao homem, pois, conquanto o próprio Descartes tenha sustentado que a liberdade é indivisível e que é em nós o que é em Deus, não se pode todavia esquecer que ela não está associada em Deus a uma natureza, que ela não está confrontada nele como em nós a possíveis que, parece, vêm de outros lugares, e entre os quais se pode dizer que ela terá de escolher, mas sem que lhe pertença criá-los. Pois, se não se pergunta qual é a origem da liberdade, que é sempre o primeiro começo da mesma, pode-se ao menos perguntar qual é a origem desses possíveis que lhe são oferecidos e que preenchem o intervalo que separa a liberdade divina da nossa.

Assim, o primado da existência com respeito à essência supõe, ao que parece, dois postulados, a saber: o primeiro, que o próprio da liberdade é fazer brilhar no todo do ser os possíveis sem os quais ela não seria nada; ora, esses possíveis não são efeito do aniquilamento do ser em si, pois pertencem também ao domínio do ser, enquanto precisamente ultrapassam o domínio do ser realizado; e o segundo, que a essência tem mais valor que a existência, ou ao menos que ela é o valor que deve justificar a existência, uma vez que é a ela que a existência tende, e que ela não tem por objeto senão adquiri-la. Sabemos, por conseguinte, que a existência se encontra entre uma possibilidade que a participação faz jorrar do ato puro como a própria condição de sua liberdade e uma essência que essa liberdade forja pouco a pouco ao longo do tempo pela atualização dessa possibilidade.

Muito admiradas foram, em geral, as análises consagradas *O Ser e o Nada* à consciência de si e à relação entre o eu e os outros. A consciência de si é caracterizada pela má-fé, uma má-fé de algum modo constitucional, pois é inseparável de um ser que não é o que ele é e que é o que ele não é. O que quer dizer isso senão que se trata de um

---

aniquila. Mas bastaria partir, ao contrário, da liberdade como do único e verdadeiro em si para que o em si cuja presença o fenômeno nos revela e nos esconde não fosse mais que uma quimera. Nós nos encontraríamos, assim, levados a passar do em si transfenomenal a um em si de certo modo *cisfenomenal*. E a redução do ser ao ato permitiria considerar o fenômeno como exprimindo na liberdade ao mesmo tempo sua manifestação e sua limitação.

ser que se cria e jamais pode fazer de si mesmo uma coisa criada? Não é preciso dizer então que a sinceridade é um empreendimento vão e que jamais se pode produzir a coincidência consigo? Mas isso significa simplesmente que jamais é preciso falar de si como de uma coisa, nem sequer talvez jamais falar de si, ou ainda que o ser do eu reside numa possibilidade que ele não esgota, de modo que ele próprio não se pode reduzir a uma possibilidade já realizada e que ele ultrapassa sempre, nem a uma possibilidade ainda em suspenso e que ele experimenta em si, sem que jamais esteja assegurado de torná-la real. Daí essa ambiguidade da consciência que faz que o eu pareça sempre se buscar sem conseguir se achar. Mas a má-fé ou o que se chama por esse nome nasce quando nos transportamos para o plano teórico, onde o real é considerado como já dado, esse ser que não tem subsistência senão no plano prático, isto é, cujo ser é fazer-se, e que tenta em vão transformar em dado o próprio ato pelo qual ele se faz.

Vê-se isso bem na relação que o eu de cada um de nós mantém com o eu dos outros. Pois o conhecimento que temos deles faz que os outros homens sejam para nós objetos ou corpos, quando sabemos, porém, que são também para nós consciências como nós. E é porque nós sabemos que eles próprios são consciências que eles também podem reduzir-nos ao estado de objetos ou de corpos. Daí essas análises penetrantes e já célebres do olhar e do amor onde se descreve no eu uma dupla oscilação entre um eu que se sabe eu para si mesmo, enquanto pode considerar os outros como objetos, e um eu que, sabendo que os outros também podem dizer eu, sente que pode ser por sua vez rebaixado por eles ao nível de um objeto. É preciso concluir que cada um seja obrigado ora a subordinar o outro, fazendo dele um objeto, seja espontaneamente, seja voluntariamente, por uma espécie de ciúme e de crueldade, ora a se subordinar ao outro sentindo que não é senão um objeto para ele e por uma espécie de rebaixamento e de comprazimento em não ser para ele nada mais? Isso é negar que possa haver aí uma relação entre os sujeitos, isto é, uma comunicação entre as consciências, pois cada sujeito está restrito a fazer dos outros um objeto tornando-se por sua vez um objeto para ele, embora cada um deles saiba do outro que ele também é um sujeito e não se aproveita dele senão para aviltá-lo ou para pedir que ele o avilte. É que a comunicação entre as consciências não é possível, certamente, senão acima de uma e de outra e numa interioridade profunda e secreta que lhes é comum, onde cada uma delas penetra pela mediação da outra. Mas aí onde essa interioridade falta, aí onde ela é posta em dúvida, os indivíduos ficam confrontados como inimigos: eles habitam juntos num Inferno onde a subjetividade do outro não é para a minha senão um fracasso ou um escândalo; uma das duas deve ser negada ou subjugada, isto é, reduzida a esse objeto, ou a esse corpo, que a limita, e que se vê bem é para ela um meio de dar testemunho e não de destruir ou deixar-se destruir.

A infelicidade de nossa condição provém, no entanto, diz-se-nos, da oposição entre o para si e o em si e da ambição que temos de querer que coincidam. Isso seria para nós tornarmo-nos Deus. Mas essa ambição é irrealizável, é uma contradição, se é verdade que é preciso que o nada se insinue no em si para constituir o ser do para si. Simplesmente as coisas se passariam de modo de todo diferente se fosse no para si que se descobrisse para nós o absoluto do ser e do si. E certamente é verdade que ele não se descobre jamais senão numa forma participada, isto é, onde a interioridade está sempre mesclada de exterioridade; mas, em vez de dizer que ele está ausente de nós – como um fim que jamais podemos atingir –, é preciso dizer que ele nos está presente como uma fonte que não podemos nunca esgotar. Então o desespero que nasce do desejo idólatra de possuir um objeto infinito que recua sempre se muda na alegria de uma atividade que não poderia desfalecer e nos traz uma revelação que já não se interrompe.

Pode-se concluir sobre a teoria da existência dizendo que é uma expressão cruel da época em que vivemos, que ela não podia deixar de se reconhecer nesta, que ela descreve em traços singularmente amargos a miséria do homem enquanto ele se sente abandonado no mundo, prisioneiro de sua solidão e incapaz de vencê-la, ignorante de sua origem, entregue a um destino incompreensível, e certo somente de uma coisa: que ele é votado à morte, a qual um dia o engolirá. Não é de espantar que o primado da existência se exprima por um primado do eu individual enquanto não há para ele outra existência verdadeira senão a sua. Mas como ele a descobriria de outro modo senão pela emotividade e, na própria emotividade, pelas emoções mais vivas que são sempre emoções negativas e o separam de um mundo que o ignora, que lhe é sempre estranho e talvez até hostil? Daí o privilégio da inquietude, da angústia e da preocupação. Daí o absurdo de todas as coisas, conquanto vejamos mal em semelhante mundo de onde possa vir a razão que as julga tais. Daí a náusea que experimentamos diante delas e que supõe todavia em nós uma delicadeza que não tolera o espetáculo. Não podemos impedir-nos de julgar que há muita complacência nesta consideração da pura miséria do homem que se pensa relevar unicamente pela própria consciência que se adquire dela. Mas essa consciência não basta. Ou ao menos só tem valor se se torna um meio de nos libertar. Isso não é possível senão por essa transfiguração da emoção que, em vez de reduzi-la a um estremecimento subjetivo, a leva até essa extrema ponta onde o amor e a razão não constituem senão algo uno, senão por essa transfiguração da liberdade que, em vez de um poder arbitrário do indivíduo, faz dela a vontade esclarecida do valor. O homem, diz-se, ultrapassa-se para o futuro, mas é preciso que ele tenha o poder de fazê-lo; não é o futuro que é o transcendente, mas uma potência transtemporal de que nós participamos e que nos abre sem cessar um novo futuro. A filosofia da existência é uma psicologia do homem decaído e infeliz, mas que não aceita sair de seu estado decaído nem de sua infelicidade. Ela não encontra sucesso profundo senão nas almas já desesperadas, ou que querem sê-lo. Ela evoca Pascal, e mais perto de nós Kierkegaard, mas para não reter senão uma das faces dessa dupla experiência de grandeza e de miséria que é constitutiva a seus olhos da condição humana. Define-se a si mesma como uma fenomenologia. Não pode ser tomada por uma metafísica. Quer ser um humanismo, mas que considera o homem isoladamente e rompe todas as suas amarras com o ser onde ele encontra sua própria razão de ser, a luz que o ilumina, a eternidade que o sustenta e a chave de sua própria vocação temporal.

Há somente duas filosofias entre as quais é preciso escolher: a de Protágoras, segundo a qual o homem é a medida de todas as coisas, mas a medida que ele se dá é também sua própria medida; e a de Platão, que é também a de Descartes, na qual a medida de todas as coisas é Deus e não o homem, mas um Deus que se deixa participar pelo homem, que não é somente o Deus dos filósofos, mas o Deus das almas simples e vigorosas, que sabem que a verdade e o bem estão acima delas, e não se recusam jamais aos que os buscam com bastante coragem e humildade.

PRIMEIRA PARTE

A UNIDADE DO SER

1. Do primado do ser

A. Primado da afirmação com respeito à negação

Art. primeiro: O ser é o primeiro termo, pois qualquer outro termo o supõe e o exprime limitando-o.

O ser é o objeto universal. A palavra objeto não é tomada aqui como correlata da palavra sujeito. A afirmação do ser é anterior à distinção entre o sujeito e o objeto e os envolve a um e ao outro. Ela é tomada numa acepção puramente lógica e designa todo termo possível de uma afirmação. Por conseguinte, não se poderia de início invocar um primado do sujeito que afirma com respeito ao objeto da afirmação. Pois esse próprio sujeito, enquanto sujeito, é o objeto de uma afirmação que mostra bastante bem, por essa espécie de redobramento, que o papel da própria afirmação é encerrar-nos no círculo do ser e que, como o ser não é nada mais que o objeto da afirmação possível, a afirmação por sua vez não é nada mais que o ser enquanto há nele uma consciência que o afirma.

Desse modo, podemos chamá-lo primeiro termo, pois qualquer outro termo o supõe e o exprime limitando-o.

Falando, porém, numa língua mais precisa, reconhecer-se-á que as palavras "primeiro" ou "último" não têm sentido senão no olhar de uma multiplicidade; e, como não é possível opor ao ser outros termos que fossem exteriores a ele, essas palavras visam unicamente uma ordem relativa entre formas particulares do ser, desde que o tempo apareceu. Não se pode estabelecer a ordem entre o ser e outra coisa, mas somente no interior do ser e entre suas formas, graças à *démarche* de um sujeito finito que persegue algum desígnio privilegiado, como reconstruir o mundo em abstrato. Ao contrário, é do caráter exclusivo do ser, se se distinguem nele partes, requerer imediatamente sua implicação recíproca.

Quando se fala do primado do ser, trata-se pois de um primado absoluto que é o próprio primado do absoluto com respeito ao relativo, de um relativo que, em vez de ser distinto do absoluto como um termo de outro termo na relação que os une, está contido, ele próprio, no absoluto como a expressão no que ela exprime. Não se trata de um primado simplesmente cronológico que supusesse uma consecução real entre muitos termos, nem sequer de um primado lógico que fizesse dessa consecução real uma consecução ideal. Pois esse primado não é o de um primeiro termo numa série. É o desse todo onipresente e imanente à própria série e no qual os termos da série são distinguidos por análise e ordenados segundo a própria lei da série. O primado do Ser não é um primado segundo o tempo cronológico, nem lógico, pois o tempo que faz parte do ser o supõe e, se se pudesse imaginar contraditoriamente uma ordem temporal entre o ser e o tempo, é o tempo inteiro que seria posterior ao ser.

Art. 2: Não pode haver passagem do nada ao ser, nem, por conseguinte, nascimento do ser.

Perguntar-se-á se o primado absoluto tal como nós o definimos não deve ser atribuído ao nada antes que ao ser. A emergência do ser seria também o começo do Tempo. No entanto, é preciso renunciar à ambição de passar um dia do nada ao ser, como se passa de um termo a outro numa dedução de conceitos ou num encadeamento de fenômenos. Isso, sem querê-lo, é dotar o próprio nada de uma espécie de ser privativo numa série mais vasta, da qual o ser positivo seria o segundo termo. Mas vê-se imediatamente que essa série por sua vez deveria ser posta dentro do ser total, isto é, seria preciso opor o ser a si mesmo para formá-la.

Nomear o nada já é dar-lhe o ser. Mas, como os diferentes aspectos do ser não podem aparecer numa consciência senão de forma sucessiva, a realidade atualmente dada de cada um deles parece acarretar a abolição de todos os outros. Eles entram sucessivamente num nada relativo aos olhos de um sujeito que vive no tempo, mas que ainda guarda o poder de representá-los depois de seu desaparecimento, opondo a lembrança à sensação. Daí não há senão um passo para imaginar um nada absoluto em que desaparecesse todo o ser ou que precedesse seu nascimento. Mas não pode haver nascimento do ser. Essa expressão repousa sobre uma assimilação do todo à parte que é intolerável. As coisas particulares se explicam umas pelas outras. Mas querer que o ser inteiro tenha sua origem no nada constitui uma dupla impossibilidade, pois é preciso supor antes de tudo, para pôr o nada, um sujeito que o ponha e que deva fazer parte do ser, e a seguir uma duração ideal que, mesmo em sua essência mais despojada, é uma forma do ser, e que não podemos dispensar-nos de imaginar para tentar surpreender aí o advento do próprio ser.

Na verdade, não sendo o nada senão uma negação, ele supõe o ser para negá-lo. Ele é o ser riscado, mas numa operação ilusória que acrescenta ao ser riscado a operação que o risca e que reivindica somente, no interior do próprio ser, o primado sobre o ser dado da operação que o dá. Tal é a tese sobre a qual fundaremos o estudo da interioridade do ser na terceira parte e que receberá todo seu desenvolvimento no segundo volume desta obra, onde estudaremos no ser o próprio ato que o faz ser.

Ainda que esse ato, como tal, seja estranho ao tempo e o funde em vez de supô-lo, compreende-se bem que, em vez de dizer, como é verdade, que ele é a exclusão eterna do nada, se prefira dizer, para não romper o par do ser e do nada, que ele é a passagem eterna do nada ao ser e que ele próprio o engendra eternamente.

Esse primado absoluto do ser pode, no entanto, ser contestado: pode-se pretender que, no terreno lógico onde estamos postos, o primado pertence à inteligência que funda sua possibilidade; que, no terreno gnosiológico, ele pertence ao eu que põe sua existência; e que no terreno axiológico, enfim, ele pertence ao bem que lhe dá também sua razão última. Poderíamos, é verdade, contentar-nos com sustentar que a ontologia encerra em si a lógica, a gnosiologia e a axiologia ao mesmo tempo, ou que a inteligibilidade, a subjetividade e o valor são igualmente modos de ser que o determinam e, por conseguinte, o supõem. Mas convém proceder aqui a um exame mais detalhado.

B. Primado do ser com respeito à inteligência

Art. 3: *O ser, anterior à inteligibilidade e à necessidade, não pode ser captado senão numa experiência pura.*

Pretender que renunciando a uma gênese do ser o despojamos de sua inteligibilidade, e, por conseguinte, de toda necessidade inerente à sua natureza, que já não pode revelar-se a nós como um fato ou um dado, é desconhecer a função real da inteligência, o sentido da ideia de necessidade e talvez até a dignidade de certa experiência pura.

Pois, *quanto ao primeiro ponto*, longe de a inteligência poder desde o princípio arrogar-se a preeminência e submeter o ser à sua jurisdição, é evidente que é preciso atribuir-lhe o ser antes de saber se o ser por sua vez se confunde com ela: será para nós um problema investigar se a inteligência o recobre exatamente e o esgota em sua integralidade. A inteligência é filha do ser; ela imita seu poder produtor; desvela a multiplicidade sistemática de suas formas; não engendra a matriz que as contém a todas e que a contém ela mesma.

Em segundo lugar, a ideia de necessidade é contemporânea da inteligência, e não há diferença entre a necessidade e a assimilação do ser pela inteligência. Também as coisas são necessárias, não em si mesmas, mas umas com relação às outras, pois o próprio da inteligência é, uma vez que o múltiplo se manifestou, introduzir nele a relação, que é uma espécie de unidade derivada, uma imagem da unidade do ser.

A distinção entre o ser e a inteligência aparece como a forma primitiva e, indubitavelmente, o princípio de toda multiplicidade. Já se pode pois conceber entre esses dois termos uma relação necessária. Mas toda necessidade é condicional. Ora, é o condicionado que é necessário e não a condição, senão ao revés e para que o condicionado possa ser posto. Por conseguinte, se na ordem do conhecimento a inteligência implica o ser como sua condição necessária, na ordem ontológica é o ser que integra a inteligência por uma implicação necessária, assim como o todo integra a parte, e a luz o esclarecimento. Mas falar de uma necessidade interior ao próprio ser é introduzir nele uma dualidade, é fazer, no coração de sua essência, uma distinção ilegítima entre o princípio que o põe e o fato para ele de ser posto. O ser é superior à necessidade precisamente porque a fundamenta e porque não há nada necessário senão com relação a ele.

Em terceiro lugar, dado que o ser é a condição ao mesmo tempo atual e universal sem a qual todo condicionado já não teria senão uma necessidade hipotética, em lugar de uma necessidade objetiva, é evidente que o ser deverá ser captado por uma experiência. Pois, se a lógica nos permite atingir a inteligibilidade de uma coisa, isto é, sua ideia, a própria coisa não pode ser atingida senão de maneira imediata, e, por conseguinte, numa experiência: ora, o ser é precisamente o caráter que faz que as coisas sejam coisas. A experiência que temos dele merece o nome de experiência pura, não somente para distinguir-se de todas as experiências particulares que o implicam, mas ainda porque é a única que certamente coincide com seu objeto; com efeito, a representação que ela nos dá compreende o ser compreendendo-se a si mesma como um ser. Essa experiência é, portanto, uma intuição intelectual, é a raiz comum do pensamento lógico, que a supõe para não ser um jogo dialético vão, e da experiência sensível, que se apropria dela nas condições particulares em que estamos postos; mas é superior às duas, pois sua distinção explicita a distinção entre o ser e sua ideia, enquanto a ideia do ser, precisamente porque ela própria possui o ser, dá a prova imediata da presença em si de seu objeto.

Art. 4: *A distinção entre o ser e a inteligência não é senão uma distinção de direito que não menoscaba o primado do ser com relação à inteligência.*

A inteligência, inseparável do ser que ela se dá por sua própria operação, pode ter a ilusão de que o produz, e essa ilusão tem ainda mais verossimilhança porque ser é indivisível e em todos os lugares está presente por inteiro. De fato, essa aptidão da inteligência para se inscrever no ser por seu próprio ato e, de outro lado, a impossibilidade de distinguir entre o ser da inteligência e o ser em geral conduzem a penetrar muito profundamente a natureza do ser e a defini-lo pela exclusão de toda passividade.

Mas é preciso conservar para o ser seu primado com respeito à inteligência, antes de tudo porque se trata de saber se há ser fora da inteligência, ao passo que bem sabemos que não pode haver nada fora do ser (assim, a inteligência aparece como uma espécie de ser antes que se possa demonstrar que ela é um caráter que esgota sua essência), e a seguir porque a inteligência, que o põe pondo-se, lhe dá por isso mesmo uma determinação particular – que é a inteligibilidade – e se atém a demonstrar ulteriormente que todas as outras determinações de que ele pode ser o objeto estão não somente implicadas mas efetivamente contidas nessa determinação primitiva pela qual ele se revela a si mesmo.

Essa revelação do ser a si mesmo não pode ser senão total: não pode atingir seu objeto senão identificando-se com ele. Se ela se distingue dele, é porque no ser finito sujeito a uma vida temporal ela nunca é plenamente consciente, e, como ela está, no entanto, inteiramente presente, isso não pode ser senão em potência.

Assim, pôr o ser antes de tudo e conceber a inteligência como uma de suas formas, que se destaca delas, depois se aplica a elas, é evidentemente pôr o movimento de um pensamento discursivo entre o ser, concebido como a inteligibilidade virtual que sustenta e alimenta indefinidamente a consciência, e uma inteligibilidade atual que, se reunindo ao ser e o recuperando em sua totalidade, é o termo necessário de todos os esforços de um espírito finito, mas não poderia ser encontrada por este senão na abolição de seus limites, isto é, em seu próprio desaparecimento.

C. Primado do ser com respeito ao eu

Art. 5: A distinção entre o ser e a inteligência não devém uma distinção de fato senão para um eu que, destacando-se do ser para pensá-lo, adquire, pensando-o, o ser que lhe é próprio.

A experiência pura, tal como nós a descrevemos, por oposição a todas as experiências particulares, é a experiência de uma presença com respeito à qual aquele que a obtém não sabe ainda, antes de qualquer análise, isto é, antes de qualquer qualificação, se ela coincide com a sua, ou se a ultrapassa. Somente com tal experiência a análise começa. Mas o ser e a inteligência não se distinguem senão para mim. É graças a essa distinção que esse eu se constitui, que ele afirma sua independência e se dá a si mesmo o ser que lhe pertence. Como se poderia adquirir uma existência própria de outro modo senão participando por um ato de consciência da existência total? Por um lado, a consciência que ele tem de si mesmo seria um milagre insular se não se identificasse com a consciência do universo de que ele faz parte. Tal é a razão pela qual toda consciência é uma consciência intelectual. Por outro lado, se não fosse assim, não se poderia explicar como as consciências se comunicam, ainda que cada uma delas constitua um todo fechado como o grande universo que se reflete nela; e, de fato, não é entre si que elas se comunicam, mas com o princípio comum que lhes dá, a todas, a vida e a luz. A união dos espíritos é ao mesmo tempo o ato e o efeito pelos quais se exprime e se realiza a unidade do ser puro.

Ou seja, o ser é primeiro com respeito ao eu, assim como é primeiro com respeito à inteligência. É a introdução do eu no ser o que faz da distinção possível entre o ser e a inteligência uma distinção real. Mas a anterioridade do ser com respeito a nós não é somente o sinal de nossa limitação; ela atesta ainda a necessidade para o indivíduo de se tornar um ser pensante por uma operação que lhe é própria e que ninguém pode cumprir em seu lugar; mostraremos por que essa operação deve efetuar-se no tempo.

Art. 6: O eu é o encontro de uma operação e de um dado, o que lhe permite constituir seu ser próprio, por um consentimento em ser que faz dele um ser livre.

A distinção e a ligação entre o ser e o eu se realizam graças à oposição entre uma operação e um dado. Essa operação é o ser enquanto ele pode dizer eu, enquanto tem uma intimidade e assume a responsabilidade por si mesmo. O dado é o ser enquanto ele me exceda, se impõe a mim, não existe senão em relação a mim e é para mim um objeto ou uma aparência. Como eu sou um ser sem ser o todo do ser, não sou apenas um eu, isto é, uma operação pura: minha própria existência me é ao mesmo tempo dada, isto é, eu tenho um corpo. E o primado do ser com relação ao eu se revela aqui de maneira nova: pois essa operação não é somente posterior ao ser porque ela tem o ser por objeto e porque ela própria nos introduz no ser; é-o ainda num sentido mais profundo porque ela é antes de tudo o ser de uma possibilidade que depende de nós atualizar; mas é preciso consentir em fazê-lo. E é esse consentimento em ser, essa passagem do ser possível ao ser realizado que me constitui como eu.

Daí essa aparência para aquele que considera antes de tudo o ser pelo aspecto da subjetividade de que o eu está contido no ser como corpo antes de contê-lo a si mesmo como consciência. Mas a consciência implica um ato que é preciso cumprir, e é impossível cumpri-lo sem afirmar ao mesmo tempo seu valor. Ou seja, a dialética pela qual cada consciência deve parecer destacar-se antes de tudo do ser não pensado para buscar abraçá-lo em seguida pelo pensamento, em vez de ter por único fim demonstrar a identidade metafísica entre o ser e o inteligível, comportará uma interpretação e até uma justificação éticas. Não pode ser de outro modo se o ser é ato e se nosso ser próprio, que parece antes de tudo dado como uma coisa, deve na verdade ser obtido por uma operação.

Tudo se passa como se cada um de nós fosse idêntico antes de tudo a esse pequeno fragmento de matéria ao qual sua vida está vinculada, e que em si mesmo não é senão uma espécie de encruzilhada aonde vêm cruzar-se todas as influências vindas de todos os pontos do espaço e do tempo, mas pudesse servir-se deste suporte para livrar-se do espaço e do tempo pensando-os a um e a outro.

Por isso nos é lícito fundamentar nossa vida espiritual, conter o ser em nós depois de ter sido antes de tudo contidos nele, e escolher entre duas vias opostas: uma que conduz a fins materiais, nos escraviza ao corpo, nos destrói com ele reenviando-o para outras combinações, onde a vida eterna propõe sem cessar a indivíduos novos uma participação a que todos parecem arrastados, mas que não pode tornar-se efetiva senão graças a uma aquiescência interior, que nem todos querem dar – e a outra, que, desviando-se da matéria e abandonando-a sem remorso a seu destino, nos conduz para um lar que era preciso ter deixado para ter a alegria de reencontrá-lo, que não é dado senão àqueles que o buscam e que o amam, enquanto todos os que dele são privados proclamam justamente o nada, pois não há realidade senão no coração dos que o possuem, mas que é suficientemente acolhedor para receber todos aqueles que se lembram dele e que padeceram a lei comum de se separar dele como estranhos para poder entrar ali como hóspedes.

A identificação entre o ser e o ato nos permitirá definir nosso ser próprio pela liberdade. Nós criamos nossa pessoa espiritual assim como Deus cria o mundo. Mas é preciso que façamos parte do mundo como uma coisa antes de nos podermos unir a Deus por uma escolha livre. O ato puro não comporta nenhuma escolha; mas torna possíveis todas as escolhas num sujeito que, participando de sua natureza, pode vincular-se, por um consentimento que fundamenta sua própria pessoa, ao princípio interior que o anima e o faz ser, ou abandonar-se à necessidade pela qual o conjunto de todos os seres finitos, determinados por seus limites mútuos, exprime ainda a suficiência do ser puro.

No limite, e para um ser que seria uma passividade absoluta (mas tal ser não pode existir, pois, para que um estado possa aparecer, não é preciso que ele seja sentido em alguma medida, isto é, captado por um ato que, é verdade, recebe imediatamente uma limitação?), o ser absoluto não poderia manifestar-se senão como um imenso dado. Assim, quando dizemos que Deus cria o mundo, queremos dizer que, se Deus cessasse de ser para si e se se tornasse um espetáculo para um espectador que fosse posto fora dele – graças a uma espécie de contradição, uma vez que todo espetáculo exige uma operação daquele que o contempla e que toda operação nos faz participar interiormente da essência de Deus definido como um ato puro –, o mundo seria sua forma visível e sua revelação. É precisamente porque não há dado sem alguém para que ele seja tal, que o mundo, apesar de se distinguir de Deus, não pode, porém, destacar-se dele. Um ser limitado não pode aparecer a seus próprios olhos e por seus próprios limites senão como parte do mundo, esperando que a atividade de sua vida espiritual lhe permita criar seu ser interior reencontrando nele o ser interior de que o mundo depende. Desse modo, pode-se dizer que, assim como a criação do mundo é a transformação do ato em dado, a criação de nós mesmos consiste, inversamente, quando o dado é manifestado, em fazer nosso o ato que o atravessa e que o sustenta, em vez de deixar esse dado aparecer e desaparecer na inesgotável variedade de um espetáculo puro.

Receber a vida material não é senão um meio para nós de adquirir a outra. Nós não pedimos para nascer. Nosso ser é uma peça de um conjunto mais vasto que não obedece à nossa vontade. A vida material nos decepciona porque ela não é propriamente nossa, e porque assim ela não pode parecer-nos a vida verdadeira, porque ela é limitada e incapaz de preencher toda a nossa capacidade, e enfim porque ela está em perpétuo perigo e porque a morte acaba sempre por tragá-la. A morte deve pois reconciliar todos os seres no mesmo malogro? No entanto, essa vida que nos foi imposta, que não nos satisfaz, e de que podemos a cada instante nos livrar destruindo-a, é a condição de uma escolha pela qual todo indivíduo é chamado a cumprir um ato espiritual de aceitação ou de renúncia. É preciso que ele se dê a si mesmo a vida eterna, que supõe a união com o ser puro e reside inteiramente numa operação que funda sua personalidade, em vez de deixá-la dissolver-se e aniquilar-se no todo – ou que ele deixe o universo prosseguir sem ele esse admirável movimento em que, sem se cansar, mas sem padecer em sua essência nenhum enriquecimento nem nenhuma diminuição, ele propõe a novos seres a salvação, que é aceita por um pequeno número e repudiada por uma multidão. Nós não recebemos no corpo a aparência da vida senão para poder verdadeiramente dar-nos a nós mesmos a vida ou a morte.

D. Primado do ser com respeito ao bem

Art. 7: O ser não depende do Bem, pois o Bem é interior ao ser e exprime o caráter pelo qual a consciência reconhece no ser uma plenitude que não só preenche sua própria capacidade, mas a supera.

Poder-se-ia sustentar que o ser encontra no Bem sua justificação última já não pela consideração de sua possibilidade, como acontece com respeito ao inteligível, nem pela consideração da experiência atual que temos dele, como acontece com respeito ao eu pensante, mas pela consideração de que somente esse bem dá ao ser sua significação e pode fazer dele o termo onde nosso querer e nosso pensamento repousam. Tal é a tese que se encontra em todas as doutrinas em que o Bem é definido seja como a fonte da qual o ser deriva, seja como o fim para o qual ele tende. Mas o ser não tem fonte nem fim. Pois toda fonte e todo fim devem ser interiores ao próprio ser, de modo que não podem ter sentido senão com respeito a um ser particular quando se tenta explicar seu devir assinalando-lhe uma origem e um destino. Se porém o ser é primeiro em relação ao devir, isso quer dizer que é primeiro em todos os lugares ou que nele não há distinção entre primeiro e último: essa distinção é a marca de um ser finito sujeito a receber a existência, em lugar de dá-la a si mesmo, e a perdê-la assim como a recebeu.

Não obstante, o primado do Bem com respeito ao ser se exprimiu de diversas maneiras na história do pensamento filosófico: primeiro no platonismo, que põe a ideia do Bem acima do ser, e em certa mística cristã, que se inspirou nele e que, exprimindo-se por uma teologia negativa, põe o próprio Deus acima do ser. Mas é evidente que o ser de que se trata aqui é o ser enquanto dado ou enquanto realizado, não enquanto ato e realizador. Ora, o ser considerado como tal, isto é, em sua intimidade e não em sua fenomenalidade, devém, com efeito, o motor supremo de todas as existências particulares; é pois inevitável que ele devenha também seu bem, uma vez que lhes dá tudo o que elas possuem e que elas não podem encontrar senão nele a satisfação de todos os seus desejos, mesmo dos mais altos. Como porém nossa experiência não contém nada além de seres particulares, de modo que o ser parece uma denominação que lhes seja comum, compreende-se que o bem possa ser remetido para além do ser, em vez de ser o próprio Ser em sua perfeita suficiência, enquanto todo ser particular e insuficiente se destaca dele para unir-se a ele. No entanto, essa linguagem mística não prevaleceu, e prefere-se identificar a Deus com o ser a recusar-lhe o ser, como se houvesse aí uma espécie de sacrilégio, com o risco de não atribuir a seguir aos seres particulares senão uma espécie de sombra de existência.[1]

Não diremos do bem que ele é uma determinação do ser e que é por isso que é segundo com respeito a ele, mas sim que é o aspecto pelo qual ele se revela a todos os seres que participam dele por determinações particulares que ele sempre ultrapassa. Daí a tendência comum à maior parte dos metafísicos a considerar o Bem como outro nome do ser, a sustentar que o mal está na determinação, isto é, na finitude, de modo que o ser ao qual nada se pode acrescentar e para além do qual nada se pode desejar aparece na forma do Bem a todo ser que se defina a si mesmo pela falta e pelo desejo.

Pode-se concluir dizendo que o bem não é primeiro com respeito ao ser como o termo que o precede e o justifica, pois o Bem não é senão uma perspectiva que tomamos a respeito do ser; ele introduz neste uma dualidade, supõe uma sensibilidade tão apurada quanto se queira, que o experimenta, não é senão o louvor eterno pelo qual os seres particulares atribuem ao ser absoluto o princípio desta abundância espiritual e desta alegria sem limites que eles se dão a si mesmos unindo-se a ele.

O conhecimento que podemos adquirir do ser nos dá a nós mesmos nosso ser interior. Por conseguinte, se o eu se limita em cada um de suas *démarches* a guardar com o ser o contato mais estreito, e se as operações pelas quais ele se realiza são realmente cumpridas e não apenas concebidas como possíveis, a prova de seu valor residirá em

---

[1] Faremos a mesma observação no que concerne ao argumento ontológico, cuja significação será analisada com mais detalhes na Terceira Parte no Capítulo VIII e no qual a existência aparece como uma consequência da perfeição e como engendrada por ela. Pois não se pode negligenciar que em tal argumento a perfeição seja sempre inseparável da infinidade: de sorte que é à infinidade que se atribui antes de tudo sua virtude concluinte; sendo a ideia, ela mesma, um ser, é difícil admitir que já não contenha a totalidade do ser de que é ideia; enfim, a força e a fraqueza do argumento residem sem dúvida nessa passagem ao limite pelo qual, observando em todos os seres particulares que é a ideia do Bem que é o fator de todas as suas aquisições, estendemos à totalidade do Ser uma sorte de elã da mesma forma, mas contraída e imóvel, que nos permite evocar na fórmula *causa sui* uma gênese, no interior mesmo do Ser, do ser que ele é, pelo bem que ele devém para todas as existências que dele procedem.

sua eficácia: a constituição de nossa pessoa, o sentimento da presença constante deste todo espiritual a que aderimos, o contentamento por nosso estado e essa relativa mas exata suficiência que não nos pode ser dada senão por um princípio que, sendo ele mesmo a suficiência plena, abole todos os desejos satisfazendo-os e excedendo-os, uma serenidade e uma força sempre renovadas, mas sempre semelhantes a si mesmas, tais são os efeitos que mostrarão a fecundidade das etapas sucessivas de nossa ação.[2]

E. Privilégio do método analítico

Art. 8: O primado do ser demonstra que o espírito jamais pode fazer uso de outro método que não o método analítico.

As observações precedentes permitem-nos concluir que todos os objetos do pensamento são interiores ao ser, assim como todas as duas *démarches*; que o ser, por conseguinte, não pode ser derivado, porque seria preciso derivá-lo de si mesmo; enfim, que ele é primeiro não no sentido de que preceda lógica ou historicamente a todo o restante, mas no sentido de que, sendo contemporâneo de todas as formas que ele pode assumir, estas não podem ser postas senão nele e por ele: são determinações que o limitam e não caracteres novos que viriam juntar-se a ele e que, estranhos antes de tudo ao ser, teriam o encargo misterioso de lhe conferir uma realidade que ele não tinha.

O único método de que o pensamento pode fazer uso é, pois, o método analítico. Não se deve pedir ao conhecimento nada além de uma descrição do ser, mas uma descrição que, em vez de permanecer exterior a seu objeto, atinge sua essência, porque, se é fiel, não faz senão solicitar que cumpramos a operação pela qual, participando de sua natureza, já descobrimos nossa identidade com ela.

Ela dirá respeito necessariamente a uma forma cíclica, não somente porque o pensamento individual, desenvolvendo-se no tempo e nutrindo-se da eternidade, exige reencontrar no fim, como seu ato próprio, o mesmo ato que lhe deu nascimento, mas

---

[2] Encontrar-se-á uma confirmação dessa análise em nossa *Introduction à l'Ontologie* [Introdução à Ontologia], na qual as categorias ontológicas são estudadas antes das categorias axiológicas: pois é preciso que as primeiras definam os diferentes modos de acesso ao Ser antes que as segundas deem a esses diferentes modos sua significação interior. Compreende-se, desse modo, por que devemos mostrar neste capítulo que o ser já traz em si ao mesmo tempo o inteligível e o bem, em lugar de poder ser derivado seja de um, seja do outro, ainda que, sem dúvida, ele não receba esta dupla determinação senão a partir do momento em que a participação intervém e funda, ela própria, a oposição entre o entendimento e o querer.

porque a psicologia não tem fundamento senão na ontologia, porque é preciso que tudo nos esteja presente para que possamos torná-lo presente, e porque nos foi preciso reconhecer que estávamos envoltos no ser antes de poder no fundo de nós mesmos reconhecer que envolvemos o ser por nossa vez. Desse modo, o tempo aparecerá a um só tempo como uma forma particular do ser e como uma condição de toda análise. Tudo o que vive se move no ser, e o movimento dos corpos num espaço imóvel, que forma a substância de cada um deles, é uma figura dessa comunicação incessante que se estabelece entre o todo e a parte, quando a parte, incapaz de se separar do todo, faz a descoberta de sua onipresença.

Perceber-se-á que as *démarches* da vontade, bem como as da inteligência, têm, elas próprias, um caráter analítico. Assim como o movimento é uma análise do espaço por uma distinção entre diferentes pontos, correlativa de uma distinção no tempo entre diferentes instantes, e assim como a síntese não é senão um efeito da continuidade desses pontos, correlativa da continuidade desses instantes, assim também o ato da inteligência consiste numa análise do ser em representações, em objetos ou em ideias, segundo se lhe dê uma aplicação abstrata ou uma aplicação concreta, e assim também o ato da vontade consiste numa análise de meu próprio ser em possibilidades diferentes que ele assume alternadamente. No entanto, essa mesma análise é efeito de uma escolha de que se pode dizer que é criadora. Pois todos esses pontos distintos, esses objetos distintos, essas ideias e essas possibilidades distintas não têm existência senão pelo próprio ato que os distingue. É essa análise o que os faz ser. E é por essa análise que eu me dou o ser a mim mesmo. Não serve de nada pretender que cada uma dessas análises está, ela própria, subordinada a um desígnio que lhe dá sua unidade, de modo que a síntese preceda à análise, que não é senão o meio pelo qual ela se realiza. Pois essa mesma síntese é uma primeira análise que tem o todo do ser como suporte e que prossegue por análises mais finas que podem, elas próprias, ser levadas ao infinito.

Assim, o eu se cria a si mesmo por uma análise do ser que faz aparecer diante dele a representação do mundo. A unidade do ser é pois correlativa de uma multiplicidade que é posta com ela e sem a qual ela não poderia ser posta como unidade. É esse segundo aspecto do ser que estudaremos na segunda parte desta obra: mas é preciso antes aprofundar a natureza desta unidade que não justifica seu primado senão por sua universalidade e sua univocidade.

2. Da universalidade do ser

A. *As diferentes espécies da afirmação*

Art. primeiro: O ser contém tudo, o real e a aparência, o inteligível e o sensível, o ato e o dado, o verdadeiro e o ilusório.

Que o ser seja um termo universal, aí está uma afirmação que ninguém põe em dúvida. Dizer que o nada é um termo negativo é torná-lo inoperante contra o ser puro, isto é, contra o poder da afirmação em geral, já que, para pô-lo, seria necessário ao mesmo tempo destruí-lo fazendo-o entrar numa afirmação. O nada, sendo um termo negativo, não poderá pois ser objeto senão de um julgamento de negação: o nada não é. Mas, se o nada não tem nenhum poder sobre o ser, é, ao contrário, perfeitamente legítimo negar de um ser particular um caráter ou uma qualidade que pertença a outro: esse nada relativo exprime uma análise que se efetua no interior do próprio ser; o que eu tenho de nada é necessariamente o ser de outra coisa.

O ser contém pois em si todas as coisas: todos os objetos de nossa reflexão e nossa própria reflexão devem vir igualmente inscrever-se nele; as distinções entre a realidade e a aparência, entre a inteligibilidade e o sensível são distinções que se podem fazer entre suas modalidades, mas que não atingem a indivisibilidade de sua essência.

Dir-se-á que aparecer é ser somente para outrem, e que o ser para outrem difere, por conseguinte, do ser em si? Mas, tomado em si mesmo, o ser para outrem é certa maneira de ser em si e que tem tanta realidade quanto o outro a quem aparece; o sujeito e sua representação são realidades qualificadas e fazem parte da realidade total. E o todo permaneceria eternamente encerrado em sua solidão e em sua ineficácia se cessasse de aparecer e de se refletir na consciência dos seres finitos, aos quais ele dá o ser fornecendo-lhes uma imagem de si mesmo, unindo-os entre si por sua dependência comum com respeito a ele, e guardando ao mesmo tempo com respeito a cada um deles e a todos uma presença plena e uma superabundância infinita.

Não faremos também renascer a querela entre o senso comum, que não aplica o ser senão ao sensível, e a metafísica, que o identifica com o inteligível. O sensível e o inteligível pertencem, ambos, ao ser, mas nos fazem conhecer aspectos diferentes dele; o sensível o atualiza inteiramente aos olhos de um ser limitado, o inteligível faz que este participe da operação pela qual o ser puro, penetrando o múltiplo para iluminá-lo, distingue e religa entre si as formas diferentes que ele assume. É por isso que o sensível e o inteligível estão inseparavelmente associados no concreto: sua oposição é um efeito da análise; de fato, cada sensação está em relação com determinado ato da inteligência, e exprime o caráter abstrato e inacabado que tal ato deve conservar na consciência do sujeito finito para que este fique em contato com o ser total, sem se confundir com a inteligência pura.

Usa-se em geral o nome "ser" para designar um dado; mas o ato pelo qual esse dado é captado faz parte do ser também. E até a mesma interioridade do ser não pode ser atingida senão em forma de ato. O materialismo atribui o ser ao dado e negligencia o ato. O idealismo não vê senão o ato; e há um idealismo empírico que faz do próprio ato um dado. Quanto ao contraste que resplandece na unidade do ser entre o ato e o dado, não é insuperável se se observa que um ato, no momento mesmo em que se exerce, cessa de ser uma potência para se tornar em certo sentido um dado; que um dado, tomando-o em sua forma mais concreta, é indiscernível do ato pelo qual é dado; e que o ser do mundo é sem dúvida um ato, mas devém incessantemente um dado para um sujeito que, fazendo parte do mundo, considera, no entanto, como um espetáculo tudo o que supera sua própria operação.

Conceder-nos-á que a ilusão mais miserável, uma vez dada, encontra lugar no ser, que ela é efeito, é verdade, de uma perspectiva estreita e confusa sobre o real que revela sua insuficiência desde que ela cresce, mas que essa ilusão é sempre superior a alguma outra mais miserável ainda, que ela o é infinitamente à pura cegueira, e que ela exprime a seu modo um dos aspectos da riqueza do mundo a que faltaria alguma coisa se se quisesse aniquilá-la: seria retirar seus benefícios à luz querer reduzi-la a seu foco e não admirar ainda a perfeição de sua essência na penumbra mais incerta e até em seus jogos e em suas miragens.

B. O possível como modo do ser

Art. 2: O possível não é anterior nem exterior ao ser: é um aspecto dele.

Se porém a acepção universal do ser nos obriga a vincular a seu império, anteriormente a todas as qualificações pelas quais eles são distinguidos, tanto o subjetivo como o objetivo, tanto o aparente como o real, tanto o sensível como o inteligível, e até em certo sentido tanto o ilusório como o verdadeiro, uma nova dificuldade se apresenta quando se pergunta se não há entre o nada e o ser uma essência intermediária que seria o possível. E mesmo entre o ser pleno e atual, por um lado, e o nada, por outro, como entre dois limites extremos, o possível não é nada além de um ser de razão que ainda não se atualizou, uma aspiração a ser que ainda não encontrou sua satisfação? Se todavia o possível é uma existência pensada, tem tanta realidade quanto o próprio pensamento: longe de que se possa vê-lo como a uma forma de existência atenuada e cuja existência propriamente dita surgiria por via de desenvolvimento, parece mais justo fazer do possível um ser intelectual que se enriquece e se empobrece ao mesmo tempo quando se atualiza, isto é, quando é recebido por intermédio do espaço e do tempo na sensibilidade dos seres finitos. Enriquece-se no sentido de que adquire uma determinação que não tinha. Mas empobrece-se também no sentido de que exclui outras determinações que ele levava em si em potência e que agora murcharam. No entanto, o possível não é a negação de toda determinação, pois neste caso não poderia distinguir-se de nenhum outro possível. É assim que todos os possíveis são espécies do ser. Não há espécies do nada. E nenhum possível é sem relação com as determinações que lhe faltam, pois ele é precisamente a possibilidade delas. Há portanto nele um caráter pelo qual ele as sustenta e já as chama, pois ele não pode subsistir sem elas, ainda que elas devam cessar de coexistir assim que se realizem.

Mas se se replicar que o possível encontra, com efeito, seu acabamento no ser e que até então ele não é senão uma aspiração a ser, responderemos que uma aspiração a ser pode perfeitamente distinguir-se do que ela será quando estiver satisfeita, mas que a condição de sua ação é antes de tudo sua inscrição no ser como tal. O que se quer é, no limite, retirar-lhe o ser deixando-lhe o caráter de aspiração. Ora, há aí uma contradição manifesta que confirma ainda o que dissemos do nada, pois, querendo considerá-la ela mesma como absolutamente anterior ao ser, se lhe recusa simplesmente a forma de ser para a qual tende.

Essa análise permite introduzir uma reforma profunda na concepção clássica das categorias da modalidade em que os três termos possibilidade, existência e necessidade parecem escalonados, segundo uma espécie de progresso que vai de um mínimo a um máximo de ser, de um ser que busca por assim dizer a existência a um ser que já não pode evadir-se dela. Mas a possibilidade não é inferior à existência: é um aspecto dela. Do mesmo modo, tampouco a necessidade lhe é superior. Não pode haver mundo que esteja aquém do ser por uma espécie de defeito, nem além do ser por uma espécie de excesso. A oposição entre o possível e o necessário resulta das relações que se estabelecem entre as formas do ser. Assim como o possível é o caráter do ser simplesmente pensado em sua relação com uma experiência que não é dada, também o necessário é um ser ainda pensado, mas em sua relação com uma experiência de que já não se pode separá-lo. Entre os dois há essa forma do ser que se descobre para nós numa experiência atual e dada, de modo que, em vez de passar do possível ao necessário por intermédio do ser, há que dizer que o ser contém em si ao mesmo tempo o possível e o necessário que traduzem as relações entre o ser pensado e o ser dado, já para acusar sua independência, já para superá-la.

Não se poderia objetar que o possível ou o necessário, de que fazemos modos do pensamento, podem existir sem serem pensados. Sem levar em conta a observação de que isso seria inscrevê-los no ser de outra maneira, poder-se-ia perguntar se o possível não pensado não é ele próprio a possibilidade de uma possibilidade, isto é, um pensamento que tem necessidade de ser completado no próprio pensamento antes de sê-lo numa experiência, se paralelamente o necessário não pensado não for o pensamento de uma necessidade que ainda deixa indeterminadas a ideia e a experiência que ela concede: o possível e o necessário por oposição ao ser tal como é dado a uma sensibilidade acusam o duplo caráter do ser tal como ele se revela à inteligência quando é engendrado por ela antes de tudo como o ensaio e em seguida como a prova de seu poder. Mas o ser sensível e o ser inteligível se recobrem. Ou melhor, o ser sensível, uma vez que se manifesta a nós, já não por um choque que nos comove, mas por uma operação que o ilumina, põe a nu o ser inteligível que ele dissimulava.[1]

---

[1] Compreende-se por que o estudo da universalidade do ser deve começar por um estudo da relação entre o ser e o possível. Pois, por um lado, o possível é considerado como uma sorte de intermediário entre o ser e o nada; e por outro, não se vê como se poderia caracterizar qualquer objeto da afirmação que desborda a afirmação do ser de outro modo senão como um não ser absoluto (e consequentemente impossível) ou relativo (isto é, que contém ainda em si o ser de uma possibilidade). Há mais: se é o tempo que é o instrumento da participação, vê-se imediatamente, e a experiência confirma, que é o tempo que, opondo sem cessar o ser a si mesmo, parece estabelecer uma relação entre o ser e o nada, de modo que o futuro e o passado nos aparecem, em contraste com o presente, como as duas únicas formas positivas do não ser. Buscaremos então, no que se segue, demonstrar que uma e outra estão inclusas no ser e não exprimem nada além de certa relação entre seus modos (sendo esta relação, ela própria, constitutiva de cada essência individual). Quanto ao próprio possível, encontra sua explicação na própria natureza do tempo não somente, como se mostrou em *Du Temps et de l'Éternité* [Do Tempo e da Eternidade] porque é a categoria própria do futuro, mas porque ainda está na categoria do passado, ao menos enquanto o passado não é uma lembrança que já se atualizou, mas uma lembrança que pode sê-lo.

C. O tempo ou a relação entre os modos do ser, e não entre o ser e o nada

Art. 3: O tempo é interior ao ser, e não o ser interior ao tempo.

Mostramos que as ideias de nada, de subjetividade e de possível não constituíam nenhum malogro da universalidade do ser. Mas essas diferentes ideias não puderam introduzir-se no pensamento senão graças a uma distinção realizada pelo tempo entre os diferentes aspectos do ser, isto é, entre as diferentes maneiras com que o ser revela sua riqueza aos olhos de um indivíduo finito. O possível em particular não pode ser pensado independentemente da ideia de um futuro que ainda não está realizado. É pois a ideia de tempo que é preciso examinar agora. Na verdade, se se duvida às vezes da universalidade do ser, é porque se opõe ao presente um passado que já não é, e no qual o ser parece ter-se abismado, um futuro que ainda não é e em que dormitam tipos de existência que ainda não eclodiram. Assim, a existência do passado e do futuro de que a memória dá testemunho, porque ela mostra igualmente que o primeiro se evanesceu e que o segundo se realizou, parece uma espécie de experiência da existência do nada.

O próprio tempo, porém, é uma forma inteligível do ser. Ou nós não pensamos o tempo e então, sempre novos no ser, mas sem o saber, pois não podemos comparar o que somos com o que éramos nem com o que não éramos, vivemos numa espécie de eternidade onde somos sempre inseparáveis do ser e, no entanto, incapazes de perceber seja nossa identidade, seja nossa mobilidade. Ou nós pensamos o tempo, e então o fazemos com a condição de dominá-lo, de poder captar ao mesmo tempo, se bem que de maneira distinta, a realidade do presente e a do passado e do futuro. Ora, isso não é possível se nós não nos encontrarmos postos precisamente neste ponto de transição onde a percepção não cessa de se transformar em lembrança: a própria ideia do futuro não assume uma forma positiva senão graças a uma espécie de inversão da memória, pois a distinção do que somos com respeito ao que fomos prova que não havia diante de nós um futuro que se realizou. Assim, não há nada no tempo além de uma passagem contínua da percepção à lembrança, isto é, de uma forma de existência a uma natureza: não há nada que saia do ser ou que o penetre de fora.

Todas as dificuldades concernentes à ideia de ser têm origem na experiência que temos do Tempo. Há uma espécie de antinomia entre o ser e o tempo, de modo que a afirmação do ser sempre se volta contra o devir e a do devir contra o ser. Parece que o devir é sempre um misto de ser e de nada e que a experiência que ele nos dá é precisamente a do nada na medida em que o ser não cessa de surgir dele para nele remergulhar. Mas se o devir está inteiramente no ser, em vez de envolver o ser inteiro, então se percebe que ele introduz no ser tão somente um nada relativo, a saber, o nada de um de seus modos com respeito a outro modo que ele desaparecendo chama. Não há nada que não pertença ao ser e que não deva ser posto alternadamente como passado, como presente e como futuro. Mas não se pode excluir nenhum termo de um desses modos da existência sem incluí-lo imediatamente em um dos dois outros. Sucede apenas que não é assim que se entende geralmente. Pois se pretende, ao contrário, dissociá-los, razão por que cada um desses modos, incapaz de se sustentar isoladamente, é invocado como uma espécie de testemunho em favor do nada que resulta tanto da consideração de cada um deles como da de seu conjunto. Pois o presente, não sendo senão uma transição ou uma passagem, não tem conteúdo: não é senão uma posição na linha do tempo, mas que não é nada, nada mais que o ponto. Ora, nós dizemos do passado que o precede que já não é e do futuro que o segue que ainda não é, ou seja, que um e outro não são nada. Assim, é o próprio ser que parece expulso por todos os lados.

Não se pode pois manter a universalidade do ser senão mostrando que há uma forma de existência própria ao presente, ao passado e ao futuro, e que nenhum ser particular se realiza senão pela relação que os une.

Art.4: *O presente, longe de excluir a totalidade do ser, contém-na, e quando, com o nome de instante, se faz dele uma ruptura entre o passado e o futuro, é ele que ao mesmo tempo os opõe e os liga.*

O argumento dialético que consiste em excluir o ser do presente com o pretexto de que o presente não é nada além de um limite entre o passado e o futuro, de modo que seja de maravilhar que não tenha conteúdo, não é senão a contrapartida produzida pela reflexão da afirmação instintiva e popular de que o presente é o próprio ser e de que não há ser senão no presente. Ora, é essa afirmação que se trata de manter: sucede porém que, em vez de considerar o presente como pondo para fora de si o passado e o futuro, é preciso dizer que ele os contém de certa maneira e que sua diferença com respeito ao presente absolutamente não consiste no contraste entre o ser e o nada, mas num contraste entre modos diferentes da existência. É evidente que eu próprio nunca deixei esse presente e que não se ganha nada dizendo que nunca é o mesmo presente. Pois há alguma diferença entre os objetos que me podem estar presentes, por exemplo, entre uma percepção presente e a lembrança presente que guardei dela, mas não no presente comum em que as recebo. O tempo não consiste na relação entre uma presença e uma não presença, mas na substituição da presença de um objeto pela presença de uma lembrança. E se dirá o mesmo do futuro enquanto futuro: eu não posso descobri-lo senão por um pensamento presente que posso ver como a um pensamento indeterminado e que, quando esse futuro se realizar, me dará uma percepção presente: assim, uma vez que eu considere o futuro, o tempo se torna para mim, em verdade, uma relação entre duas presenças.

Mas é preciso dizer que, dado que toda presença pensada como futura sustenta com uma presença pensada como passada, através de uma presença atual ou, se quisermos, objetiva, uma relação de ligação e de exclusão, mas que diz respeito a uma forma orientada, há outro sentido da palavra presença que define o presente do instante e que não é nada mais de fato, parece, que a ruptura entre o que vem de ser e o que vai ser, isto é, uma iminência pura. Mas é curioso que desse caráter de ruptura que se lhe atribui e, por conseguinte, de sua ausência radical de conteúdo se queira tirar partido contra sua existência. Parece, antes, ao contrário, que é no instante considerado como uma ruptura sem conteúdo que compreendemos melhor a própria essência do ser enquanto é estranho a todas as determinações, mas precisamente porque as supera e engendra. No presente que envolve tudo o que é, o ser nos descobre a multiplicidade infinita de suas formas. No instante que está no centro de tudo o que é, mas onde já nenhuma forma particular do ser se distingue, o ser nos descobre seu poder indivisível e sem medida. É por isso que não se deve dizer que ele exclui o passado e o futuro, e sim que ele os liga. É nessa iminência pura que todas as formas particulares do ser vão surgir. Cada uma delas surge como um futuro que não pode determinar-se senão determinando ao mesmo tempo seu próprio passado. Não falamos de instantes sucessivos senão quando constituímos a cadeia do tempo por uma sequência de acontecimentos homogêneos para o pensamento e para os quais procuramos assinalar posições distintas e imóveis. Então falamos contraditoriamente de instante passado ou de instante futuro: o que verdadeiramente não tem nenhum sentido. É preciso dizer então que é o mesmo instante que se desloca? Mas isso seria recair no mesmo erro e obrigar-se a inventar um novo tempo em que esse deslocamento devesse produzir-se. Não há portanto senão uma solução, que é de não mais associar o instante ao acontecimento, mas de obrigar todos os modos da existência a vir confrontar-se com o mesmo instante em que se produz o ato eterno que os realiza. É a participação que, em vez de situá-los no tempo como tantos blocos justapostos, dissocia em cada um deles para converter um no outro o possível e o cumprido, isto é, dois termos heterogêneos e incapazes de subsistir isoladamente, que não entram numa ordem sucessiva senão pela relação que os une e que não é nunca a mesma. Mas é o mesmo presente que os contém sempre e é o mesmo instante que vem sempre inserir em si a operação em que essa relação se atualiza.

Art. 5: O passado não volta ao nada: a lembrança que guardamos dele não tem sentido senão por sua relação com uma percepção inicial de que ele exprime não a abolição, mas a limitação.

Contra a objeção que exclui o passado do ser e o considera como propriamente aniquilado, pode-se fazer valer o argumento de que o passado subsiste como passado no presente da lembrança.

Mas essa resposta deve ser aprofundada se se quer resolver algumas dificuldades que ela implica: pois a lembrança presente, evocando um objeto percebido no passado, mostra precisamente que ele já não é nada hoje, não mais que a percepção que tínhamos dele. A lembrança, ao contrário de ser o testemunho de sua sobrevivência, é o de seu desaparecimento. Se a lembrança não dá ao próprio objeto percebido uma nova existência momentânea, ao menos o caráter relativo do conjunto a que pertencem ambos prova que era por uma ilusão que se atribuía quer a um, quer ao outro, uma existência independente; a percepção e a lembrança são os termos concretos dessa relação original que se chama tempo, e, assim como a lembrança não teria o conteúdo ideal sem a percepção que reproduz, a percepção estaria desprovida de corpo material se não contrastasse com a lembrança que nos descobre seus limites, o lugar único que ela ocupa na duração, e destaca dela a originalidade no próprio ato pelo qual vem substituir-se a ela.

Admite-se facilmente que a percepção é a condição da lembrança, que não é lembrança senão dela e por ela. É mais difícil perceber que a lembrança é também a condição da percepção, que não nos descobre senão por contraste com aquela a presença nela do objeto: não sabemos o que ela é senão quando já não é. Mas nem a percepção nem a lembrança nunca perdem a forma própria de presença que lhes pertence: são dois termos que se excluem e se reclamam conjuntamente. Servem para definir a relação temporal enquanto ela própria possui uma existência intemporal: o percebido e o rememorado são aspectos dela; a passagem indefinida de um a outro, em vez de exprimir a abolição absoluta do primeiro e sua entrada no nada, atesta, ao contrário, a impossibilidade de separá-lo do ser ao mesmo tempo que os limites em que é preciso encerrá-lo.

É que cada forma do ser é inseparável do ser eterno e o é igualmente do tempo, que, pela totalidade de seu desenvolvimento, exprime sua fecundidade imóvel; ora, é penetrando o tempo que cada forma marca sua finitude, mas também sua solidariedade com todas as formas finitas que a precedem ou que se lhe seguem. Assim, pode dizer-se que o que desaparece no objeto percebido é o que o limita e não o que ele é, de modo que sua implicação com os outros termos da série de que faz parte e a própria maneira como parece ceder-lhes lugar são destinadas a lhe permitir realizar a plenitude de sua essência e de participar da totalidade do ser. Desse modo, a distinção entre a percepção e a lembrança dá simultaneamente a cada consciência a possibilidade de constituir sua própria existência subjetiva, e à essência de cada coisa a possibilidade de nos revelar ao mesmo tempo sua limitação e sua inscrição numa ordem eterna.

A percepção que desaparece não é, pois, uma forma de existência que volta ao nada com seu objeto. Seria até mais legítimo dizer que a negação do ser percebido no momento em que ele recai no passado e testemunha seu caráter finito no próprio interior da relação temporal é a negação de uma negação e não tem sentido senão para fazer aparecer como contrapartida um novo modo de existência que lhe dá uma eternidade espiritual.

A distinção entre o tempo em que o objeto está implicado e o tempo em que se implica a percepção do objeto deve reter nossa atenção: ela nos mostra que, assim como, na ordem subjetiva, nossos estados se sucedem porque nenhum deles esgota nossa capacidade de perceber, assim na ordem objetiva os fenômenos se sucedem também porque cada um deles não exprime senão um aspecto do ser. O próprio da memória é atestar, através da dupla renovação ao mesmo tempo correlativa e específica do conteúdo do universo e do conteúdo de nossa consciência, que todos os aspectos do ser lhe são essenciais, assim como todos os estados do eu são essenciais ao eu. A distinção entre o fenômeno primitivo e a lembrança que nos resta dele é, por conseguinte, a condição sem a qual nenhuma forma de existência poderia, permanecendo limitada, tomar lugar na universalidade do ser: e, desse modo, não nos devemos assombrar se essa distinção não tem sentido senão para fenômenos limitados ou, o que dá no mesmo, para o conhecimento que podem tomar fenômenos dos seres limitados.

Art. 6: À falta da lembrança real, a lembrança possível basta para assegurar ao objeto percebido seu lugar permanente no todo da duração.

Não parece que o argumento mediante o qual acabamos de salvaguardar a existência da percepção e da lembrança em seu respectivo lugar num tempo formado por seu contraste deva nos proibir de ainda guardar alguma realidade para o acontecimento passado, quando ele não deixa na memória nenhum eco? No entanto, seria preciso então retirá-lo do tempo; pois somos incapazes evidentemente de situar uma forma de existência num momento particular do tempo sem que nosso pensamento seja imediatamente convidado a desbordar esse momento por uma operação presente com respeito à qual o objeto percebido adquire já de início um caráter puramente espiritual.

A memória sem dúvida é necessária para que possamos pensar o tempo, pois é necessária para que possamos pensar seu conteúdo. Mas ela mesma é limitada e nossa memória individual encontra seu fundamento numa espécie de memória universal, uma memória de direito mais que de fato, que não deixa perder nada do que foi e que conserva para o objeto desaparecido seu lugar original na história do mundo. Essa história é real. Não podemos fazer que um acontecimento que tenha tido lugar não se tenha produzido. É que há, assim, uma existência do passado como tal. Tal como um objeto pode existir sem ser recebido numa consciência particular, o que significa, todavia, que ele encontraria lugar numa consciência ilimitada; um acontecimento que não deixa indício em nenhuma memória o deixaria, porém, numa memória infinitamente aumentada. A multiplicidade das consciências e das memórias representa no particular um esforço de adequação ao ser total; e a originalidade do particular não se mantém senão com a condição de que esse esforço prossiga sem cessar e de que seu objetivo jamais seja atingido.

Fazer cair no nada um termo que não é objeto de nenhuma lembrança é separar o momento em que ele se produziu de todos os outros momentos do tempo sem os quais não se poderia defini-lo, é eximi-lo da relação temporal, fazer dele, contraditoriamente, um absoluto, deixando-lhe, todavia, suas qualidades distintivas e seus limites próprios. A solução de nossa dificuldade se encontra, portanto, nesse paradoxo aparente: a saber, não se pode considerar o objeto passado como um puro nada porque isso seria supor justamente que tivesse sido considerado antes de tudo, no momento em que foi percebido, como um absoluto que se bastasse a si mesmo: não podia desvanecer-se sem retorno senão com a condição de que cada momento fosse criado e depois destruído, ou seja, de que o tempo, que é a relação eterna de todos os momentos, cessasse de ser. Seria atribuir à parte um caráter que não convém senão ao todo e que precisamente eleva o todo acima das vicissitudes da duração.

Art. 7: O futuro exprime a possibilidade para o ser finito de participar por uma operação que lhe é própria do ato imutável da criação.

Poder-se-ia pensar que as observações precedentes permitem resolver simetricamente o problema do futuro. Mas isso não é completamente verdadeiro: pois, conquanto o presente de hoje seja o futuro de ontem, não podemos contentar-nos com compreendê-lo nesta espécie de imagem invertida que a memória nos dá. E de fato a originalidade do futuro provém precisamente de ele permanecer indeterminado diante de nós, incapaz, por conseguinte, de fornecer uma imagem de si mesmo até o momento em que se converte em passado. Tampouco tentaremos confundi-lo, para lhe dar existência, com um ato da vontade, um desejo ou uma potência que o contivessem em germe antes que ele se realizasse. Além de que há frequentemente disparidade entre nosso estado presente e o que procede dele e que depende ainda de circunstâncias exteriores amiúde imprevisíveis, é claro que a questão não é saber se o germe que se tem sob os olhos deve ser inscrito no ser com suas virtualidades atuais, mas sim saber qual é o gênero de existência que é preciso atribuir ao futuro, enquanto futuro, antes que ele se tenha manifestado. Ora, aqui, não serve de nada dizer que um conhecimento mais perfeito que o nosso o perceberia como já presente depois de ter feito uma volta por todas as causas de que depende. Pois é caráter eminente do conhecimento seguir-se ao ser em vez de precedê-lo. Nossas previsões não são imagens antecipadas senão porque começaram por ser imagens consecutivas. E, assim, o conhecimento que tivéssemos antecipadamente do futuro lhe tiraria seu atributo essencial de estar ainda por nascer. Pode-se evitar, por conseguinte, que a realização do futuro apareça como um enriquecimento do ser?

Se, porém, voltando a um princípio estabelecido anteriormente, se consente em considerar o tempo como interior ao ser e não o ser como interior ao tempo, ver-se-á que o tempo deve permitir a nosso ser finito um crescimento indefinido sem supor para isso o mínimo crescimento do ser puro.

Não se deve, contudo, imaginar em nenhum caso que este contenha em si intemporalmente todos os acontecimentos que ainda não tiveram lugar e todas as ações que possamos produzir. Há um prejuízo em que caem facilmente os partidários demasiado zelosos da onipresença, e que consiste em supor falsamente que as coisas são em Deus como são em nós, em imaginar o devir como desenrolar de um espetáculo onde, primitivamente, tudo é dado ao mesmo tempo, e, por conseguinte, em proibir-se ao mesmo tempo de olhar as coisas sensíveis como a um espetáculo que depende de nossa natureza e as ações humanas como iniciativas que dependem de nossa vontade. A natureza divina supera infinitamente em riqueza o espetáculo que nos é atualmente oferecido, mas contém seu princípio e sua chave. Pois as coisas particulares não podem exprimir a totalidade do ser senão pela ordem necessária que os liga entre si no espaço e no tempo. Do mesmo modo, a natureza divina não torna possível a iniciativa que vamos tomar, não a sustenta, não a nutre, não a torna eficaz senão por essa seiva espiritual superabundante que a preenche a ela mesma e para a qual abrimos sem cessar em nosso ser interior canais mais ou menos numerosos e mais ou menos largos. Isso quer dizer que o futuro existe eternamente em Deus como um ato de que nos cabe participar sem cessar por uma operação que nos é própria e cujo efeito será torná-lo nosso convertendo-o em estado. Mas o futuro não existe pois em Deus como um estado e, no momento em que se cumpre para cada um de nós, recebe uma forma sensível que o limita adaptando-o ao mesmo tempo à nossa capacidade e aos nossos desígnios. Assim se pode explicar como o futuro, que, como objeto empírico e para um ser finito, não é nada antes que se produza – nem sequer uma imagem antecedente –, pertence todavia ao ser desde o presente por essa espécie de excesso infinito de recursos de onde ele extrai, ora por necessidade, ora por escolha, a força suficiente para se fenomenalizar.

Em resumo, o contraste entre a lembrança ou a antecipação e a percepção não nos deve levar a pensar que há coisas no universo que se separam do ser e outras que vêm a ter lugar nele. Isso seria paradoxalmente fazer do tempo, que é a forma de toda relação, um absoluto e não um relativo; seria fazer depender o ser do tempo, em vez de fazer depender o tempo do ser. A ordem segundo a qual as coisas se apresentam a nós não pode ser considerada como um caráter imanente ao próprio ser. Pois nós nos movemos no ser; e, se o princípio de relatividade encontra uma aplicação entre as coisas particulares, não vale porém entre a parte e o todo, entre o tempo e a eternidade; nada pode nos autorizar a pensar que o ser inteiro se move em relação a nós e que a posição que nós ocupamos marca o limite entre o que cessou de ser e o que vai devir.

D. Privilégio ontológico do instante

Art. 8: O ser pode ser figurado alternadamente por uma percepção total ou por uma memória perfeita ou, mais profundamente, por uma operação universal.

Longe de poder ser invocada contra a universalidade do ser, a distinção entre as fases do tempo testemunha em seu favor: e, uma vez que o ser está presente inteiramente em todos os lugares, o passado, o futuro e o próprio instante que os unem, em lugar de lançar nosso pensamento ao nada, permitem-lhe envolver, cada um por si mesmo, a própria totalidade do ser.

O instante, é verdade, ainda que evanescente, goza a esse respeito de uma espécie de privilégio. Ele é como um encontro que a consciência tem com o ser numa coincidência fugitiva, e eu lamento somente não poder conservá-la, não poder transformar a instantaneidade em onipresença. Esse privilégio do instante pode ser justificado por duas razões: a primeira é que o instante é uma presença em que o passado e o futuro não só são negados, mas ao mesmo tempo implicados; a segunda é que a presença que me é descoberta no instante é a presença do objeto, isto é, uma presença que me é imposta e que me supera e já não uma presença simplesmente subjetiva como a que eu poderia atribuir quer ao passado, quer ao futuro. Eu me encontro assim conduzido a representar as coisas tais como elas são em si mesmas ou, o que dá no mesmo, tais como são no intelecto divino, como suscetíveis de ser figuradas por uma percepção simultânea e infinita que se escalonaria no tempo somente aos olhos de todos os seres finitos, pois minha percepção encerra um elemento de passividade, ela não tem sentido senão em relação a meu corpo; é de sua essência ser parcial e momentânea: ela não escapa totalmente à subjetividade. Ela parece mais perto do ser que todas as outras representações porque permite ao ser finito um contato direto com o todo na instantaneidade; mas esse contato não é possível senão com a condição de fazer entrar o todo numa perspectiva pessoal, de modo que uma percepção que fosse total e cessasse de exprimir uma relação do universo comigo se tornaria uma contradição. No entanto, se eu consinto em considerar no instante não o espetáculo passageiro do mundo, mas o ato pelo qual penso também o que o precede e o que se lhe segue, livro-me ao mesmo tempo dessa interpretação do ser que, reduzindo-o ao instante, mas não retendo no instante senão o percebido em lugar do perceptor, constitui justamente o que se designa pelo nome de materialismo.

Pode-se mostrar agora que a atualidade do instante que lhe dá seu privilégio com respeito ao ser não é sem contrapartida: esta resiste precisamente em sua própria ligação com a percepção, cuja essência é ao mesmo tempo ser fenomenal e ser transitória. Desse modo, não se poderia tomar à memória uma noção mais adequada do ser puro? Pois a memória dá a todo o passado uma espécie de perpetuidade e até de simultaneidade em que cada um encontra as imagens de que precisa numa ordem sempre reversível. Ademais, apesar de suas imperfeições e seus erros, ela nos apresenta nossa vida num quadro espiritual em que os acontecimentos aparecem com uma espécie de luz que não tinham no momento em que se cumpriam: eles pareciam obscurecidos então pelas preocupações do interesse e pelas excitações da paixão. Assim, todo o presente da percepção é destinado a tornar-se um dia passado, servindo assim de via de acesso a uma espécie de onipresença espiritual do ser total, onde a memória nos permitiria encontrar doravante todas as capacidades da realidade graças a um ato que recomeça sempre. O instante não é uma transição temporal senão para nos dar o meio de penetrar um presente eterno.

Conquanto, porém, a memória pareça libertar o conhecimento de toda ligação atual com os sentidos, a realidade das coisas em si mesmas seria tão mal representada por uma memória universal quanto por uma percepção universal. Pois a lembrança não tem sentido senão por sua oposição à percepção: só o que percebemos é que entra em nossa memória. Mais ainda, considerada em si mesma, a lembrança é um dado como a percepção: devemos considerá-la tal qual é, pois não podemos fazer que o passado não tenha sido; em um sentido, somos escravos dela, e, se ela está, como a percepção, suspensa por um ato sem o qual não poderia tornar-se consciente, é somente a fim de nos permitir recriá-la numa imagem, mas sem nos identificarmos plenamente com ela neste ato mesmo.

Se quiséssemos, por conseguinte, tentar captar a natureza íntima do ser, em lugar de voltar os olhos para o duplo espetáculo pelo qual ele se revela a toda consciência implicada no tempo, seria preciso surpreendê-lo de algum modo em seu próprio acontecimento, ou seja, pôr-se no ponto onde constituímos nosso ser próprio participando de sua essência por uma operação. Já se encontrando tal operação na percepção e na memória, ela é suficiente para preservar ao ser seu caráter de universalidade. Ora, a passagem do presente ao futuro, tal como é realizada por nossa vontade, pode contribuir para no-la sugerir, mas para sugeri-la somente. Pois seria preciso eliminar da vontade a noção de desenvolvimento que a caracteriza, a dualidade do poder e do dado e a conversão de um ao outro, a fim de atingir, atrás das inabilidades da ação, a pureza do ato que ela imita e que a torna possível. Seria preciso substituir à inabilidade de um esforço sempre limitado a perfeita facilidade de uma graça sempre presente. Essa é a razão por que a atividade intelectual nos dá do ser uma noção mais adequada que a atividade voluntária: ela própria consiste numa determinação do futuro, pois é uma passagem da ignorância ao conhecimento; mas, se a consideramos não no período em que ela busca a verdade, mas no período em que a possui, ela se destaca dos limites do corpo e do tempo e realiza a identidade plena entre o pensamento e seu objeto. Subsiste, todavia, entre os dois termos uma distinção de razão que ainda seria preciso apagar antes de encontrar o ser puro.

***Art. 9**: O tempo exprime a necessidade para cada modo finito da existência de se atualizar através do instante por uma conversão de seu ser possível num ser cumprido: mas o ser puro ultrapassa essa distinção e a fundamenta.*

No ponto aonde chegamos, é fácil mostrar por que o ser recebe uma aplicação rigorosamente universal. É que, com efeito, tudo o que foi futuro antes de se tornar para nós presente e passado: na passagem do presente ao futuro, compreendemos o princípio que o faz ser; tornamo-nos partícipes dele nas operações da vontade e do conhecimento.

Cessamos de ser um puro dado encerrado em seus limites próprios no momento em que os ultrapassamos para enriquecer nossa natureza. Mas esse princípio, que faz que as coisas sejam, jamais pode ser separado das próprias coisas, sem o que elas cessariam de ser. E para nós é tão somente depois de terem sido atos com que colaborávamos que elas se tornam, seja na percepção, seja na memória, um espetáculo que não podemos senão contemplar. Esse espetáculo não é uma aparência vã, porque por trás dele não cessa de subsistir, para sustentá-lo e produzi-lo sem interrupção, o ato eterno a que nos unimos por um momento. Não há para ele dados; mas é ainda a ele que é preciso unir-se numa operação derivada e secundária para tornar presentes na consciência esses dados que flutuariam sem ele na indeterminação absoluta; eles seriam semelhantes a esta matéria pura que sempre preocupou os filósofos e que não é senão um simples limite, o limite ao qual se abaixaria o universo em relação a um ser finito que, realizando a ideia absoluta do finito (mas cessando por isso mesmo de merecer o nome de ser), se veria recusar toda atividade de participação.

Tal é a razão por que cada uma das fases do tempo exprime com respeito ao ser um caráter de negatividade: pois o instante não é senão uma passagem, o passado não é senão um pensamento, o futuro não é senão uma virtualidade. Isso basta para acusar a distância que separa o ser temporal do ser eterno: este não conhece a distinção entre esses três modos de existência. Mas todo ser particular é obrigado a atravessá-los sucessivamente, e seu ser próprio consiste em sua união. Eles não são isolados uns dos outros senão por um efeito da análise que permite exprimir, ligando-os, este triplo caráter do ser de ser sempre nascente, sempre atual e sempre subsistente.

3. Da univocidade do ser

Art. primeiro: A universalidade do ser tem por fundamento sua univocidade.

Até aqui estudamos a extensão do termo "ser". Comparamo-lo com todos os termos que ele parece deixar fora de si. Mostramos que o nada, o possível, o passado e o futuro representam algumas de suas formas e que é impossível encontrar seus limites porque seria preciso colocar nele aquilo mesmo que o limita. Temos agora um novo esforço por fazer: devemos considerar não mais as relações que podem existir entre ele e outra coisa, mas as relações entre as próprias formas do ser e buscar ver se não há entre elas diferenças de grau. Depois de termos medido a extensão de suas aplicações, é preciso avaliar a própria força com que ele se afirma de cada objeto. Ora, no que concerne à percepção do ser, vamos desembocar numa visão análoga àquela que concernia à extensão: diremos que o ser é tão unívoco quanto é universal, e que, se tudo está presente nele, é preciso também que ele esteja presente inteiramente em tudo.[1]

E mesmo o fundamento da universalidade não pode estar senão na univocidade. Pois, se o ser pudesse receber uma multiplicidade de acepções diferentes, não haveria nenhuma razão para não deixá-lo dispersar-se numa multiplicidade de noções. Seríamos obrigados, com respeito a cada objeto particular, a nos perguntar qual dessas noções é a que lhe convém. Não poderíamos afirmar *a priori* que esse objeto, uma vez suscetível de receber uma determinação qualquer, está contido no ser total: assim o conhecimento de suas qualidades lhe daria uma espécie de ser

---

[1] Vê-se sem dificuldade que é da ideia do ser considerado como todo que deriva ao mesmo tempo sua universalidade e sua univocidade, sua universalidade que envolve todos os seus modos reais ou possíveis e sua univocidade que os envolve no *mesmo* todo.

qualitativo, ainda que o ser em geral que ele determina deva estar suposto para que a riqueza interior deste venha encontrar uma expressão na variedade infinita das qualidades particulares. A unidade do universo já não teria ponto de apoio, o múltiplo seria posto antes do uno. E, em cada um desses mundos diferentes, cada um desses objetos, de que dizemos que ele é, seria um verdadeiro nada com respeito ao ser tal como o definiríamos em todos os outros.

Conserva-se, todavia, o mesmo nome "ser" para cobrir tantas acepções diferentes, e, por isso, torna-se possível uma comunicação entre esses mundos separados. Ora, isso quer dizer que todos esses mundos fazem parte do mesmo universo, ou que existe certa significação da palavra "ser" que se encontra sem alteração em todas as formas particulares que o ser é capaz de receber. Não seria encontrar a univocidade no momento mesmo em que se cria ter escapado a ela?

A. O ser abstrato e o ser concreto

Art. 2: O ser unívoco é o ser concreto que é suposto pela noção abstrata do ser e a fundamenta.

Pretender-se-á então que essa comunidade de sentidos entre as formas do ser só é possível se fizermos do ser o mais abstrato de todos os gêneros, uma espécie de esquema sem conteúdo que toma caráter de realidade pelas determinações sucessivas que lhe designa nosso espírito. Está aí a objeção fundamental que se dirigiu em todos os tempos contra os empreendimentos da ontologia. Mas o ser de que falamos é o ser concreto, e diríamos facilmente que é preciso pô-lo antes de tudo para que essa noção abstrata e geral do ser não seja um puro fantasma, para que seja, com efeito, suscetível de se tornar, ela própria, objeto de um pensamento real, e para que as determinações com que pretendemos enriquecê-la encontrem por sua vez um lugar no sistema das coisas.

Tomada em si mesma, a noção abstrata do ser destina-se tão somente a traduzir a inscrição no mesmo ser de todas as suas formas particulares. Pois a universalidade abstrata do ser tem seu fundamento em sua totalidade concreta. O erro é pensar que se pode pôr o ser como uma deficiência e não como uma plenitude. Mas, longe de a plenitude ser uma deficiência preenchida, é a deficiência que é uma plenitude esvaziada. Imagina-se por uma superstição singular que o ser seja um caráter comum que pertence a todos os seus modos particulares e que se acrescenta aos caracteres pelos quais eles se definem, em vez de ver que ele é o todo em que eles tomam lugar e de que eles somente exprimem as determinações, isto é, a limitação.

Mas se o ser não pertence senão ao todo, ele não é somente a mais concreta de todas as noções: possui ao mesmo tempo uma unidade indivisível, de modo que dizer que uma coisa existe não é atribuir-lhe uma propriedade distinta, mas reconhecer que ela faz parte do todo e não pode ser posta senão nele e com ele. Seria, pois, absurdo pensar que a noção de ser pudesse ser ela mesma multívoca, o que pode ser dito em certo sentido de todas as noções particulares, já que cada uma delas não alcança o ser senão realizando-se em indivíduos diferentes. Mas passa-se de maneira justamente contrária quando se trata da ideia do ser, que faz penetrar no mesmo todo todas as coisas particulares. Poder-se-ia arguir, é verdade, que a ideia do ser, não podendo ser separada do ser de que é ideia, deve ter aí tantas espécies de ser quanto de termos diferentes com que o ser pode ser afirmado. No entanto, é fácil ver que nenhum desses termos pode ser separado de todos os demais e que é a ligação com eles o que constitui precisamente seu ser próprio.

Assim, o ser a que se censura precisamente ser a mais abstrata de todas as noções não se revela em absoluto a nós como um dos elementos constitutivos do real que, reunindo-se a outros, nos permitisse encontrar o concreto. Uma propriedade não pode ser isolada pela análise senão com a condição de poder reconhecer-se e, por conseguinte, se distinguir de todas as outras. Ou seja, é preciso que seja parte do ser e não o próprio ser. A originalidade do ser é englobar em si todas as outras propriedades, diferentemente de poder ser-lhes oposto. Há certamente um paradoxo em querer que o ser esteja contido em cada coisa existente, o que seria necessário se ele fosse um abstrato, ao passo que cada coisa existente está contida no ser e recebe dele o que faz dela uma coisa concreta. É de tal evidência que o próprio Kant parece ter tomado o argumento pelo qual ele prova que o espaço é uma intuição e não um conceito. Mas Kant já tinha observado a heterogeneidade das categorias da modalidade com respeito às outras; e, se ele não tinha posto em relevo a preeminência da existência com respeito à possibilidade e à necessidade que a determinam, se ele rejeitava por isso o caráter unívoco da existência (distinguindo uma existência empírica, formal e transcendental), ao menos via claramente que a existência não pode pôr a representação senão com a condição de não fazer parte de sua compreensão. Mas ela não faz parte porque é a sua própria totalidade. De modo que nós não podemos opor a possibilidade à existência, mas tão somente falar de uma existência concebida e de uma existência percebida, que são modos de ser correlativos e inseparáveis. Ou seja, a existência, se se lhe dá, como nós o fizemos, um caráter universal, em lugar de ser a mais abstrata de todas as propriedades, confunde-se com o todo concreto que a análise decompõe em propriedades.

Art. 3: A noção abstrata de ser (que se substituirá pela simples noção de relação) não é evocada senão para nos permitir empreender uma síntese do real quimérico e inoperante.

Assim, nós absolutamente não confundimos com uma noção abstrata a ideia plena e adequada do ser, que definiremos somente no Capítulo VIII. Mas observamos que é natural fazer do ser o mais vazio de todos os gêneros, uma vez que nosso espírito se dá a si mesmo a ambiciosa tarefa de reconstruir o universo sinteticamente. Esse ser quase não se distingue do nada, de modo que, parecendo aumentá-lo por qualidades cada vez mais próximas do concreto, se tem a ilusão de uma gênese integral do real. De fato, visava-se uma eliminação do ser em si, sem o que a construção proposta confessaria sua impotência antes mesmo de ter começado. Mas o próprio termo a que se queria chegar tinha todavia toda a realidade que lhe pertencia desse ser em aparência tão despojado e tão vizinho do nada sobre o qual todo o edifício repousava. Era por sua ligação fugidia e até puramente nominal com o ser que essa sequência de operações sintéticas reencontrava finalmente a realidade de que ela de fato jamais se tinha separada: e o que lhe dava o movimento e a fecundidade já era o pensamento do ser concreto para o qual ela tendia, mas que estava presente a nosso espírito no mais humilde de suas *démarches*. E esquecia-se que é preciso inscrever no ser nosso próprio espírito para que sua atividade comece a se exercer, e que esta atividade consiste para o indivíduo em tentar recuperar como um todo o vasto conjunto de que ele se separou antes de tudo como uma parte.

Mas era demasiado visível que, embora o simples nome "ser" fosse retido como o primeiro termo de um encadeamento sintético de noções, se podia temer ainda a censura de desenvolver somente o conteúdo de sua natureza, no momento em que se pretendia juntar aí as determinações necessárias que lhe dão uma forma concreta. Também se fez desaparecer esse ser no entanto tão empobrecido em proveito da pura relação, sem refletir que esta deve estar contida por sua vez no ser; e quanto aos dois termos "ser" e "nada", que era preciso manter ao menos idealmente para que a relação que os une se tornasse ela própria inteligível, não servia para nada passar rapidamente sobre sua oposição, pois não se podia dissimular que o primeiro já contém em si tudo o que poderá sobrevir em seguida, nem que o segundo não tem sentido senão no interior do ser, e pela exclusão mútua de suas formas qualificadas. O método sintético, dando-se a si mesmo como programa a imensidão de um vazio por preencher, mostra o que ele é, isto é, a inversão do verdadeiro método do conhecimento, que é a análise de uma realidade plena e suficiente.

Se insistimos nos vícios do método sintético, era para provar que não se pode estabelecer oposição entre o ser abstrato e o ser concreto, que o segundo somente tem o direito ao nome de ser e que é preciso necessariamente pô-lo para que o ser abstrato possa ser apreendido nele pela análise. Singular empreendimento esse, o de querer constituir o ser verdadeiro juntando a uma noção de ser, que se priva da existência, outras noções que estariam encarregadas de dar-lha, sem todavia a possuir.

No momento em que não tínhamos ainda em vista senão a universalidade do ser, protestamos contra uma concepção análoga que, pondo antes de tudo o possível fora do ser para fazer dele um objeto intermediário entre o ser e o nada, acabava por definir a possibilidade como uma forma atenuada do ser e a necessidade como sua forma reforçada. Mas todos os esforços para passar do possível ao ser permanecem vãos se não se faz primeiro do possível um ser intelectual, isto é, uma peça do ser total, e o necessário, por conseguinte, em vez de acrescentar qualquer coisa ao próprio ser, em vez de ser uma relação entre o ser e outra coisa, exprime, no seio do ser, o ser da relação.[2]

Art. 4: O ser de cada coisa é a totalidade de seus caracteres, a qual não difere de sua relação com a totalidade das outras coisas.

A univocidade do ser, portanto, não se funda sobre o vazio de sua noção, mas, ao contrário, sobre a identidade dessa noção com a de completude, de conclusão ou de perfeição. E, uma vez que não se pode dizer de nada que ele não é, a existência de cada coisa, em lugar de ser uma propriedade distinta dessa coisa, consiste na totalidade de suas propriedades.

Sem dúvida há uma diferença entre a coisa e sua ideia. Mas a ideia mesma possui, enquanto ideia, uma existência completa que lhe é própria: consiste menos na maneira como ela envolve o todo do que na maneira como o todo a envolve. E a diferença entre a ideia da coisa e a coisa – que não deve excluir seu acordo – provém de a ideia conter os únicos caracteres que se conhecem e até, de maneira mais limitada, os únicos caracteres que se podem restituir por uma operação do pensamento, enquanto a coisa junta a esses caracteres conceituais antes de tudo os caracteres sensíveis, e depois todos os caracteres que não se conhecem ainda, mas que uma análise exaustiva permitiria descobrir.

---

[2] Este Artigo 3 deve ser interpretado em referência ao pensamento de Hamelin, que dá quase sempre maior satisfação que o de Bergson a todos os que guardam antes de tudo o cuidado de manter na descrição da experiência seu caráter sistemático. E, no entanto, nós não cessamos de nos opor ao caráter sintético de seu empreendimento, persuadidos de que a dedução das categorias deve ter como princípio o estudo das condições de possibilidade da participação e não pode ser senão efeito de uma *análise criadora*.

De maneira geral, pôr a existência de uma forma insuficiente da existência, isto é, à qual se sabe falta algo para ser, é pôr o ser de outra coisa, isto é, o próprio ser do que lhe falta, e, em suma, o ser do todo a que nada falta. É porque a ideia do ser não se distingue de seu objeto que ela própria é uma infinidade sempre atual e criadora.

Se se alega que cada objeto difere pois profundamente e até, poder-se-ia dizer, totalmente de todos os outros, responder-se-á que seria assim se os objetos particulares pudessem ser postos isolada e independentemente uns dos outros, mas o que torna um objeto completo e concluído é, se se quiser, a totalidade dos caracteres intrínsecos que o formam, mas é mais ainda a totalidade das relações que o unem a todos os outros objetos particulares, lhe assinalam um lugar no mundo, fixam sua originalidade e formam os suportes de sua essência. É possível ademais conceber uma diferença entre os caracteres interiores pelos quais um objeto se define e a multiplicidade infinita das influências partidas de todos os pontos do universo e que vêm juntar-se nele para constituir sua natureza? Pode-se conceber de outro modo que cada objeto seja uma imagem do todo? Pode-se conceber de outro modo a possibilidade de sua existência? Esta desapareceria necessariamente se diferisse da maneira como ele está suspenso no grande universo. Somos sem dúvida incapazes de fazer de qualquer coisa um termo separado a que pudéssemos perguntar em seguida qual é a forma de existência que lhe convém porque perceberíamos rapidamente que todos os caracteres que tentamos atribuir-lhe no interior dos limites que a circunscrevem não são, eles próprios, senão as extremidades das relações que a unem a todas as outras coisas; de modo que, se essas relações chegassem a se interromper subitamente, a coisa perderia todos os seus caracteres e, por conseguinte, perderia sua própria existência. É, pois, porque o ser não pertence senão ao todo que o ser de todas as coisas particulares consiste em sua inscrição no interior do mesmo todo.

Acabamos de encontrar o verdadeiro fundamento da univocidade. Se a existência fosse uma noção abstrata, poderia ser aplicada a uma multiplicidade de termos diferentes graças a uma repetição. Mas como o ser poderia multiplicar-se? O múltiplo encontra lugar nele e participa de sua natureza, não como a de um conjunto que ele enumera, mas como a de uma face única cujos diversos aspectos ele exprime. Cada um desses aspectos não tem realidade senão na face de que nós o destacamos; ele é solidário com todos os outros. Deveríamos recusar-lhe o ser se o pudéssemos considerar como independente deles: tomado com eles, tem tanta realidade quanto a própria face cuja indivisível presença ele manifesta numa perspectiva particular. Compreende-se então por que toda existência separada não poderia ser senão uma existência fenomenal: mas o fenômeno precisamente não pode ser separado do todo de que é um aspecto exterior e manifesto. Não há, portanto, coisas separadas: pois cada coisa particular é uma perspectiva sobre a totalidade das coisas. E pode-se dizer que, na medida em que essa perspectiva é distinta de todas as outras, ela tem um caráter exclusivamente subjetivo. Mas essa perspectiva que contém o todo subjetivamente está contida por ele objetivamente: ela dá ao todo uma existência para mim assim como o todo onde ele toma lugar dá ao eu uma existência para ele. Assim, há uma ligação necessária entre a existência das coisas e a existência do eu: pois não há coisas particulares senão para o eu que analisa o todo e que refere cada coisa à representação que ela lhe dá. Isso mostra muito claramente por que o ser está inteiramente presente em cada ponto numa unidade, no entanto infinitamente diferenciada.

Alcança-se assim descobrir o verdadeiro sentido da relação, que não é um meio de escapar ao ser, nem um meio de obter dele uma representação sintética. O papel da relação é tão somente fazer aparecer a impossibilidade para uma coisa de se bastar independentemente de suas conexões com todas as outras na unidade do mesmo todo. Assim, a relação é, por assim dizer, o meio de lhe dar a existência. E essa existência que é a do todo das relações é sempre a mesma, conquanto ela seja ao mesmo tempo própria a cada coisa que constitui no mesmo todo um centro único e insubstituível.

Tal análise nos permitirá agora compreender a antinomia aparente entre o ser e o conhecer e a correlação que os une. Pois não nos podemos impedir de pensar que dizer de um termo que ele é, é considerá-lo isoladamente nessa independência pela qual parece que ele se basta, diferentemente de que conhecê-lo é explicá-lo, isto é, deixá-lo, declarar sua insuficiência e sua relação com todos os outros. Haverá portanto uma contradição entre a ordem do ser e a ordem do conhecer que arruinará nossa concepção, em lugar de servir para confirmá-la: a ordem do ser nos obrigaria a desatar cada coisa da relação, e a ordem do conhecer a subordiná-la a esta. Essa contradição aparente testemunha tão somente que, se o ser não pertence de direito senão ao absoluto, é natural que nós busquemos na independência de cada coisa com respeito a todas as outras essa relação imediata com o absoluto que devém a figuração de sua existência. Uma vez, porém, que buscamos realizar essa relação ou, se se quiser, atualizá-la, é sempre pela mediação imperfeita e discursiva de suas relações com as outras coisas que nomeamos justamente o conhecimento.

Art. 5: A univocidade do ser é a do ato de que todos os dados são limitações.

O ser se difunde do todo para as partes, não pode comunicar-lhes senão o ser que ele próprio possui; ele o comunica solidariamente. Que cada parte não possa ser pensada sem todas as demais é a prova de que, apesar de sua originalidade qualitativa, o ser de que ela dispõe não se distingue do ser delas, isto é, do próprio ser do todo no interior do qual é preciso necessariamente pô-las todas. Há portanto uma diferença entre as qualidades, mas não no ser dessas qualidades. Sua heterogeneidade não as impede de ser da mesma maneira, no mesmo sentido, e com a mesma força. Pois seu ser consiste em sua inscrição comum no interior do mesmo todo de que elas exprimem um aspecto particular inseparável de todos os outros. O ser não se divide porque ele é o todo dado com cada parte, presente com ela e nela, e não se possa olhá-lo como a uma reunião de partes das quais cada uma possuiria anteriormente a ele uma existência independente.

Fazendo do ser o caráter comum de todos os objetos particulares, crê-se deixar-lhe sua unidade, mas é uma unidade puramente formal, e está-se obrigado a sustentar que o ser concreto, isto é, o único que tem direito ao nome de ser, deve ser buscado nos objetos; daí o sentido do velho axioma: não há ser senão no particular; o ser se dispersa, portanto, no múltiplo. Nós seguimos um método oposto: recusamos antes de tudo a dar o nome de ser a outra coisa que ao concreto, isto é, ao objeto considerado com a totalidade de seus caracteres, e não fizemos do próprio ser um caráter separado; por conseguinte, o ser, em vez de se renovar e de se modificar com os objetos particulares, era em cada um deles sua própria plenitude. Ora, essa plenitude não pode pertencer senão a um termo que se baste; de direito não pertence, pois, senão ao universo, mas pertence também a todas as suas partes, uma vez que o que constitui a originalidade de cada uma delas é a maneira como ela tem todas as outras. É por isso que o universo está repleto em cada ponto. Aceitando identificar o ser com a concreção qualificada de cada objeto, fundamenta-se, por conseguinte, sua univocidade, pois os objetos particulares não se tornam concretos senão pelo lugar que ocupam e pelo papel que desempenham num mesmo e vasto todo que se basta inteiramente a si mesmo.

É, pois, muito verdadeiro dizer que o ser é sempre o mesmo, apesar de suas formas serem sempre diferentes. Só se o ser fosse uma ideia abstrata é que haveria mais ser em dois seres que em um só. Mas o princípio dos indiscerníveis exprime a unidade do ser, em lugar de arruiná-la. Com efeito, o universo é um indivíduo. Nenhuma de suas partes pode ser separada dele: pois onde ela se refugiaria? Ela imita, portanto, a seu modo e sem alcançá-la a suficiência do todo em que subsiste. Se esse todo cessasse de lhe estar presente e de sustentá-la, se ele cessasse de lhe dar, sem dividi-lo, o ser que ele possui, ela seria aniquilada. Também sua riqueza concreta não diferiria de seu próprio ser. O conteúdo de cada ser é um olhar para a totalidade do ser. E é por isso que essa aderência ao ser pelo qual nossa consciência, no momento em que se constitui, fundamenta nossa vida pessoal e nossa felicidade, em vez de se enriquecer pelas incursões que a história nos permite fazer através da duração e do movimento através do espaço, corre antes o risco de afrouxar-se e de aí se perder: é o sinal de que, se não se encontra o ser num ponto, não se encontrará em mil, de que sua forma aparentemente mais humilde e mais estreita já o contém inteiramente, de que aquele que corre o mundo para buscá-lo não faz senão fugir dele, pois ele está pertíssimo de nós e basta abrir a mão para possuí-lo.

É porque o ser não é uma ideia abstrata que ele não pode ser distinguido da própria coisa de que é ideia. É que nenhuma ideia, salvo a dele, esgota o conteúdo de seu objeto. A ideia de homem não se confunde com nenhum homem real, nem a ideia de branco com nenhuma coisa branca, pois seria preciso acrescentar a uma e a outra uma infinidade de caracteres para atingir o concreto. Mas é esse próprio concreto em que a análise escava sem cessar que constitui a verdadeira ideia do ser. Que não nos queixemos de sua pobreza, pois é ela que fornece indefinidamente matéria nova para todas as operações do conhecimento; ela acompanha todas essas operações e, sem sê-lo no interior de que elas se desenvolvem, nenhuma delas poderia possuir o movimento que a anima nem o objeto a que se aplica. Não há ideia do ser separada do próprio ser e suscetível de ser agrupada com outras ideias diferentes numa forma complexa que as contivesse e as superasse a todas. Ou melhor, é a essa forma complexa que é preciso dar o nome de ser e não a um de seus elementos: mas ela é uma antes de ter sido dividida, e mais, ela permanece una ao longo dessas divisões que se lhe faz sofrer, pois todas as outras ideias são abstratas, isto é, não podem se destacar da ideia do ser e têm dela o ser mesmo que permite pensá-las. Uma das dificuldades essenciais da teoria do ser provém da identificação que se estabelece instintivamente entre o ser e o dado. Tal é a razão pela qual nós insistimos em mostrar que ele continha tanto o ato como o possível. Quanto ao ato, ele possui um privilégio com respeito ao dado, uma vez que frui sozinho de uma existência em si e de uma interioridade verdadeira, enquanto o dado supõe sempre um ato que se lhe dá. Pelo nome de ser se consentirá facilmente em entender a totalidade do dado. Mas isso não poderia bastar-nos, a menos que se reconhecesse que, abraçando a totalidade do dado em sua unidade, o dado como tal viria a abolir-se no ato que o faz ser ou de que deriva por limitação. Uma vez que a operação e o dado começam a se opor, o ser deve ser atribuído a um e a outro (no sentido em que o definimos como universal); mas ele não pode sê-lo senão aos dois, isto é, a esse encontro em que eles se unem e se respondem (no sentido em que o definimos, agora, como unívoco). Então, a operação exprime a subjetividade essencial a cada modo de ser, e o dado tudo o que no ser a desborda e se descobre como uma objetividade atual ou possível. Mas a subjetividade da operação é uma subjetividade ontológica que, fundamentando a objetividade do dado, o reduz a uma subjetividade fenomenal.

B. A ideia de hierarquia e a de referência

Art. 6: Não há graus de ser: não se pode estabelecer hierarquia com respeito ao ser, mas somente com respeito a um ser qualificado.

Há inegável paradoxo em sustentar que o ser não tem heterogeneidade nem graus, e tão mais violento quanto pareçamos ter fechado antecipadamente todas as saídas, seja subordinando-lhe a distinção clássica entre existência e realidade, seja recusando-nos a fazer entrar num mesmo gênero abstrato a imensa variedade e a admirável hierarquia de suas formas. Se porém o ser de todas as formas, qualquer que seja a originalidade de cada uma delas, consiste em sua agregação ao mesmo todo, compreender-se-á melhor por que ele não difere de uma para outra e por que também cada uma exprime adequadamente, apesar de seus limites, a totalidade do ser. Não é somente porque há o ser total presente com ela, ainda que para além de seus limites, mas porque é ele que a limita e porque o próprio conteúdo dos limites é efeito de uma ação que vem de todos os lugares. Quanto à ideia dos graus do ser, é impossível dar-lhe um sentido senão fazendo renascer a ideia do nada e preenchendo por uma série contínua, cujos termos todos participariam ao mesmo tempo do ser e do nada, o intervalo que separaria esses dois extremos. De fato, não se encontrariam esses dois em nenhum lugar: a passagem que como muito nos forneceria o ser puro numa forma separada é tão ilegítima quanto a que nos forneceria o nada. À série dos termos e a cada termo nós damos a existência simples e indivisível; ademais, a imperfeição na existência implica que se abole no momento mesmo em que é posta: pois a rarefação da existência consiste em introduzir nela contraditoriamente o vazio, isto é, o nada. Esse nada aparente é a riqueza total do ser que se revela a nós assim que a abstração tenta isolar dele um aspecto limitado.

Se o ser convém absolutamente a cada um dos elementos do universo, precisamente porque esse elemento não pode ser destacado de todos os outros ou ainda porque há entre eles uma implicação mútua total, o que devém a própria ideia da hierarquia dos seres? O ser não deve parecer-se antes a um lar que difundisse seu calor e sua luz sobre todos os objetos que o circundam proporcionalmente à distância que os separa dele? Cada objeto não teria para o ser uma capacidade, um poder de receptividade maior ou menor que permitisse assinalar-lhe um lugar numa espécie de escala ontológica? Nós não pensamos assim. Pois o ser não mede seus dons. Ele se dá inteiramente a cada um de seus membros. Sua presença não pode ser senão total. Só se o consideramos como distinto dos objetos a que ele se aplica é que ele poderia dividir-se desigualmente entre eles, assim como a luz se reparte na diversidade das iluminações. A partir do momento em que concebemos a ideia de uma hierarquia, não é o próprio ser o que temos em vista, mas suas qualidades, o que há nele de diferente e não o que há nele de idêntico.

Mas, dir-nos-ão, essas qualidades são indiscerníveis do ser, já que não se quer que o ser seja uma propriedade separada. Desse modo, conceber uma hierarquia de qualidades não é conceber uma hierarquia do próprio ser? Nós responderemos que é porque essa hierarquia é interior ao ser total que ela não afeta a natureza deste. Toda hierarquia implica valores, e o mais humilde de todos os valores tem seu lugar no ser ao mesmo título que o mais alto; este os contém a todos; reserva a todos o mesmo acolhimento generoso.

Mas de onde provém, então, a diferença que nós fazemos entre eles? Essa diferença supõe um critério de avaliação que não pode ser o ser, uma vez que não há nada fora do ser e tudo é igual diante dele. Mas se tomamos no ser uma de suas formas privilegiadas, e se julgamos todo o restante com respeito a ela, compreende-se sem dificuldade como podemos constituir uma escala hierárquica, da qual cada termo apresenta um valor maior ou menor com respeito ao tipo que se terá adotado como referência, segundo ele lhe pareça mais ou menos, responda mais ou menos bem a suas necessidades mais essenciais ou às mais delicadas, se aproxime mais ou menos da perfeição própria a esse tipo e à qual ele tende sem jamais atingi-la. Mude-se porém de referência, e todos os termos da hierarquia ocuparão um valor e um lugar novos numa hierarquia diferente.

É natural ao homem julgar tudo em função de si mesmo. E ele não está errado senão quando converte numa ordem de perfeição ontológica a ordem relativa dos valores humanos. Há mundos com que o homem tem pouco contato e que ele quase não penetra; ele tenta restringir-lhes a participação na existência, em que não seriam senão bosquejos ou fragmentos residuais; mas é que não estão à sua altura: mude-se a medida, e se descobriria neles uma abundância infinita em que todas as leis da ciência encontrariam aplicação, em que as formas mais variadas da arte mais sutil teriam ainda de se exercer, em que, acima da forma aparente, outras formas, que permanecem talvez eternamente ocultas, não cessariam de multiplicar a engenhosidade de suas combinações: ao lado delas, se pudéssemos conhecê-las, nossa própria forma humana pareceria de uma imensa grosseria. Isso que nos deve tornar prudentes; quando queremos julgar o ser à medida do homem, é que não somos menos incapazes de ver tanto o que nos supera demasiadamente em grandeza como o que está afastado demais de nós por sua pequenez, e assim pomos o nada tanto no alto da escala como na outra extremidade.

Há uma infinidade de escalas, todas igualmente situadas no ser; mas ele não se ajusta a nenhuma delas. Na escala dos bens naturais, a ordem dos valores não é a mesma para o homem, para o cão ou para a abelha. Ora, o ser total, soberanamente imparcial e fecundo, sem se deixar levar por nenhuma cumplicidade, fornece igualmente a todos, ao animal e ao homem, à alma e ao corpo, os meios de realizarem seu destino e de discernirem nele valores subjetivos que ele justifica sem ser inclinado por elas.

Art. 7: *Uma hierarquia relativa à ideia do ser finito em geral e já não de tal ser qualificado é em si mesma interior ao ser total, e não altera a univocidade.*

Diremos que os valores reconhecidos pelo homem e as formas de conhecimento que lhe são próprias podem ser objetivados, precisamente porque o homem, em vez de fundá-los sobre os caracteres individuais de sua natureza, é o único ser que, não considerando nas obras de seu pensamento senão sua participação no universal, isto é, a presença nele da razão, tem o direito de identificar a ordem que ele estabelece com a própria ordem das coisas e de se dar a si mesmo, e ao mesmo tempo a todos os seres, o lugar que lhe cabe na hierarquia do universo?

É somente no momento em que o real é reconstruído pelo homem que, conquanto participe do universal, guarda ainda sua natureza finita, que ele pode revelar-se na forma de uma escala ontológica. O real, que aparecia primitivamente como um dado inesgotável, resolve-se então num sistema de ideias graças ao qual a unidade do espírito, penetrando esse dado por uma multiplicidade de operações distintas e todavia ligadas, o torna inteligível, e por conseguinte o converte num mundo que lhe é doravante interior. É pois porque o sujeito permanece um ser finito, e até, se o quisermos (pois é nisso que consiste sem dúvida a natureza da razão), é porque ele descobre em si a ideia pura do finito considerado em suas relações com o infinito em que ele está situado e que ele tenta assimilar, que ele pode estabelecer uma escala do ser inteiro. Mas esta não tem desse modo um caráter universal, pois que nossa individualidade própria já não é seu modelo? Uma vez que concebeu o infinito, o finito percebe em si mesmo a infinidade das potências pelas quais, sem jamais alcançá-lo, ele tentará, porém, igualar-se a ele. Se pois a razão é capaz de fundar uma hierarquia dos seres ou uma hierarquia de valores, essa ordem poderá não ser relativa somente ao homem. Sendo relativa à ideia do ser finito em geral, deve permitir ao homem fixar seu próprio lugar no mundo com respeito a formas de ser superiores a ele, isto é, a um ideal que ele ainda não atingiu. É também por isso que essa hierarquia parece objetiva e não somente subjetiva.

Tudo o que se pode pedir, no entanto, para que ela o seja é não que ela seja dada no ser como tal, senão que apareça necessariamente como verdadeira, uma vez que o ser total pode ser representado por um ser finito. Sem dúvida essa representação do mundo independente de todo indivíduo particular, mas não da própria ideia de um indivíduo, é o objeto próprio de nossa ciência, e é sobre sua possibilidade que se funda toda dedução das categorias: compreendem-se, por conseguinte, todos os privilégios que estamos no direito de atribuir-lhe. Mas ela tem seu lugar no ser total, de que ela exprime somente certa qualificação. E não se deve esquecer que, conquanto ela seja justificada e alimentada por ele, e conquanto haja leis segundo as quais este manifeste sua natureza própria, não pode ser dividido, nem diminuído, nem acrescentado, de modo que com respeito a todas as formas que ele pode assumir, e que encontram lugar na hierarquia, ele recebe sempre a mesma significação simples e unívoca.

Em resumo, com respeito a todo ser finito, que, sem sequer supor-se qualificado, tem interesses por satisfazer e um destino por cumprir, o universo, incapaz de ser abarcado por uma apreensão única, deve aparecer como uma diversidade infinita e hierarquizada ao infinito. Mas cada um dos elementos dessa diversidade, se o tomarmos enquanto ser e em sua aderência ao ser, goza de uma existência idêntica à de todos os outros, e até a mesma realidade deles se encontra já presente nele pelas relações mútuas que os unem solidariamente no interior do mesmo todo.

C. Univocidade ontológica e hierarquia axiológica

Art. 8: Há graus de consciência sem que haja para isso graus de ser.

Crê-se às vezes que a consciência, sendo um olhar sobre o próprio ser, goza de uma espécie de privilégio com respeito a todos os seus outros caracteres. Não é preciso conceder mais ser ao indivíduo pensante do que ao corpo inerte, e proporcionar o ser que se lhe dá à extensão e à distinção de seu pensamento? Uma vez que a consciência envolve de direito o universal, não adquire o direito de objetivar a hierarquia que ela estabelece entre as formas do ser e de libertá-la de toda relatividade? Mas na verdade ela é uma existência subjetiva, uma existência que nós nos damos, enxertada na que recebemos. Ora, quer seu conteúdo se dilate, quer a luz que a ilumina se avive, nada disso lhe dá mais ser: acrescenta somente nossa personalidade, mas não o ser de nossa personalidade. Quanto a pretender que introduzimos aqui uma distinção ilegítima entre a personalidade e o ser da personalidade, ainda que o ser não seja uma propriedade separada, responderemos que a personalidade pode, com efeito, ser considerada por dois aspectos: a saber, como uma expressão do ser que o implica inteiramente (a esse respeito o ser e a personalidade não constituem senão algo uno) ou como um aspecto do ser diferente de todos os outros (e que se caracteriza por essa própria diferença). Ora, o caráter diferencial da personalidade é precisamente constituir-se a si mesma no seio do ser absorvendo a diferença que a separa das outras formas do ser, ou que separa essas formas umas das outras, na unidade de uma perspectiva subjetiva capaz de se enriquecer indefinidamente.

Se alegassem agora que o ser está em todos os lugares inteiramente e que importa pouco, por conseguinte, que a consciência abarque um campo mais ou menos vasto, responderíamos que isso importa pouco, com efeito, com respeito ao ser em si, que não se encontra acrescido nem diminuído por esse movimento interior da consciência que o assimila e se une a ele, mas que é completamente diferente com respeito a essa *qualidade* do ser em si que se chama às vezes o ser para si (sem conseguir romper com isso a univocidade) e que na verdade, brotando do solo do ser em si, não parece libertar-se dele senão para envolvê-lo numa posse individual.

Desse modo, também se compreenderá muito bem a possibilidade de uma hierarquia de valores morais. Mas o mal não deve ter menos realidade que o bem (nem o erro que a verdade). Não é uma das menos singulares consequências de uma interpretação ontológica das tábuas de valor o obrigar-nos a fazer do mal (e do erro) aspectos diferentes do nada. Mas a partir do momento em que a natureza do homem foi definida, em que se sabe em que consiste a essência da vontade (ou da inteligência), podem-se conceber diferentes tipos de pensamento ou de ação que exprimam mais ou menos bem essa essência, que favoreçam seu desenvolvimento ou que o entravem. No interior dessa escala humana, poder-se-á manter a existência de diferentes escalas individuais, e admitir-se-á sem dificuldade que cada um de nós deve, para alcançar a salvação pessoal, respeitar antes de tudo a natureza humana, e em seguida dar pleno florescimento a seu gênio próprio.

Art. 9: A univocidade do ser não atinge a hierarquia axiológica.

Concebe-se bem o perigo em que a doutrina da univocidade ameaça fazer-nos cair. Assim como ela fazia que temêssemos ver abolir-se a diferença ontológica não somente entre os próprios seres particulares, mas ainda entre o ser relativo e o ser absoluto, de modo que ela parecia inclinar-nos necessariamente no sentido do panteísmo, assim também ela deve fazer-nos temer ver todas as diferenças entre os valores abolirem-se: a indiferenciação ontológica teria por conseguinte a indiferenciação axiológica. Assim, permanecendo fiel ao axioma *ens et bonum convertuntur*, ver-se-iam os graus de ser implicar necessariamente os graus de valor e negar esses graus em um dos dois domínios, e isso seria também negá-los no outro. Mas então não subsistiria do ser e do valor senão uma simples denominação. No entanto, como tentamos mostrar que a univocidade do ser o torna inteiramente presente em cada ponto em forma de unidade a cada vez única, diremos também que o valor é indivisível, mas não é abstrato, isto é, não se repete, e que ele é em cada ponto do mundo um absoluto inimitável. O mistério do Uno concreto é propagar-se numa diversidade indefinida que, longe de se romper, o deixa em todos os lugares igual a si mesmo.

Perguntar-se-á, todavia, em que medida a fórmula *ens et bonum convertuntur* é capaz de ser mantida. Pois o ser tomado em si mesmo, se exclui o nada, contém em si o mal com o bem; e foi sem dúvida para manter apesar de tudo a assimilação do ser e do bem que se quis fazer do mal uma negação ou uma privação. Mas não pode ser assim. E, dizendo que a dor não é nada, que o erro não é nada, que o pecado não é nada, viola-se por uma espécie de desafio o sentimento imediato da consciência. É que o mal e o bem não se opõem e, por conseguinte, não podem ser definidos senão a partir do momento em que a participação começou, isto é, em que a distinção entre o intelecto e a vontade já se realizou no interior da consciência. O Bem, portanto, é o próprio ser, mas enquanto é o fim de nossa vontade, enquanto é o meio pelo qual nos tornamos capazes de atualizar nossas próprias potências. Nós mesmos podemos estar inscritos no ser ora pelo jogo de ações que vêm de todas as partes e que nos contentamos com padecer, ora por uma ação puramente interior que assume em nós o ser de todo o universo e ao mesmo tempo nosso ser próprio. Mas nossa condição resulta sempre de certa composição que se estabelece em nossa consciência entre nossa passividade e nossa atividade. O mal está do lado da passividade que nos sujeita a nossos limites, ao sofrimento, ao egoísmo, a todas as complacências em favor do eu particular. O bem está do lado da atividade que assegura nossa interiorização, nossa libertação, nossa participação na suficiência absoluta do ser puro. Entre essa atividade e aquela passividade há sempre uma compensação que impede que a unidade do ser possa romper-se. E a predominância da atividade sobre a passividade pode ser maior ou menor, de modo que falamos legitimamente de graus do Bem. No entanto, é difícil dar a esses graus um coeficiente propriamente quantitativo, e o próprio papel do bem é abolir a quantidade em proveito da qualidade pura, que é como a perfeição original e indivisível do ser em cada ponto. Também é preciso mostrar muita prudência na utilização da linguagem da participação, que (fundando-se na distinção entre a parte e o todo) poderia nos convidar a pensar que o bem é para nós um acréscimo de ser, quando é somente um progresso de nossa interiorização. Isso encontraria uma espécie de confirmação na observação de que o bem é para nós não um enriquecimento interior (sobre o modelo da avareza ou da ambição), mas antes um despojamento interior que, repelindo o vínculo a todos os modos particulares da existência, não deixa subsistir em nós senão a fonte interior de que dependem e que lhes dá sua significação. É que a quantidade não encontra lugar senão no abstrato, só ali onde se pode acrescentar o idêntico ao idêntico como em matemática: ela está excluída da ordem ontológica.

Poder-se-ia exprimir ainda de outro modo a compatibilidade entre univocidade do ser e os graus de valor. Bastaria observar que, conquanto o ser tomado em sentido estrito não possa ser senão ato, ele é potência, todavia, com respeito a cada ser finito que participa dele e não cessa de atualizá-lo para fazê-lo seu. O ser em sentido lato compreende pois em si ao mesmo tempo a possibilidade e a atualidade, pois a possibilidade não difere da atualidade senão segundo a perspectiva de um ser particular que funda no ser total a existência que lhe é própria. Em cada ponto se produz uma oferta de participação que estabelece sempre uma espécie de compensação entre a possibilidade e a atualidade; e é nessa conversão de uma na outra que se introduzem a iniciativa e o mérito de todas as vontades individuais. O tempo é necessário para isso, que faz de cada fim que nos atribuímos um objeto de perseguição de que parece nos aproximamos cada vez mais. Mas esse próprio fim é interior ao ser, e é a nós unicamente que cabe, para torná-lo nosso, dissociá-lo num termo imaginado e desejado antes de ser atingido e possuído. Se o Bem é o próprio ser enquanto se virtualiza para fornecer a cada ser particular o meio de se realizar, compreende-se muito bem que o bem deva sempre nos aparecer como infinito, ou como ideal, isto é, como um termo que no tempo recua sempre, e que, todavia, há em cada uma das condições em que estamos postos um bem específico que exprime, no próprio interior do relativo, o caráter absoluto de suas relações com o absoluto.

Assim, a ideia dos graus de valor não alterava menos sua essência qualitativa do que a ideia dos graus de ser alterava essa univocidade que, em lugar de se fundar sobre sua abstração, era a expressão de sua plenitude em cada ponto. Mas a distinção entre o ser e o valor é a que podemos estabelecer entre o participável em si considerado independentemente de toda participação real e o mesmo participável enquanto é o objeto e o fim de um ato de participação real.[3]

D. A presença em cada ponto do ato criador

Art. 10: Há univocidade entre o ser do criador, o da criação e o da criatura.

Elevando-nos agora acima do mundo até o ato que o sustenta, e que, como mostraremos, é a essência do ser, chegaremos à conclusão de que não há diferença, sob a relação

---

[3] Encontrar-se-ia uma solução para essas dificuldades aceitando o vocabulário que propomos em nossa *Introduction à l'Ontologie*: a saber, que o Bem é o próprio Ser enquanto é a fonte da participação e a torna possível; que o Valor é a participação em ato enquanto funda mais particularmente o mérito; e que o Ideal, a participação ainda, a qual, porém, enquanto implicada no dado, exige sempre que ele seja superado.

do ser, entre Deus e sua criação. Ninguém ousaria pretender que é acentuar a dignidade de Deus considerar sua criação como uma ilusão absoluta. Mas mesmo a essa ilusão, a respeito de cuja natureza é possível comprazer-se considerando-a como imperfeita e relativa, é preciso, tal como ela é, atribuir a existência pura e simples. Se nos colocamos do ponto de vista da fecundidade ou da suficiência, pode então haver aí um abismo entre Deus e o mundo. Mas é impossível que Deus, na generosidade sem reticência do ato criador, chame as coisas para se beneficiarem de outra existência que aquela de que ele próprio goza eternamente. Não há existência diminuída ou bastarda, porque a existência de cada objeto é a presença nele do ato divino sem o qual ele não seria nada.

Damo-nos conta plenamente das dificuldades que atingem o pensamento na afirmação da univocidade. Mas essas dificuldades não devem conduzir-nos a alterar a pureza das noções. O ser finito só parece fazer malograr a univocidade se se confunde seu ser nem sequer com suas qualidades, mas tão somente com a finitude de suas qualidades. Mostrar-se-á que, se cada indivíduo não existe senão por sua inscrição no todo, o que evidentemente o encerra em seus limites, é preciso não só que o todo lhe esteja presente graças aos laços que o vinculam pouco a pouco a tudo o que o rodeia, mas ainda que o todo esteja presente nele graças a uma participação pessoal e ativa para a qual a consciência é necessária. Então o eu se une ao ato tornando-se ato, e a presença de Deus, em vez de se realizar no mundo por uma operação que nos escapa e que nós padecemos, realiza-se em nós por uma operação que nos é própria e que nos liberta de nossos limites identificando-nos com o princípio que nos faz ser.

Só a univocidade entre a criação, o criador e a criatura pode ligar esses três termos um ao outro e estabelecer entre eles uma solidariedade real.

Mas, para terminar de compreender por que o ser não é uma ideia abstrata, é preciso examinar agora qual é a relação que sustenta com a unidade do ser a multiplicidade infinita de suas formas. Pois o ser se oferece a nós ao mesmo tempo como uno e como múltiplo. E o próprio da dialética não pode ser dividir o uno nem unificar o múltiplo, uma vez que esses dois caracteres são inseparáveis, mas mostrar como a multiplicidade, em lugar de destruir a unidade, a requer e atesta de algum modo a eficácia onipresente de sua operação. Estabelecer-se-á antes de tudo um laço entre a universalidade e a univocidade, investigando em que se convertem com respeito ao ser as noções clássicas de extensão e de compreensão.

SEGUNDA PARTE

A MULTIPLICIDADE DO SER

4. Da extensão e da compreensão do ser

A. *Análise do ser*

Art. primeiro: O ser não é nem uma classe nem uma qualidade, desde que a distinção das classes ou das qualidades não pode se efetuar senão nele.

Não se propõe absolutamente, nesta Segunda Parte, deduzir do ser a multiplicidade. Ela é dada ao mesmo tempo que sua unidade. Os dois termos são correlativos. É porque o ser é uno que ele também é múltiplo. E tal é a razão por que a multiplicidade, em vez de fazer malograr unidade, dá testemunho dela. Justificar-se-á simplesmente a coincidência entre a universalidade e a univocidade: o que não é possível senão pela edificação de uma lógica interna do ser que deve nos conduzir à *relação abstrata entre sua extensão e sua compreensão*, por *intermédio do juízo* em que a existência é afirmada, à *relação concreta entre o todo e suas partes*. Trata-se pois de mostrar como a extensão e a compreensão, confundidas antes de tudo na unidade do ser e que se opõem uma à outra uma vez começada a análise conceitual, se confundem novamente em cada um dos modos do ser, uma vez que se empreenda restituir-lhe sua dignidade ontológica.

Quando fixamos os olhos no ser de uma coisa, dizemos alternadamente que ela está contida no ser e que ela possui o ser (implicando esta última expressão a presença nela do caráter que a faz ser e não somente a afirmação de tal caráter por uma consciência). Isso seria fazer do ser, no primeiro caso, um gênero e, no segundo, uma qualidade? Há, no entanto, uma diferença a esse respeito entre a ideia do ser e todas as outras ideias, pois, quando dizemos de um objeto que ele é branco e de um indivíduo que ele é justo, podemos considerar o branco e o justo como parte de sua natureza, mas não podemos inversamente dizer que esse objeto está contido na brancura ou que esse indivíduo esteja contido na justiça. É preciso constituir uma classe formada pelos objetos brancos ou pelos seres justos no interior da qual possamos pôr, é verdade, o termo considerado, mas que é formado por indivíduos separados cujo número é suscetível de crescer e de diminuir, uma vez que ela contém ao mesmo tempo seres reais e seres possíveis, e uma vez que toda qualidade, sendo um elemento do devir, muda incessantemente de sujeito. Ademais, a circunscrição que lhe damos é uma visão do pensamento e possui um caráter mais ou menos artificial: pois os objetos mais díspares, do contrário, podem ser reunidos na mesma classe, com a condição de que possamos discernir neles uma mesma qualidade em que nosso olhar se fixe atualmente e que pode ser a mais superficial de todas.

Para perceber que essa operação não tem alcance ontológico, basta observar que um gênero só participa do ser se, substituindo a qualidade que o define no feixe infinitamente complexo de onde nós o tiramos, atribuirmos a ela um lugar no universo, individualizando-a. O ser, ao contrário de ser descoberto por essa análise abstrata, deve ser suposto por ela: o que o prova é a necessidade em que estamos não somente de unir essa qualidade a muitas outras, mas ainda de lhe dar um aspecto original único, fazer dela tal matiz da brancura ou tal modo da justiça para que ela não perca seus vínculos com ele.

Desse modo, há indubitável contradição em querer fazer do ser uma qualidade como as outras, e até a mais indeterminada e a mais estéril de todas, enquanto o ser não pode encontrar-se senão ali onde todas as qualidades estão reunidas. É por isso que ele não está em nenhuma parte como termo separado e que o pensamento não pode fazer dele um objeto como de todos os outros termos a que se aplica. Mas é por isso também que ele está em todos os lugares, pois não se pode pôr nenhum termo particular senão pondo o todo de que este se destaca. Acrescentemos ainda que, se o ser é uma síntese de qualidades, não é porém essa síntese imperfeita que obtemos associando umas às outras as qualidades cuja presença reconhecemos nele; é a síntese total que encerra em si o infinito e que devemos começar por supor para que a análise possa começar. Essa análise apoiada no ser não o esgota jamais; mas o apoio que o ser dá a todas as operações do pensamento justifica seu valor objetivo e permite inscrever nosso conhecimento no ser mantendo entre elas uma distância que o pensamento nunca ultrapassará e no interior da qual se efetuam todos os seus progressos.

Por conseguinte, dizendo que uma coisa possui o ser, não queremos dizer que o possui como a uma qualidade, senão que a consideramos em sua totalidade, no que ela nos revela e no que nos oculta, isto é, em suas relações com todo o universo e não somente em suas relações conosco. Assim também, quando dizemos que uma coisa está contida no ser, não queremos dizer que está aí contida como um gênero, senão que é uma parte dele e mesmo uma parte que supõe o todo e o exprime à sua maneira. É porque o ser não é uma qualidade que ele tampouco é uma classe. Essa classe não poderia ser formada de indivíduos separados, pois como imaginar uma lacuna que os separasse sem ressuscitar a ideia de nada? Ela não seria suscetível de crescer e de diminuir, pois onde recairia aquilo que lhe fosse retirado, onde seria encontrado o acréscimo que lhe poderia advir? Há um devir incessante de formas do ser, mas ele se produz no interior do próprio ser, que permanece sem mudança, de modo semelhante ao espaço, que não deixa ver em si nenhum vestígio do movimento que o atravessou.

Art. 2: *A separação dos seres individuais e a análise dos caracteres são duas operações solidárias.*

Opõe-se em geral a divisão à análise. A divisão nos permitiria distinguir no mundo seres separados; cada um deles formaria uma espécie de todo completo, finito sem dúvida, e que se avizinha de outros mas não é menos uma peça original do universo concreto. A divisão deixa o ser intacto: ele subsiste no pensamento tal como é em si mesmo. Ao contrário, a análise isolaria num ser particular um caráter que não tem existência separada senão pelo pensamento e que concebemos imediatamente como suscetível de se encontrar numa multiplicidade de seres diferentes; sem dúvida, em cada um desses seres ele receberá uma forma distintiva e única: mas é como se, a partir do momento em que ele penetrou o pensamento e em que foi por ele assimilado, ele participasse de sua fecundidade e de sua infinidade; é como se o pensamento, trazendo-o de algum modo em si e consigo, se desse o direito – que a experiência limitará – de encontrá-lo em todos os objetos a que se aplica.

Estas duas operações, a de divisão e a de análise, são, no entanto, muito mais solidárias do que se crê. Cada uma delas testemunha por si mesma a ligação necessária do ser particular com o ser total: por um lado, com efeito, cada indivíduo foi destacado do universo e deve ser nele imediatamente recolocado pelas relações que o unem com todos os outros indivíduos, e, por outro lado, cada qualidade é como um fio numa trama contínua cujas malhas o pensamento se limita a desfazer e refazer sem cessar para nos mostrar como é tecida.

Mas essas operações testemunham de maneira muito mais sutil a ligação entre a parte e o todo: pois cada uma delas só é possível por uma espécie de referência à outra, que ela não supõe, todavia, senão para destruir-lhe todos os efeitos. Não se pode, com efeito, distinguir no todo um indivíduo particular de outro modo que lhe atribuindo certas qualidades próprias; e, no entanto, ele só é um indivíduo concreto se suas qualidades são ao mesmo tempo inúmeras e inseparáveis, e por conseguinte se ele se tornar para a análise um objeto para o qual é preciso que ela se volte, mas que ela não deve jamais chegar a resolver. Inversamente, é impossível discernir as qualidades separadas de outro modo que reconhecendo sua presença num indivíduo diferente de todos os outros; e, no entanto, se essas qualidades devem ser pensadas à parte, é preciso que cada uma delas receba a universalidade, isto é, uma infinidade de direito, e que o espírito, levando-a a todas as partes consigo, constitua um gênero de objetos possíveis que será definido por ela e cuja indeterminação será ainda uma expressão abstrata do todo a que ela permanece suspensa.

Assim, um indivíduo não pode ser separado de todos os outros senão com a condição de permanecer de certa maneira concreto, isto é, de conter indivisivelmente em si todas as qualidades. Uma qualidade não pode ser distinta de todas as outras senão com a condição de se tornar abstrata, isto é, de receber como o pensamento um poder de aplicação ilimitado.

B. O ser uno e infinito

Art. 3: O ser é uno e infinito ao mesmo tempo em extensão e em compreensão.

Se o pensamento discursivo comporta necessariamente duas operações de algum modo correlativas, uma que consiste em isolar uma determinação particular, a outra em considerar o campo em que ela reina, essas duas operações são inseparáveis e confirmam, em vez de quebrá-la, a unidade indivisível do ser, que não dá motivo a nenhuma afirmação limitada senão obrigando-a sempre a reganhar por sua extensão o que falta a seu conteúdo ou por seu conteúdo o que falta a sua extensão. Tal é a origem da famosa lei que enuncia a variação inversa da extensão e da compreensão. Essa lei, porém, não vale senão como conceito. E o ser lhe opõe uma resistência, como o mostra o embaraço que se experimenta nas duas extremidades da escala dos conceitos em que a lei deveria receber uma aplicação singular. Pois no cume se encontra um conceito que, estendendo-se a tudo o que é, deveria ser sem conteúdo, e na base um conceito cujo conteúdo seria infinito, mas que não se aplicaria senão a um único indivíduo. Ora, é nessas duas extremidades que o conceito perde o poder que lhe é próprio e vem reunir-se ao ser, mas para testemunhar dois caracteres que o definem: pois ele é universal, isto é, não há nada fora dele, mas de uma universalidade concreta, isto é, tal, que ele é, com efeito, um indivíduo, mas que contém em si todos os outros.

A plenitude do ser encontra uma dupla expressão, seja que em cada ponto se considere a abundância infinita das qualidades que se cruzam nele, seja que ela nos ordene abarcar com um único olhar a totalidade das coisas. Pois a compreensão do ser é necessariamente a mesma em todos os lugares em que o encontremos: ela não se distingue da extensão que dilata o uno no todo, assim como a compreensão comprime o todo no uno. Assim, a unidade de cada objeto exprime a unidade do universo. Uma vez porém que a análise decompõe essa unidade para resolvê-la em elementos, distingue aí a infinidade das qualidades associadas ou dos objetos justapostos.

A infinidade do ser é, sob o olhar da análise, a expressão da visão intuitiva pela qual compreendemos sua unidade. Do ponto de vista da extensão, a unidade permite considerar o mundo como um indivíduo, e a infinidade como uma incontável multidão de seres particulares. Do ponto de vista da compreensão, a unidade nos permite considerar o ser como indivisivelmente presente em todos os pontos, e a infinidade como uma abundância inesgotável de caracteres dados ao mesmo tempo.

Desse modo, as relações entre a extensão e a compreensão do ser podem ser expressas por quatro fórmulas, as duas primeiras das quais tão somente verificam o axioma clássico. É preciso ter em vista para obtê-las seja a unidade na extensão e a infinidade na compreensão: o ser é então um indivíduo de que jamais se enumerarão todas as propriedades; seja a unidade na compreensão e a infinidade na extensão: então o ser se torna novamente um gênero cuja definição é tão pobre que é impossível enunciá-la. Ao contrário, se se considera a unidade ou a infinidade ao mesmo tempo na extensão e na compreensão, as fórmulas que se obtêm contradizem o axioma clássico: pois, no primeiro caso, o ser é um indivíduo, mas é ao mesmo tempo de perfeita simplicidade, que é um efeito desta vez da plenitude e não da indigência; e no segundo caso, o ser manifesta simultaneamente o excesso transbordante de sua riqueza interior pela multiplicidade sem limites dos indivíduos que o recebem e pelos caracteres que o formam.

Art. 4: É que a unidade do ser total, superando a multiplicidade dos indivíduos e das classes, abole a distinção entre a extensão e a compreensão.

Dizer que o ser é o infinito ao mesmo tempo na ordem da extensão e na ordem da compreensão é referir-se ainda aos resultados obtidos seja pela divisão, seja pela análise, e daí se desliza complacentemente para as teses que fazem do ser uma soma ideal, isto é, que não se acaba jamais, sem que porém se deposite menos confiança nas ambições sintéticas do espírito. Também preferimos fazer do ser uma unidade na ordem da extensão, isto é, um indivíduo e não uma classe, e uma unidade na ordem da compreensão, isto é, não uma qualidade isolada, mas essa implicação perfeita de todas as qualidades na qual cada uma delas não pode ser distinguida senão opondo-se a todas as outras, e por conseguinte requerendo-as, pois lhes é solidária.

Mais ainda, quando se choca com todos os nossos hábitos de linguagem sustentando que o todo está presente em cada parte, não pode haver aí nenhuma dificuldade em admitir que o uno, incapaz de se parcelar, possa ser o objeto de diferentes perspectivas e dar ainda a cada uma delas sua unidade característica. A distinção entre a extensão e a compreensão já não tem lugar nele porque ela não pode produzir-se senão a partir do momento em que cessa sua indivisão; mas, a partir desse momento, nós discernimos nele algum caráter que constitui o objeto de um conceito, e cuja existência isolada não podemos tentar manter (sem romper seus vínculos com o todo) senão com a condição de lhe atribuir a generalidade em contrapartida. No que concerne ao ser, ao contrário, a necessidade de abarcar ao mesmo tempo, para pôr sua compreensão, a totalidade das qualidades e a impossibilidade de ver nele um caráter isolado que se pudesse unir a outros para reconstituir o real devem obrigar-nos a fazer dele um indivíduo único e indiscernível de todos os caracteres que o formam. O que quer isso dizer senão que a extensão e a compreensão se identificam no ser como na fonte comum em que a análise poderá distingui-los opondo-os? Por isso se pode indiferentemente, seja dizendo que o ser é o todo, dar-lhe como compreensão sua própria extensão, seja dizendo que o todo é uno, reduzir-lhe a extensão à indivisibilidade plena de sua compreensão.

A impossibilidade de considerar o ser como o mais vasto de todos os gêneros aparece então como evidente uma vez que se medite sobre o caráter de toda classe de supor uma distinção entre os indivíduos que ela contém. No momento, com efeito, em que se atinge a classe que é a maior de todas, a que contém todas as outras classes e todos os indivíduos de cada uma delas, é necessário abolir todas as distinções que lhe permitiam precisamente fundar sua multiplicidade e sua independência relativa. Como, com efeito, imaginar uma classe que, em vez de se distinguir por algum caráter específico de outra classe que a contenha ou que ela contenha, em vez de permitir que os indivíduos que a formam lhe acrescentem sempre algum caráter novo, reuniria em si os caracteres de todas essas classes e de todos os indivíduos ao mesmo tempo? Chegamos a um ponto em que a continuidade do ser concreto já não pode ser rompida pela diversidade correlativa dos seres particulares e das espécies qualificadas. Encontramo-nos doravante diante de um imenso indivíduo no seio do qual podemos, é verdade, discernir partes, mas que não têm sentido senão em relação ao todo, que não poderiam subsistir isoladamente, e das quais cada uma exprime ao mesmo tempo uma função do todo e uma perspectiva sobre o todo. A universalidade do ser não é a de um conceito universal, mas a do indivíduo-universo.

Era com um argumento análogo (como já se mostrou a propósito da necessidade de situar cada coisa no ser, em lugar de fazer do ser a propriedade de uma coisa; cf. Primeira Parte, Cap. III., Art. 3) que Kant demonstrava o caráter intuitivo e não conceitual do espaço e do tempo. Um e outro lhe apareciam não como conteúdos numa multidão infinita de representações (à maneira de um caráter abstrato), mas contendo em si uma multidão infinita de representações (à maneira de um todo cuja riqueza e variedade fossem expressas por suas representações). Ora, é verdadeiro dizer, com efeito, que o instante e o lugar não podem estar separados da totalidade do espaço e do tempo, que o espaço não é uma soma de lugares, nem o tempo uma soma de instantes, e que, conquanto todos os instantes e todos os lugares sejam rigorosamente individuais, cada um deles representa, no entanto, um olhar sobre a própria infinidade do espaço e do tempo, que foi preciso pôr antes de tudo para que a solidariedade mútua de cada lugar e de cada instante com todos os outros permitisse, numa única operação, destacar sua originalidade e sua dependência comum com respeito ao meio que os sustenta a todos. Agora, se é verdade que o espaço e o tempo são os dois caracteres mais próximos do todo, ou ao menos aqueles pelos quais o ser revela da maneira mais compreensível sua totalidade aos olhos dos seres finitos, não nos devemos admirar de encontrar neles a mesma abundância inesgotável, a mesma continuidade, a mesma indivisibilidade que no próprio ser. Tampouco são classes porque nenhum objeto escapa à sua jurisdição, e, se parecem guardar seu caráter conceitual opondo-se um ao outro, sabe-se que não é possível, todavia, imaginar um mundo da duração separado do mundo do espaço, que, como os fatos físicos são levados na duração, os atos psicológicos supõem sempre alguma referência a um objeto extenso próximo ou longínquo, cuja relação original com nosso ser subjetivo eles exprimem, de modo que, na maneira como o espaço e o tempo vêm cruzar-se necessariamente em cada ponto do universo, encontramos um testemunho dos caracteres que atribuímos ao ser, mas posto ao alcance de seus modos finitos, aos quais sua limitação impõe apresentar-se na forma de dados distintos uns dos outros e adquirir seu ser próprio por um desenvolvimento em que se acusa sua mútua solidariedade. A fim porém de melhor compreender o sentido dessas duas noções, a de extensão e a de compreensão, e a fim de compreender porque elas devem se identificar no ser puro e separar-se para variar na razão inversa uma da outra nos seres particulares, é preciso examinar de mais perto o mecanismo da análise.

C. Distinção e solidariedade entre todos os conceitos

Art. 5: Graças ao exercício do pensamento conceitual, o universo nos oferece o espetáculo de nossas próprias potências.

Em cada uma das operações do pensamento há uma infinidade em potência que exprime não somente a ambição de nosso pensamento, mas sua unidade, isto é, a própria perfeição do todo de que emana e para o qual tende. E a própria palavra "todo", conquanto se refira a partes e por conseguinte já suponha a análise, visa antes o ser indiviso, em que poderemos inesgotavelmente reconhecer novas partes, do que o ser totalizado, pois essa totalização estará sempre inconclusa.

A própria linguagem que opõe ao ser finito o todo de que ele faz parte é mais conforme à aparência do que à realidade e precisa ser explicada. Pois, por um lado, podemos dizer que em cada ponto do universo há lugar para uma perspectiva particular que encerra em si todo o universo e que é constitutiva de um ser individual; e, por outro, não só um ser individual é solidário do todo pelas relações que o unem a todas as suas partes, mas podemos dizer ainda que sua subjetividade é a própria possibilidade do todo que ele atualiza por uma espécie de operações que nunca têm fim. Acrescentemos, enfim, que esse todo composto de partes não preexiste às operações pelas quais o sujeito individual o divide e não cessa de penetrá-lo. Quanto mais essas operações se tornarem numerosas, delicadas e complexas, mais dilatarão o espetáculo mesmo que as coisas nos oferecem, mas também quanto mais aproximarem esse espetáculo de nós mesmos, mais lhe darão intimidade e o tornarão adequado às exigências de nossa própria consciência: é pois como se o indivíduo tivesse começado por se abrir numa espécie de vasta aspiração sobre o todo em que ele está situado, e como se, incapaz de conhecer esse todo de outro modo que em suas relações consigo mesmo, ele devesse fechar essa vasta aspiração sobre sua própria natureza na qual, é verdade, ele encontra então uma imagem do todo formada por todas as influências que, vindas de todos os pontos do universo, se cruzam nela. Assim se explica como o mundo, que inicialmente, quando nós mesmos não somos senão um corpo no meio de outros, parece envolver-nos, é, por fim, envolto por nós, quando nos tornamos um espírito que reduz o mundo a um sistema de conceitos e de qualidades.

Se existe, como o mostraremos no Capítulo VIII, uma ideia que, não se opondo a nenhuma outra as contém a todas, que seja indefinível não porque seja obscura e indeterminada, mas porque todas as definições, todas as determinações e todas as circunscrições que se possam fazer se operam nela, que não possa ser dividida porque é perfeitamente una ou, o que dá no mesmo, porque traz a infinidade em si, então se poderá estar seguro de que tal ideia, contrariamente a todas as outras, não pode distinguir-se de seu objeto, e de que, sendo a própria ideia do concreto, é também a ideia adequada do ser. É nela que se produz a distinção entre o conceito e a ideia particular, segundo a análise isole no sujeito uma operação com respeito a um dado que ela tenta explicar ou em cada forma da existência a própria potência que a realiza.

Como porém o ser está inteiramente em nós, não há nada fora de nós que seja decisivamente impermeável a nosso conhecimento. E as formas de existência aparentemente mais heterogêneas à nossa respondem, no entanto, em certa medida, a algum acordo entre o real e nós, a alguma ação dos sentidos ou do entendimento pela qual entramos em contato com ele. O universo exterior nos oferece, por conseguinte, numa espécie de espetáculo, o quadro de nossas diferentes potências; e, se não criamos esse espetáculo, ao menos lhe damos, pondo em jogo essas potências, a luz que o ilumina. Compreende-se bem como cada uma dessas potências vai naturalmente ao infinito: mas ela não se distinguiria das outras e, em lugar de nos permitir tão só aplicar-nos a um objeto, nos identificaria com ele, superaria nossa natureza finita, nos obrigaria a confundir nosso entendimento com o entendimento divino e o conhecimento com a criação, se sua infinidade fosse uma marca de plenitude antes que de inacabamento.

Art. 6: Todo conhecimento objetivo, mesmo o de outro ser individual, é abstrato; ele exprime o ato conceitual pelo qual o eu divide o todo para reconstruí-lo.

Não chegamos a captar o concreto, isto é, a atualidade plena do ser, senão em nossa própria natureza individual, nem sequer na individualidade de outro, pois, sendo esta exterior a nós, o conhecimento que temos dela se distingue de seu objeto e ela jamais é suficientemente perfeita para estar segura de não poder aplicar-se senão a ele; ao contrário, quando se trata de nós, a consciência que temos de nosso ser, confundindo-se com nosso próprio ser, possui o caráter de unicidade que não pode pertencer senão à intimidade: mas tal conhecimento não é jamais o de um objeto, é o de um conjunto de potências que não se atualizam senão por graus.

Em contrapartida, todo conhecimento objetivo é ele próprio abstrato, e o que o prova é que, para atingir o individual como tal, seria necessário tentar surpreendê-lo não no que chamamos uma coisa particular, mas nas percepções sucessivas que temos dele. Entre elas discernimos semelhanças bastante estreitas para confundi-las ou ao menos para interpretá-las como perspectivas diferentes sobre um mesmo original. Se porém o concreto é o ato da percepção e não o objeto percebido, compreender-se-á sem dificuldade por que é sobre o modelo da realidade espiritual que será preciso conceber a natureza do ser puro. Sucede apenas que, enquanto nossa consciência individual o debulha na duração, o privilégio da abstração é subtraí-lo daí, de modo que não podemos representar sua permanência senão com a condição de comprimir sua riqueza nos quadros em que ela adquire a imobilidade escapando à vida. Os objetos empíricos são os primeiros desses quadros: também o tempo do universo é um tempo construído, diferentemente da duração da percepção. Esses objetos são suscetíveis de entrar por sua vez nesses quadros cada vez mais estreitos, onde a sucessão objetiva se torna pura consecução lógica, à espera de que, para penetrar no quadro do ser abstrato, eles deixem extenuar-se tudo o que constituía sua diversidade e sua ordem, mas ao mesmo tempo sua realidade.

O conhecimento interior de si, sendo o único conhecimento concreto, apresenta um caráter de posse imediata e essa infinidade repleta de ecos a que damos o nome de *sentimento*. Qualquer outro conhecimento a supõe; ele a analisa e a dilata. Mas um conhecimento que cessa de ser confuso para se tornar distinto e que cessa de ser total para isolar um aspecto do real já não tem o calor e a plenitude inseparáveis da interioridade de um ser a si mesmo. Será então considerado um conhecimento exterior. A constituição da ciência mostra precisamente que é em suas partes mais abstratas e quando se afasta mais do sensível que ela tem as maiores pretensões à objetividade. No entanto, longe de considerar as teorias contemporâneas que fazem do pensamento conceitual um jogo de convenções mais ou menos arbitrárias, mas justificadas pelo sucesso, como uma espécie de renúncia ao conhecimento do absoluto, é preciso, levando-as até o extremo, incorporá-las à nossa doutrina do ser. Pois todos os atos do intelecto têm seu lar nesse ser total cuja consciência testemunha que ele é interior a nós assim como nós somos interiores a ele; graças a seu cumprimento, nós destacamos de nós mesmos, para compreendê-lo de forma dividida, uma experiência objetiva com que nossa própria atividade constituirá contraste por seu caráter condensado e global. Se esses atos encontram sua confirmação numa prática bem-sucedida, é porque a natureza a que eles parecem adaptar-se tão bem não é uma matéria heterogênea a que eles se aplicam, mas outra forma de expressão do mesmo ser em que eles se alimentam. Nosso eu constituía algo uno com ela desde a origem, e se encontramos nela sulcos em que se encaixam com tanta facilidade a inteligência e a vontade, é porque essas próprias faculdades não adquiriram a independência senão correlativamente a esse mundo abstrato e até a esse mundo sensível cuja forma criadora elas representam de algum modo.

Não captamos, portanto a compreensão infinita do ser concreto senão em nossa própria natureza. Fora de nós, o indivíduo já é um abstrato formado por uma impregnação de percepções múltiplas e sucessivas; mas para poder representar conceitualmente esse universo doravante exterior a nós, cuja presença total sentimos antes de tudo em nós, é preciso que possamos abarcá-lo pelo pensamento sem identificá-lo conosco: o que não é possível senão esvaziando-o de toda substância. Entre esse ser sem conteúdo e a realidade plena de nosso próprio ser, introduziremos uma hierarquia de conceitos cada vez mais complexos, que restringirão o campo de sua aplicação à medida que deixarmos penetrá-los um maior número de qualidades diversas filtradas pela análise de nossa experiência íntima. Com os restos dessa análise, dar-nos-emos a ilusão de reconstruir o mundo sinteticamente.

Art. 7: Cada conceito, retendo ou excluindo certos caracteres do real, exprime uma démarche *particular de nosso espírito, que requer uma infinidade de outras.*

Se cada conceito, isolado do todo subjetivo em que ele nasceu, possui de direito uma extensão sem limite, é para testemunhar que ele não subsiste isoladamente; estendendo-se a todo o possível, é preciso que retome idealmente essa solidariedade com o todo que ele aparentemente tinha perdido no momento em que a análise havia circunscrito sua compreensão. Se, porém, cada conceito guarda uma potência de aplicação infinita, como os diferentes conceitos podem ao mesmo tempo formar classes contidas umas nas outras? É, com efeito, na constituição dessas classes que se revela a originalidade do pensamento lógico: elas são como infinitos de diferentes ordens que, sem nada abandonar de sua infinidade, têm entre si certas relações de implicação. Essa questão é solidária a outra que tentaremos resolver no Artigo 8 do presente capítulo, quando nos perguntarmos como os objetos reais se distinguem uns dos outros se todas as qualidades estão presentes em cada um deles.

Sobre o primeiro ponto, vê-se sem dificuldade que, se podemos considerar um caráter à parte, podemos também, sem mergulhá-lo novamente ainda no todo onde discernimos sua presença, reuni-lo sucessivamente a muitos outros; e, como todos os caracteres se implicam mutuamente, poderemos fazer entrar o mesmo caráter em sínteses variadas formadas com mais ou menos felicidade segundo o apelo de nossas necessidades ou as exigências de nosso entendimento. Essas próprias sínteses sempre virão se inscrever pouco a pouco num conceito mais geral definido tão somente pelos caracteres que lhes são comuns. Se, enfim, cada um dos conceitos subordinados uns aos outros, em vez de agrupar os caracteres que ao acaso como sua implicação recíproca pareceria autorizar, não pode aceitar em si alguns deles senão excluindo outros incompatíveis com os primeiros, é porque a implicação total não se realiza senão no ser puro e porque cada aspecto do ser, conquanto suponha todos os outros, encerra somente em si o conjunto coerente e define elementos que são suscetíveis de tomar lugar na perspectiva pela qual é considerado. Assim, quando a presença de um caráter acarreta a ausência de outro, é porque este, situado quer no mesmo nível, quer em nível diferente, na hierarquia conceitual, exprime outro aspecto do ser realizado de forma visível em outro ponto, mas que é necessário opor ao precedente para que a análise seja possível e para que as diferentes qualidades, confundidas na origem no mesmo todo, venham se destacar e ressaltar graças a seu próprio contraste. É porque o objeto individual é, ele próprio, um abstrato que o pensamento discursivo o opõe a outros objetos, e que ele submete sua constituição interna à lei de contradição, que todavia não adquire sentido senão no sistema de representação próprio de cada consciência, pois o objeto considerado em si não se distinguiria do todo em que todas as perspectivas subjetivas viriam se reunir e se identificar.

Uma das ilusões mais tenazes do espírito humano consiste em olhar as classes, ou melhor, os grupos de caracteres pelos quais cada uma delas é definida, como a formas de ser realmente distintas, e até como a princípios anteriores ao ser concreto, dissimulados de algum modo por ele, e cuja função própria seria explicar a gênese do todo, em lugar de encontrar neste a explicação de que eles próprios necessitam. Mas duas observações, todavia, deveriam deixar-nos desconfiados do crédito que se dá ao abstrato: *por um lado*, com efeito, o abstrato é um meio de que nos servimos para fazer o ser sair por graus do nada por um processo de enriquecimento gradual; ora, essa operação consiste somente em ordenar com habilidade os resultados da análise, e não podemos efetuá-la senão num tempo lógico, que é uma criação artificial de nosso espírito, intermediária entre a eternidade, que atribuímos ao ser, e o tempo real em que o mundo desdobra suas formas particulares aos olhos de um ser finito. *Por outro lado*, o abstrato, que não alcançava dar uma figura do ser senão esvaziando-o dessa abundância interior sem a qual ele não é senão deficiência e nada, não pode assimilar por sua vez a qualidade, retirando-a do concreto onde a análise a descobre, senão dando-lhe um caráter anônimo que a torna irreconhecível e nos proíbe de realizá-la sem individualizá-la novamente. Os nominalistas têm razão de não querer que a ideia do vertebrado tenha existência objetiva fora de tal animal que é provido de vértebras, nem a ideia de brancura fora de tal objeto particular em que se acha tal matiz único de branco. E sabe-se bem que a invenção dos gêneros é ao mesmo tempo efeito de nossa sutileza, da arte com que aproximamos por engenhosas comparações termos aparentemente diferentes, e efeito de nossa grosseria e de nossa ignorância, que nos impedem de levar a análise até o último ponto e de reconhecer em cada indivíduo o caráter único e incomparável de todos os seus elementos, dos mais salientes como dos mais recônditos.

Para novamente dar sentido a essa diversidade de conceitos que se encaixam uns nos outros, é preciso abandonar o ponto de vista do ser puro, pois este, anterior à distinção, quer das qualidades sensíveis, quer dos conceitos, não poderia ser reobtido, graças a uma construção do pensamento, senão por um encontro num mesmo ponto de todas as qualidades ou de todos os conceitos; e, de fato, neste ponto, a diferença entre o conceito e a qualidade desapareceria, pois o conceito recobraria seu caráter concreto, e a qualidade perderia o caráter de passividade pelo qual se manifesta aos olhos de um sujeito como um dado puro. Ver-se-ia então a distinção entre a extensão e a compreensão abolir-se já não somente no todo, mas em cada um desses pontos, como mostraremos nos artigos 8 e 9 do presente capítulo. Entre o todo perfeitamente pleno, mas confuso para nós, de que continuamos ainda a fazer parte mesmo que nos separemos dele idealmente, e esse todo dividido de que se poderia dizer que permanece sempre inacabado, que a inteligência nos permite representar, o sujeito finito introduziu suas *démarches* originais e um escalonamento na duração no curso da qual ele constituiu sua própria natureza. Assim, os diferentes conceitos não podem encontrar um sentido senão para um ser finito cuja atividade, conquanto sempre una, se diversifica, no entanto, e multiplica indefinidamente suas operações a fim de tentar atingir esse mesmo todo a que ele está necessariamente ligado, mas que ultrapassa, sem cessar, os esforços que ele faz para assimilá-lo.

É a multiplicidade dos conceitos o que acusa o caráter abstrato, isto é, a incompletude de cada um deles. Por isso é verdadeiro dizer que todos os conceitos se implicam e que, qualquer que seja o que se adota como primeiro termo, há entre eles uma espécie de apelo recíproco. Mas esse apelo esconde a unidade do ser de onde foram tirados e cujos diferentes aspectos eles expressam.

D. *Distinção e solidariedade entre todas as qualidades*

Art. 8: *Todas as qualidades distinguidas pela análise podem ser encontradas sinopticamente pelo mesmo indivíduo em objetos diferentes.*

O ser concreto não se encontra em ato senão nesse todo que não é jamais uma soma de determinações, mas o ato que as sustenta a todas, ou no indivíduo que não se reduz jamais a suas determinações, mas que as encerra a todas em potência e que as faz aparecer sucessivamente segundo a relação que se estabelece a cada instante entre a situação em que ele é colocado e as *démarches* de sua liberdade num processo que nunca se completa.

Tal é a razão por que o próprio todo, enquanto definido como uma soma de determinações ou, se se quiser, enquanto considerado em sua pura objetividade, não é jamais realizado. Todas as determinações, todavia, encontram no ser puro sua razão atual e suficiente: ele próprio envolve o tempo como a condição de seu aparecimento; e todo ser particular, por sua ligação com o todo do ser, os chama à existência alternadamente, sem que porém sua infinita possibilidade chegue jamais a se esgotar.

Pode-se dizer, por conseguinte, que, como numa série convergente, a soma infinita das determinações que sempre nascem e sempre perecem tende ao limite para esse ato puro que as contém a todas em si sem deixar subsistir entre elas nenhuma separação. E pode-se dizer ainda que é o mesmo ser que está presente em ato no todo e em potência em cada uma das partes. Vê-se até como se conseguiria assim obter uma coincidência entre o todo da subjetividade e o todo da objetividade, uma vez que todo objeto é uma aparência para uma consciência, e uma vez que, em sua essência própria, ele não constitui senão algo uno com a potência que ele atualiza. Ali onde é o todo que aparece, e ali onde toda potência se atualiza, recaímos igualmente no ser puro. Mas é um ponto de vista que devemos ultrapassar ainda. Pois lembrando a oposição entre os gêneros e as qualidades se objetará que nem todas as qualidades pertencem a cada objeto individual, sem o que já não haveria individualidade, dado que cada objeto seria idêntico a todos os outros. Igualmente, os gêneros correspondentes a essas qualidades não têm uma extensão sem limites, porque diferem em generalidade. Se fosse de outro modo, a análise do ser seria uma ilusão incompreensível. Mas a essa dupla observação pode-se responder definindo precisamente a função original do particular no mundo. Pois, se ele requer o universal, não é para nele se engolfar. Antes de tudo, cada qualidade não é o que é senão por seu contraste com todas as outras; ela não tem realidade original nem sequer para o pensamento senão por sua oposição com elas, que a sustentam na existência: de outro modo todas as qualidades se confundiriam na unidade do ser, de onde seria impossível destacá-las, o que mostra bastante claramente que a qualidade não pode pertencer a outro mundo que o mundo da relação. Por outro lado, no que concerne aos graus de generalidade dos diferentes gêneros, se cada um deles exprime uma possibilidade infinita, mas se são, como se viu, infinitos de diferentes ordens que se envolvem uns aos outros, em cada um deles o todo está presente inteiro pela impossibilidade em que estamos de pôr um deles sem pô-los a todos. Mas a distinção entre as qualidades e os gêneros que lhes correspondem supõe um ser finito que reconheça no mundo aspectos diferentes cuja natureza e amplitude são proporcionais à forma e à irradiação de sua atividade e de suas necessidades. E, conquanto o ser esteja presente inteiramente em cada ponto, cada indivíduo constitui sua originalidade própria graças à perspectiva particular sob a qual ele abraça as coisas. Teoricamente a diversidade das coisas nem sequer é correlativa da existência de uma multiplicidade de indivíduos, mas da existência de um só, isto é, do ser finito em geral aos olhos do qual o ser puro não pode revelar sua presença, salvaguardando sua própria independência, senão pela abundância infinita de seus modos. Se, no entanto, tomamos cada modo, é impossível que o ser finito que o contempla veja nele outros caracteres além daqueles que podem entrar no ponto de vista particular que sua natureza e sua posição lhe permitem ter com respeito ao mundo. Assim, o objeto ultrapassa sempre a percepção que temos dele, e cada um sabe muito bem que, levando mais longe sua análise, encontrará nele uma riqueza sempre crescente. Se essa riqueza é infinita, é porque ela própria é representativa do todo. Ficaremos pois surpresos de ver como a atividade que permanece em potência no sujeito e que jamais consegue se exercer inteiramente corresponde a uma possibilidade no objeto que jamais será esgotada.

Mas o que subsistiria então da heterogeneidade do real, da distinção efetiva entre formas de existência caracterizadas por qualidades diferentes? Seria preciso considerar essa heterogeneidade como tendo somente valor subjetivo e como que criada pelo indivíduo graças a uma espécie de miragem em que ele percebe o reflexo de seus próprios limites? Não obstante, deve-se observar, *por um lado*, que cada objeto conhecido é confrontado com a totalidade de nossa natureza, e que ele deve apresentar a nossos olhos tantas espécies de qualidades quantos modos há, segundo os quais o finito e o universo onde ele toma lugar podem comunicar-se: assim, há em cada objeto um caráter pelo qual ele responde quer ao exercício de nossos diferentes sentidos, quer às diferentes ações que podemos realizar, mas que em verdade realizamos de maneira incompleta e sucessiva. No entanto, esse caráter nem sempre é atualizado, porque ele pode ser para nós sem interesse, seja momentaneamente, seja constantemente. Já se pressente, por conseguinte, que a diversidade dos objetos desdobra no espaço uma riqueza que cada um deles poderia nos dar se todas as potências da consciência encontrassem nele sua aplicação. *Por outro lado*, nenhum dos objetos que formam o universo tem com respeito a nós a mesma situação: e se eles fossem idênticos em seu fundo, isto é, no ser que possuem, não seriam menos profundamente diferentes por sua posição em face de nós. É essa diversidade de posição o que se exprime na variedade das qualidades que nós lhes emprestamos; aqueles que nos parecem os mais ricos são os que entram conosco em relações mais estreitas e complexas; mas aqueles que são aparentemente os mais pobres e os mais despojados desvelariam uma abundância igual se se aproximassem de nós ou se a escala segundo a qual nós os víssemos fosse modificada. Há aqui uma relação que se estabelece entre a qualidade e a quantidade e que é singularmente instrutiva. Pois vemos as coisas mudarem de aspecto segundo a distância que nos separa delas, que não é, ela mesma, senão uma expressão da diferença de interesse que têm para nós. Podemos imaginar desse modo uma conversão das qualidades umas nas outras segundo a proximidade ou o afastamento que indiretamente dá testemunho da relação de todas as formas do real com nossa própria disposição a seu respeito. Enfim, como nossa natureza não é alterada quando observamos as partes do universo com que temos relações diferentes, e como conservamos os mesmos sentidos, as mesmas necessidades, as mesmas categorias, é evidente que a heterogeneidade das qualidades pelas quais cada objeto se revela a nós não é decisiva e absoluta; encontra-se nela a expressão das mesmas operações do indivíduo apropriadas ao partido diferente que ele pode tirar de cada objeto. Assim, há correspondência entre as qualidades aparentemente mais opostas, e pode-se estabelecer uma espécie de quadro sinóptico que permitiria passar de um objeto ao outro e considerar as qualidades de cada um deles como traduzindo numa língua original as qualidades de todos os outros. Assim, o estudo da correspondência dialética entre os diferentes sensíveis nos aparece como uma verificação das conclusões da ontologia na linguagem da experiência mais comum.

Art. 9: Todas as qualidades podem ser encontradas sinopticamente por indivíduos diferentes no interior do mesmo objeto.

A infinidade aberta à análise permite que tomemos agora outra via; pois, se as qualidades que somos capazes de reconhecer em tal fragmento do universo estão em relação com nossa constituição e com nossas tendências em momento dado, todo o desconhecido que pressentimos por trás de nossa representação atual nos obriga a imaginar que todas as qualidades que nos escapam são distinguidas ou poderiam sê-lo por indivíduos postos de outro modo que nós, situados diferentemente e olhando o mundo com outra escala. Assim, o mesmo todo que cada consciência tenta atingir através da multiplicidade dos objetos diferentes se encontraria representado no interior de cada objeto pela multiplicidade das diferentes consciências. Observa-se aqui uma nova expressão da solidariedade entre a riqueza qualitativa de cada modo do ser e a multiplicidade sem número desses modos. Em todas as partes encontramos uma figura do ser puro. Mas há aí mais que figura. O ser está presente inteiro em cada um de seus modos, sem sofrer fragmentação. Eles não podem ser distinguidos senão uns com respeito aos outros. De cada um deles, cada ser particular não compreende senão alguns traços. Mas todos os seres particulares encontrariam aí a mesma totalidade que cada um deles tenta em vão atingir, abraçando pelo pensamento formas de existência cada vez mais numerosas.

Essa concepção nos permite considerar a totalidade das qualidades como dada em cada ponto do universo. Mas a realidade distinta das qualidades não tem sentido senão com respeito ao indivíduo; a diversidade dos objetos em cada experiência particular e na experiência dos diferentes indivíduos provém de que cada ser encontra em cada objeto uma matéria mais ou menos rica que é a expressão e o reflexo de sua própria originalidade.

Dir-se-á que formulamos aqui uma hipótese que nada verifica? Mas antes de tudo não é necessário para justificá-la que estabeleçamos que haja, com efeito, uma pluralidade infinita de seres particulares que repartem entre si, por assim dizer, a percepção da compreensão infinita do ser em cada ponto. Basta que se possam conceber esses seres particulares como tantos seres possíveis. Pois, com respeito ao ser total, cada ser particular não é, ele próprio, senão um possível que se atualiza segundo as leis gerais da experiência, por exemplo segundo as leis da geração, sem que essa atualização introduza nenhuma mudança na relação eterna entre o individual e o universal. Basta que o aspecto do real que nossa percepção atualiza tenha por correlativa uma infinidade de outros aspectos que permanecem em potência em consciências possíveis.

Em seguida, a experiência nos fornece em grande número de casos particulares uma via de aproximação pela qual nossa tese poderia receber um começo de confirmação. Pois não só vemos as percepções de um mesmo objeto por diferentes indivíduos que se completam em vez de se contradizer, mas ainda a heterogeneidade dos sentidos, quando se passa de uma espécie a outra, sugere uma mudança de regime qualitativo da percepção suscetível de enriquecer de uma infinidade de novos aspectos o espetáculo que todo objeto nos mostra.[1] Longe de tais observações servirem tão somente para apoiar o prejulgamento tradicional de que as qualidades subjetivas não são nada mais que ilusões da consciência individual ou específica determinadas por condições orgânicas, elas

---

[1] É a mesma ideia que permite, por exemplo, a Carlyle dizer num artigo curioso sobre Novalis (*Foreign Review*, nº 7): "Traga-se um ser que sinta com olhos um pouco diferentes, com dedos um pouco mais macios que os meus: e para ele esta coisa que eu chamo árvore será amarela e tenra tão seguramente quanto é para mim verde e dura. Faça-se para ele um tecido nervoso que seja em todos os pontos o inverso, e essa mesma árvore não será combustível nem produtora de calor, mas solúvel e produtora de frio, não alta e convexa, mas profunda e côncava". No mesmo sentido, Crookes perguntava-se também em que se converteriam os objetos se nossos olhos, em lugar de ser sensíveis à luz, o fossem às vibrações elétricas ou magnéticas. O vidro e o cristal se tornariam então corpos opacos, os metais seriam mais ou menos transparentes, e um fio telegráfico suspenso no ar pareceria um buraco comprido e estreito atravessando um corpo de solidez impenetrável. Uma máquina eletrodinâmica em ação pareceria um incêndio, enquanto um ímã realizaria o sonho dos místicos da Idade Média e se tornaria uma lâmpada perpétua queimando sem se consumir e sem que fosse preciso alimentá-la de modo algum.

nos asseguram, ao contrário, que sua realidade não pode residir senão na pura relação entre o sujeito que percebe e o objeto percebido: mas esses dois termos não preexistem à conjugação que os cria a um e a outro. No ponto em que todas as percepções viessem cruzar seu conteúdo, encontrar-se-ia o objeto com a totalidade de suas propriedades; no ponto em que viessem cruzar sua operação, encontrar-se-ia o próprio ato que lhe dá o ser: mas esses dois pontos se confundem numa espécie de limite comum onde cessa toda distinção entre a operação e seu conteúdo.

Tal tese se funda sobre as próprias exigências de nossa descrição ontológica, que nos obrigava, para impedir a análise de quebrar a unidade do ser, a encontrar sua presença total em cada ponto. Permanece uma hipótese no sentido de que a experiência que deveria confirmá-la não pode ser levada até o limite; mas é uma hipótese de trabalho pela qual essa própria experiência pode ser empreendida e indefinidamente prosseguida.

Ela permite considerar a divisão do mundo percebido como inseparável do aparecimento de um sujeito finito e solidariamente de uma multiplicidade infinita de sujeitos finitos. Sem esses sujeitos finitos, o ser puro, longe de se confundir com o ato e dar testemunho de sua presença pelo exercício de sua atividade própria, seria aprisionado, como um mundo que se reduzisse à matéria, numa necessidade inerte e imparticipável. Mais ainda, essa matéria seria puramente indeterminada, e seria até impossível, estritamente falando, pôr uma matéria, isto é, um dado, que não pode existir precisamente senão por um sujeito que ela limita e que se dá a ela.

Mas vê-se desde já que, se o ser se manifesta como infinitamente variado e mesmo como infinitamente variado de uma infinidade de maneiras, isso não pode atingir o princípio de univocidade, pois suas qualidades se requerem para se completar, cada uma delas corresponde a uma qualidade diferente em outro objeto e, no mesmo objeto, sofre uma transmutação para seres diferentes. Por conseguinte, em cada objeto se encontra a totalidade do ser se unimos umas às outras todas as perspectivas pelas quais podemos considerá-lo. E, em todos os objetos que percebe, cada indivíduo aumenta e multiplica a mesma visão do ser total que lhe tinha revelado em cada objeto um de seus aspectos particulares.

Os termos não diferem pois uns dos outros em compreensão senão por uma visão mais ou menos completa que eles nos dão do ser. Mas essa desigualdade não altera no próprio ser sua simplicidade nem sua plenitude. Esses termos não têm sentido senão com respeito a nós; com o mais humilde deles, o ser já está presente inteiramente. Não se pode enriquecer nem diminuir essa presença total, não se pode senão determiná-la subjetivamente graças à projeção momentânea de nossa natureza nela. Tampouco é restringindo por graus a compreensão de um termo até fazê-la desaparecer que se pode esperar encontrar a noção de ser. O ser não é o indeterminado, mas a determinação perfeita; não é a ausência de compreensão (pois se viu bem que, se se retira do ser tudo o que se afirma dele, nada pode subsistir nele, de modo que já não se distingue do nada), ele é a compreensão infinita, a que se encontraria num indivíduo que, em vez de ser limitado pelos outros, os contivesse a todos em si.

Se há pois uma implicação necessária de todas as qualidades descobertas pela análise, se essas qualidades que se manifestam a nossos olhos nos diferentes objetos podem ser encontradas no mesmo objeto por sujeitos diferentes, é porque a diferença na compreensão dos termos não implica o próprio ser; é uma expressão de nossos limites. Tal é a razão por que nós considerávamos no Artigo 6 todo conhecimento objetivo como um conhecimento abstrato. Mas aí está uma afirmação que é possível agora ultrapassar, pois o caráter inacabado de toda operação abstrata não pode impedir que em todo e qualquer ponto a que ela se aplica nós encontremos o ser concreto, isto é, uma infinidade atual que contrasta com sua infinidade virtual; assim não encontraremos no mundo senão seres particulares a que emprestamos, por comparação conosco, mas sem apreendê-lo, esse caráter de interna totalidade de que não podemos fazer experiência senão em nós mesmos. Para que o espetáculo que o mundo nos oferece nos apareça bem fundado, para que não seja somente uma aparência que não tem sentido senão para nós, mas para um ser a que nós pertencemos, é preciso que possamos encontrar em cada um de seus elementos uma independência e uma suficiência comparáveis à nossa. Nossa crença em sua objetividade é legítima porque, depois de ter reconhecido que nossa própria individualidade, realizando uma imagem do todo, participa de sua existência, somos obrigados a atribuir a cada uma das partes do espetáculo que está diante de nós, precisamente porque somos uma parte dele, a mesma existência que a nós mesmos.

E. Do conceito à essência, isto é, à ideia

Art. 10: O conceito abstrato não é senão sinal de uma essência concreta de que os indivíduos são os membros diferentes, mas inseparáveis.

Uma operação abstrata, sendo incapaz de esgotar quer nossa natureza, quer a de nenhum indivíduo, mas exprimindo, todavia, uma de nossas potências, deverá testemunhar sua ligação com o todo, abraçando-o numa espécie de estreitamento indeterminado, isto é, num estreitamento que não se encerra.

Isso não é possível senão sob duas condições: será preciso *primeiramente* que o conceito se aplique a indivíduos separados uns dos outros no interior do todo. Pois, à falta de um intervalo que os separe, já não haveria lugar entre eles para termos diferentes suscetíveis de fornecer matéria a outros conceitos; de modo que o inacabamento interno do conceito não teria fiador fora do indivíduo no todo de que o indivíduo é um fragmento. Aplicando-se igualmente todos os conceitos à massa ao mesmo tempo una e contínua do concreto, e cessando de se combinarem em grupos heterogêneos, confundir-se-iam novamente na unidade do ser de onde o ser finito pôde tirá-los constituindo uma experiência adaptada e proporcionada a suas faculdades. É então porque o conceito traduz somente um aspecto do indivíduo, e porque o indivíduo por sua vez não é senão uma parte do universo, que o conceito, para guardar sua infinidade, deve aplicar-se a uma multiplicidade indefinida de indivíduos, que devem mostrar, todavia, que não se confundem com o todo graças ao próprio intervalo que os separa. No entanto, é ainda necessária uma *segunda* condição para que a noção de classe se constitua; é preciso, com efeito, que esses indivíduos separados uns dos outros, aos quais o mesmo conceito se aplica, sejam eles mesmos diferentes: sem o que não seria indispensável que houvesse muitos; e é preciso que haja muitos não somente, como pensava Platão, para que a perfeição do modelo seja imitada e em certa medida aproximada por essa série de esboços imperfeitos calcando sobre ele suas formas individuais, mas para que a limitação interna do conceito e sua ligação com o todo recebam um testemunho na diversidade dos seres que ele contribui para formar por sua combinação sem cessar renovada com todos os outros aspectos do ser.

Isso demonstra que os caracteres distinguidos pela análise não podem ser isolados uns dos outros guardando a existência; não é somente a impessoalidade e a generalidade que eles recebem, uma vez que se retiram do termo em que se descobriram para aplicá-los a outros, é sobretudo a impossibilidade em que estamos de não uni-los entre si numa sistematização mútua uma vez que queiramos ou fixar a cada um deles pelo pensamento uma função que o torne inteligível, ou, o que sem dúvida dá no mesmo, articulá-lo no interior do real.

É claro, com efeito, que a cor não é um caráter suscetível de ser posto anteriormente a tal cor: mas tal cor, por seu contraste com todas as outras, implica todas. Assim, à cor abstrata que as cores particulares viessem colorir, pois ela teria o nome de cor sem ter dela a coloração, opomos a ideia de uma totalidade concreta do colorido de que cada matiz original viria manifestar um aspecto ao mesmo tempo distinto e solidário de todos os outros. Do mesmo modo, o mamífero não é um vertebrado a que se acrescentou o caráter de aleitar os filhotes. Pois, se não se encontram vértebras senão no mamífero, no réptil, no batráquio, no peixe ou no pássaro, é porque a presença das vértebras requer certas propriedades que, apesar de não se darem ao mesmo tempo, são correlativas umas às outras, fora das quais o tipo do vertebrado não teria realidade, e cuja totalidade exprime a riqueza concreta desse tipo. Cada espécie de vertebrado não revelaria então senão um aspecto dessa riqueza e suporia a existência de todas as outras espécies pelas quais todos os aspectos do mesmo tipo receberiam uma forma manifesta.

Chegar-se-ia assim, seguindo uma via inversa àquela em que implica o pensamento abstrato, a olhar como cada vez mais próximos do ser total e concreto os termos aparentemente cada vez mais gerais que compreendem em si indivíduos cada vez mais numerosos: pois os indivíduos de que se trata, sendo embora indivíduos reais se os consideramos com a totalidade de seus caracteres, limitam a essência que eles exprimem, em lugar de acrescentá-la uma vez que são opostos uns aos outros. A compreensão e a extensão variariam então em razão direta uma da outra, e a lei do todo se encontraria nas partes; a espécie e o gênero teriam infinitamente mais propriedades que o indivíduo; as propriedades que se excluem nos indivíduos de uma mesma espécie, ou nas espécies de um mesmo gênero, entrariam, no entanto, numa correspondência ou numa simetria cujas essências concretas, correlativas da espécie ou do gênero, fundamentam a necessidade interna. Cada uma dessas essências conteria em si a raiz comum de todas as propriedades que viriam se abrir em seguida em vários ramos: tal raiz comum é o contrário da generalidade abstrata que se obtém pela eliminação dos caracteres diferentes e não pela volta a uma potência primitiva e não dividida de onde eles brotam e que não cessa de fecundá-los. Como, pouco a pouco, essas propriedades não adquirem sentido senão na medida em que se respondem opondo-se, é preciso, evidentemente, que encontrem todas, ao final, sua justificação na unidade do mesmo ser.

Com respeito a ele, é o indivíduo que é um abstrato, como já era um abstrato com respeito à consciência que tinha feito dele um termo distinto dela e exterior a ela. Mas a escala da abstração deve ser invertida segundo se constitua com respeito à totalidade do ser em ato, ou com respeito à consciência, que é a totalidade do ser em potência. Por um lado, o indivíduo sem dúvida é o feixe de todas as qualidades isoladas pela análise e divididas na compreensão de todos os gêneros subordinados uns aos outros; como tal, é um elemento do universo real, já implicado, é verdade, pela consciência no mundo anônimo do pensamento conceitual, mas que permanece aderente ao ser concreto, onde ele ocupa um lugar único e de que manifesta um aspecto determinado: ele não é, portanto, senão uma peça particular do universo, que porém o exprime inteiramente porque é solidária a todas as outras. Por outro lado, estas formam, juntando-se a ele segundo uma ordem regrada, a essência mais rica e mais concreta dos diferentes gêneros: desse modo, o gênero que agora mesmo era um abstrato com respeito ao indivíduo, já não aparece como tal senão com respeito ao ser pleno e perfeito de onde sua essência é tirada; mas é também à sua maneira um indivíduo cujos membros dispersos são os seres particulares, e que, em outro sentido, é pois menos abstrato que eles.

Art. 11: A consideração da essência concreta, tanto quanto a do todo, fundamenta uma relação de proporcionalidade direta entre a extensão e a compreensão.

Não há senão o todo e o indivíduo, na medida em que este é ao mesmo tempo uma parte concreta e uma imagem do todo, que sejam sem lacunas. Sem dúvida os seres vivos, conquanto distantes uns dos outros no espaço, se apoiam ainda uns aos outros, seja diretamente, seja indiretamente pela geração; mas é preciso que se afastem no espaço para tornar-se independentes uns com respeito aos outros e para que cada um deles represente o todo à sua maneira: e é por esse afastamento com respeito até a seus pais que eles destacam deles sua própria individualidade. Com mais forte razão os corpos brutos, tendo ou não a mesma origem, não podem afirmar seus caracteres próprios senão com a condição de contrastar com os corpos vizinhos, e até de se encontrar no meio dos mais diferentes corpos.

Se essa forma de individualidade, mais vasta que o ser particular, constituída pelo gênero ou pela espécie, apresenta um caráter de lacuna, é para que a independência do ser particular seja salvaguardada; e, se é preciso que na espécie ou no gênero haja uma multiplicidade de indivíduos que, repetindo o mesmo tipo, não exprimam, todavia, senão um aspecto, é porque, se não fosse assim, isto é, se o tipo não se realizasse senão por um só indivíduo, esse indivíduo, que teria ainda seus limites próprios em face do todo de que faz parte, já não os teria em face de si mesmo e seria incapaz de qualquer desenvolvimento na duração, pois de imediato ele teria atingido seu ponto de perfeição. Essa é a razão por que os teólogos discutiram para saber se entre os espíritos puros, isto é, nos coros dos anjos, não seria preciso atribuir a cada espécie um só indivíduo que realizasse toda a sua essência. Percebemos então aqui a verdadeira função do tempo, que é o preço do caráter imperfeito e limitado das criaturas e que as obriga, para ser, a se fazer, isto é, a se tornar seu próprio ser.

Assim a teoria das classes encontra seu fundamento: considerando cada classe como um fragmento do todo e aplicando-lhe o que dissemos do indivíduo, compreende-se como as diferentes classes podem estar contidas umas nas outras. Mas então, à medida que a extensão das classes cresce, sua compreensão cresce também, pois essa compreensão, em vez de reter somente por abstração o caráter comum a toda classe e que, enquanto comum, é propriamente inexistente, conterá em si a totalidade concreta dos caracteres de que cada indivíduo não realiza senão uma parte.

Desse modo, prosseguindo a operação que descrevemos, encontraremos o próprio ser no interior do qual tínhamos distinguido todos esses indivíduos e todas essas classes; de fato, jamais poderemos obtê-lo na forma de uma soma, mas precisamente porque a soma era feita antes que os elementos que a compõem tivessem sido isolados e para que eles pudessem sê-lo. No entanto, a relação entre os indivíduos e as classes justifica os caracteres que tínhamos anteriormente atribuído ao ser, pois, uma vez que a riqueza do real cresce à medida que o olhar se estende, não se deve ficar surpreso se no ser absoluto a totalidade plena das qualidades coincide com a universalidade concreta.

Art. 12: *A distinção entre o conceito e a ideia permite explicar por que as relações entre a extensão e a compreensão podem ser interpretadas em dois sentidos opostos.*

O paradoxo aparente que consiste na possibilidade de considerar a extensão e a compreensão como crescendo de maneira inversa ou diretamente proporcional segundo se fixe o olhar no gênero abstrato ou na essência concreta, encontra uma expressão bastante clara na distinção entre o conceito e a ideia. Evitar-se-á então confundir *a passagem do indivíduo ao conceito* pela eliminação dos caracteres particulares que permita conservar somente esses caracteres comuns que respondem a uma operação idêntica de nosso espírito com *essa passagem da ideia ao indivíduo* que não se realiza senão por uma limitação tal que todos os indivíduos são chamados a colaborar para lhe restituir a plenitude. Vê-se bem pela oposição entre o conceito de homem e a ideia de homem. O conceito de homem é um esquema que o próprio de cada homem é precisamente preencher. Mas a ideia de homem é para cada homem um ideal que ele está muito longe de poder atingir; e esse ideal é ao mesmo tempo a fonte em que ele encontra essa própria atividade que lhe permite realizar alguns dos caracteres da natureza humana. Vê-se quão falso seria dizer que ela tem menos riqueza que o indivíduo que tem dela a própria potência que o faz ser, a posse do que ele tem e o desejo do que lhe falta. A ideia reúne em si na mesma sede todos os caracteres que recebem existência empírica em indivíduos separados; pois ela não retém deles senão sua positividade, ao passo que é a negação que é a origem da separação entre os indivíduos. Ela é o puro poder de produzi-los: por isso cada um desses caracteres não se apresenta nela senão de forma ativa e dinâmica, de modo que ela porta numa eficácia não dividida a pluralidade infinita das formas individuais que ele é capaz de receber.

Perguntar-se-á se não subsiste ao menos uma separação entre as ideias comparável à separação entre os indivíduos, já que cada uma é única em sua ordem, à maneira de um indivíduo. Mas a unicidade do indivíduo está fundada sobre as condições especiais e temporais que lhe permitem realizar-se, enquanto a unicidade da ideia está fundada sobre a abolição dessas condições. Todas as ideias não somente se requerem umas às outras, mas convergem umas para as outras na unidade plena do inteligível que é a própria unidade da inteligência em ato.

Mas a oposição entre o conceito e a ideia é muito mais profunda do que se pensa. E, se ela produz uma inversão na relação entre a extensão e a compreensão, não é somente para exprimir a dualidade da dialética ascendente e da dialética descendente: é porque o conceito não é senão o ato de uma consciência particular que tenta fazer coincidir suas próprias operações com a experiência do mundo, tal como lhes é dada, isto é, que se contenta com refazer o mundo em abstrato (ou tenta antes fundar nele sua possibilidade), enquanto a ideia é, nas próprias coisas, o princípio interno de onde procede o ato vivo pelo qual elas se fazem, e não um artifício destinado a nos permitir construí-las. Tal é a razão por que a ciência não se interessa senão pelo conceito e a arte pela ideia: a ciência pode até contentar-se com conceitos puramente convencionais, com a condição de que eles respondam ao próprio desígnio que tenhamos com respeito às coisas, enquanto a arte tenta sugerir a ideia, isto é, a forma criadora através da aparência que a representa. E ele busca sempre obter um encontro miraculoso entre o próprio ato pelo qual nós empreendemos reproduzi-las e o ato pelo qual elas se fazem.

Também as relações do conceito e da ideia com o sensível são muito diferentes. O conceito se define sobre o sensível, que permanece de certo modo exterior e heterogêneo: mas o sensível é uma matéria que resiste a ele, e sua ambição é eliminar. Quanto à ideia, ela engendra o sensível como o corpo em que ela se encarna, que exprime a eficácia de sua ação e a torna manifesta a todos os olhares. A dualidade do conceitual e do sensível é um efeito das próprias condições do conhecimento, da oposição entre um dado que se impõe a nós e uma operação que se aplica a ele e pela qual tentamos reduzi-lo. Mas essa dualidade, a ideia a supera, antes que ela venha aboli-la. Ela anima o sensível e é nele que se atualiza. O sensível traduz a impotência do conceito, o que lhe falta para ser, e a fecundidade da ideia, que a faz brotar e a multiplica.

Tal é a razão por que há uma ideia do ser, mas não conceito de ser, não podendo o conceito de ser ser senão o gênero mais abstrato, que, como se viu, já não pode ser distinguido do nada, enquanto a ideia do ser é o próprio ser considerado em sua virtude geradora. E tal é a razão pela qual, mesmo se se evita a confusão entre ideia e conceito, nenhuma ideia particular, qualquer que seja sua preeminência com respeito ao indivíduo que a encarna, é capaz de subsistir isoladamente. É a ideia do ser que a sustenta na existência: pois essa ideia é a única que pode pôr imediatamente o ser que lhe é próprio e que, obrigando-nos a dissociar em toda e qualquer parte o ser de sua ideia, torna possível a passagem de um a outro por um ato de participação.

F. Dualidade da consciência ou ruptura do ser puro

Art. 13: *O ser puro realiza uma perfeita interioridade a si mesmo que funda, com a própria existência de minha consciência, a correspondência entre o conceitual e o sensível em todos os atos que ela cumpre.*

A identificação do todo com um indivíduo, mas com um indivíduo que, compreendendo todos os outros, não se opõe a nenhum deles senão por sua própria totalidade – e como nosso corpo se opõe a nossos membros – nos constrange a lhe atribuir um caráter de perfeita interioridade. Mas, sendo rigorosamente interior a si mesmo, nada poderá aparecer-lhe como exterior, nem tomar para ele o caráter de uma coisa. Não será por sua vez ele mesmo exterior a nada e não poderá ser uma coisa para ninguém. Tal é a razão pela qual nós mesmos não pudemos encontrar o concreto senão na intimidade de nossa própria consciência. O ser não pode, pois, ser percebido senão como a intimidade total ou como um eu universal. É esse eu universal que funda e que nutre a realidade do eu individual, e, como meu corpo supõe a presença do espaço em que ele se circunscreve e que suporta toda a sua realidade, o eu individual reconhece sua solidariedade com um eu mais vasto que lhe permanece sempre presente, que se pode definir como a inteligibilidade perfeita e que é semelhante a uma luz que me ilumina, mas que se manifesta também nos limites estreitos do eu em forma de um calor a que dou o nome de sentimento. A distinção entre o corpo e o espírito é uma expressão de meus limites; mas nem como corpo nem como espírito posso opor-me ao universo, não posso senão distinguir nele minha natureza própria; e, descobrindo minha própria intimidade, descubro a própria intimidade do ser à qual estou unido e que minha participação não pode dividir nem esgotar.

A aproximação no seio da intimidade entre o ser particular e o ser universal poderia servir para justificar por uma experiência concreta os caracteres de universalidade e de univocidade que antes nós tínhamos atribuído ao ser.

Ademais, permitirá dar à crítica que fizemos das operações do pensamento abstrato uma espécie de contrapartida. Pois a operação não é abstrata senão com respeito às formas sensíveis do ser, enquanto exprime, como operação, uma participação na intimidade concreta do ser puro. Já mostramos que cada ideia responde a uma potência particular do sujeito: mas essa potência não é arbitrária, se tem sua fonte na interioridade do ser em si mesmo. Deve-se acabar agora de realizar a inversão na escala da abstração que é o objeto próprio deste artigo, olhando o ato puro como ao tipo perfeito do concreto e o sensível como à sua expressão dividida. A consciência move-se entre essas duas extremidades; tenta uni-las, e, por não exercer o ato em sua plenitude, sucede que o renega confundindo o ser com o obstáculo em que ela mede os próprios limites de sua potência individual.

É preciso dizer então que ela procede pelo empobrecimento gradual do ser concreto prosseguido até essa exaustão de toda qualidade que deveria fornecer-nos a ideia pura do ser, mas de um ser paradoxalmente desprovido de realidade, e que não poderia encontrá-la de volta senão graças a uma série de operações sintéticas cumpridas num tempo lógico, com a ajuda de elementos anônimos e descoloridos que uma análise prévia nos teria permitido isolar. Já sabemos que essa análise não saberia onde se apoiar, que ela não teria nenhuma razão de separar uns dos outros os diferentes caracteres do real, se não pudesse confrontar cada um deles com uma das potências de nossa natureza. Notou-se muito frequentemente que a descoberta do geral parece corresponder a certa constância de nossas reações com respeito à diversidade dos objetos. Mas a conclusão que se tira daí, a saber, que o conhecimento intelectual possui um caráter de imperfeição e de grosseria, e que ele não capta no real senão o desenho esquematizado de nossos movimentos mais familiares, está infinitamente afastada da que quereríamos sugerir. Cremos, com efeito, que, se as qualidades que tentamos extrair do real já não têm senão um caráter abstrato e nominal, quando se quer fazer delas uma aplicação fora do ser particular em que as observamos (de modo que a associação que vai do semelhante ao semelhante é efeito de nossa ignorância e não de nossa ciência), em contrapartida as operações que o espírito cumpre em contato com o real têm um caráter singularmente concreto e vivo: sua intimidade e o próprio fato de que elas sejam atos que se efetuam e não imagens que se representam bastam para provar que há em sua fonte uma perfeição e uma suficiência que a ideia do sensível, isto é, do dado, é incapaz de atingir. Essas operações são os meios pelos quais o finito e o infinito se comunicam: mas tais meios têm um alcance objetivo; são o único aspecto inteligível da natureza; representam o que há nela de universal.

Não é preciso se esforçar para provar a correspondência necessária entre o racional e o real: isso nos obrigaria a uma tarefa impossível, após ter posto uma razão cuja origem se ignora, pois ela seria ao menos de direito estranha ao real, e seria necessário defini-la como uma inteligibilidade pura que não seria ainda a inteligibilidade de nada, mostrar sua concordância com uma realidade que, se não confere o ser a essa razão engendrando-a em si como a uma luz (que, uma vez nascida, a penetra em todas as suas partes), deve permanecer-lhe decisivamente heterogênea e impermeável. Mas, em nossa concepção, o ser é posto anteriormente à razão, e por uma operação cuja necessidade condicional a razão percebe, sem ser ela que a cumpre: ela pois se apaga diante de uma intuição que permite inscrevê-la, ela mesma, no real e valida sua competência objetiva. Pois a razão tem necessidade de ser deduzida e é de fato deduzindo-se a si mesma que ela constitui e justifica ao mesmo tempo sua própria natureza. De fato, ela exprime pelos princípios que a dirigem e pelas ideias que ela concebe a possibilidade para todo ser finito em geral de entrar em relação com o ser puro graças a certos meios definidos, assim como o sensível, pela variedade das formas que assume, exprime a possibilidade para todo ser finito particular de prosseguir a aplicação destes meios até o momento em que, num contato original com o concreto, ele chamará ao mesmo tempo à existência sua individualidade subjetiva e o espetáculo empírico que a natureza lhe oferece. Desse modo, compreender-se-á sem dificuldade, pois não se pode ser um ser finito sem se tornar tal ser finito, como a razão e o sensível entram em acordo, e como a razão penetra incessantemente o sensível sem chegar a esgotá-lo.

Assim como o sensível exprime a totalidade do ser, mas de forma passiva e em sua relação com tal sujeito finito que não pode captá-lo senão como um dado com que não se identifica, assim também o ato intelectual exprime uma participação de todo sujeito na própria interioridade do ser. Mas essa participação deve ser total, em virtude da univocidade deste; e, no entanto, o sujeito não pode manter seus limites senão com a condição de envolver o todo somente em potência: ou seja, o ato intelectual terá de se aplicar ao sensível e não coincidirá com ele, ou não esgotará sua natureza, sem ser considerado em si mesmo e já não em sua refração através de tal sujeito finito. Disso resulta que cada ato, em vez de responder a certas exigências de nossa natureza própria erigidas em absoluto, e com as quais os caracteres do real não poderiam concordar senão de maneira aproximativa e fortuita, exprime uma parte da essência das coisas; há entre elas e nosso espírito uma compenetração interior fundada não numa misteriosa harmonia entre esses dois termos, não numa legislação imposta pelo espírito a uma matéria estranha, mas na impossibilidade para o espírito de ser de outro modo senão por um ato e de constituir sua natureza de outro modo senão por uma participação no ser sem condição.

Art. 14: A oposição entre a extensão e a compreensão aparece graças à ruptura de um ato espiritual único em que todas as operações da consciência têm sua origem comum.

Se nosso espírito fosse capaz de se elevar até o ato puro, saberia encerrar numa unidade intemporal a riqueza infinita do real. O real não se ofereceria jamais a ele em forma de dado sensível; e, em lugar de dizer que o espírito seria reduzido a uma potência indeterminada de conhecer até o momento em que viesse a se aplicar a esse dado, seria necessário dizer que, como acontece nos momentos felizes em que gozamos da plenitude de nossa atividade interior, ele sentiria produzir-se em si uma espécie de declínio se fosse necessário que sua operação, já não se bastando a si mesma, viesse consumir-se na apreensão de um objeto: esta introduziria nele uma dualidade, uma passividade com respeito a si mesmo que tornaria o criador vassalo de sua própria criação.

Não obstante, conquanto nosso entendimento finito não possa separar-se do sensível, não se dirá que ele retém somente do ato puro a que está unido e que anima todas suas *démarches* um simples impulso ao mesmo tempo geral, impreciso e condenado a permanecer sem fecundidade nem eficácia até que entre em relação com os objetos particulares cujos contornos fixa, e que lhe darão seu caráter de acabamento e sua objetividade. Pois, se o ato intelectual parece chegar assim a esquemas cada vez mais complexos e que o aproximam por graus da imagem individual, não se deve crer que enriqueça por isso sua própria essência: é unicamente a imagem que recebe nesta operação um aperfeiçoamento; a inteligibilidade a penetra. Mas quando a luz ilumina os objetos particulares, quando desenha seus contornos, quando faz aparecer seus relevos e se insinua em suas dobras, não adquire por isso mais potência nem mais brilho; não acrescenta nada de novo à sua irradiação. Muito pelo contrário, é preciso dizer que o divide; põe-no ao alcance de nosso olhar, que não poderia sustentá-lo se ela não o difundisse na obscuridade a fim de separar, no seio desta, essas formas opacas que não aparecem na luz senão porque não se deixam atravessar por ela, esses traços de sombra que modelam os objetos porque formam tantos diques miúdos entre os quais um fluxo tão sutil escorre e se divide. Opondo um obstáculo à luz, o próprio objeto sensível é iluminado. É da mesma maneira que o ato intelectual, uma vez que se aplica aos corpos materiais, que não têm sentido senão para exprimir nossos limites e nos apresentar o mundo como um conjunto de dados, deve diversificar-se e resolver-se numa multiplicidade de conceitos que são como a face que todos esses corpos oferecem à luz. Consentimos facilmente em reconhecer o progresso realizado pelo sensível quando ele se deixa assim penetrar e envolver por ela: pois então o mundo da experiência, tal como se apropriou de nossa natureza limitada, revela suas articulações e seu caráter sistemático, isto é, sua ligação com o princípio que o faz nascer. Como nossa experiência, permanecendo a de um ser finito, seria independente da inteligibilidade total, a única que pode dar conta da maneira como a forma se une à matéria, uma vez que uma matéria apareça para que o mundo possa ser dado a uma consciência?

Os gêneros não são termos primeiros que nos bastaria contar e que seriam a condição inicial de todo conhecimento: é preciso deduzi-los, e eles exprimem as leis segundo as quais se efetua a comunicação entre a parte e o todo em que ele está colocado. Não produzem senão uma inteligibilidade imperfeita e dividida, e não se pode lhes dar um sentido senão estabelecendo-se antes de tudo nesse ato sem passividade, repleto e completo em si mesmo, independente do tempo porque não pode sofrer nenhum crescimento, o princípio interior do ser e fundamento de sua unidade, sempre presente por uma espécie de graça fácil, exclusiva de todo esforço, e que basta sentir operar em nós para descobrir com o sentido de nossa própria vida o elemento de inteligibilidade que encerram as coisas particulares. Em outras palavras, é preciso passar da ordem intelectual à ordem espiritual para que os próprios atos intelectuais testemunhem sua realidade ao mesmo tempo concreta e suficiente. Ou antes, é quando a ordem intelectual se destaca da ordem espiritual opondo-se ao sensível, e para recobrir este, que perde seu alcance ontológico, que se torna abstrato, e parece complicar-se e enriquecer-se no momento em que limita seu campo de aplicação para chegar por graus a se confundir com o sensível.

Assim, se a função intelectual é levada à sua fonte, percebe-se então que é envolvendo o sensível que ela o eleva até o ser, em vez de ter necessidade de adquirir o ser descendo para o sensível. É que o ser puro não se distingue da inteligibilidade total; os seres particulares estão presentes nele sem fracionar sua unidade; sua compreensão é infinitamente mais rica que a destes; ou melhor, a compreensão deles supõe a dele, que ela não limita senão isolando arbitrariamente um indivíduo de todos os outros; mas a multiplicidade dos indivíduos é o preço dessa limitação. Assim, a extensão e a compreensão são duas noções que se opõem e se tornam correlativas uma vez que a unidade do ser é rompida. No ser puro se identificam: é um indivíduo infinito, isto é, o único termo que é realmente um indivíduo, e que não se pode dividir em partes separadas, porque essas partes deveriam continuar necessariamente a ser encerradas sem nenhum intervalo no interior de sua substância. E, quando nele se distinguem gêneros, pode-se, fixando os olhos nos indivíduos particulares, fazer desses gêneros abstrações tão mais vazias quanto mais se aproximam do ser puro, ou, observando que os seres particulares não são senão formas limitadas e solidárias do ser total, fazer deles operações reais que participam do poder pelo qual o todo dá o ser às partes que o formam, intermediárias e medianeiras entre o ser e os aspectos que ele assume, e que, impedindo estes de cair ao nível de puros dados, lhes asseguram ainda a inteligibilidade, a significação interior e a vida.

5. Do juízo de existência

A. O ser e a relação

***Art. primeiro**: Todos os termos do pensamento são objeto de um juízo de existência idêntico na forma e que não difere senão por seu conteúdo.*

Se o ato da inteligência consiste essencialmente no juízo, não captaremos plenamente a originalidade do ser com respeito às suas determinações particulares senão analisando a natureza do juízo de existência. Ora, o que nos assombra antes de tudo é que todos os termos do pensamento *devem ser* objeto de um juízo de existência, e até de um juízo de existência idêntico na forma. Não há senão o nada de que se possa dizer que não é. Mas todos os outros juízos negativos são juízos positivos dissimulados. Pois dizer de um termo que ele não é, é dizer que ele não é tal qual se imagina, e por conseguinte, que ele é outro. Sou convidado a reformar e a precisar a definição que dou somente a fim de torná-la mais adequada.

A esse respeito, a maneira como o passado e o futuro se opõem ao presente é uma primeira fonte de confusão. Quando digo de um termo que "ele já não é", isso quer dizer que não é meu contemporâneo, mas que é inseparável em minha memória de tal período do passado, e que sua imagem é atualmente presente em meu pensamento. Quando digo de um termo que "ele ainda não é", isso quer dizer que não pode ser objeto de nenhuma percepção atual, conquanto eu associe atualmente sua ideia em minha consciência com a de um futuro próximo. Assim, essas fórmulas exprimem que tais termos participam do ser no presente, se se consideram suas ideias, e em outro período do tempo, se se consideram suas formas sensíveis.

Se tomarmos outros exemplos de juízos em que a existência parece excluída, veremos que seu objeto é sempre substituir uma forma de existência por outra. Dizer que as ilusões de nossos sonhos não existem é dizer que não existem senão como imagens, e que não devemos tomá-las por percepções. Dizer até que o círculo quadrado não existe é dizer que as duas ideias, a de círculo e a de quadrado, existem separadamente e que a consciência não pode fundi-las numa síntese.

Enfim, dizer de um termo que ele é possível é atribuir-lhe uma existência no pensamento e já não na experiência objetiva, conquanto ele possa adquirir esta entrando em concorrência com outros termos possíveis, ora postos por um pensamento distinto, ora envoltos num pensamento global, mas de onde a análise poderá fazê-los surgir.

Encontramos aqui os dois caracteres de universalidade e de univocidade pelos quais definimos o ser no primeiro livro: a univocidade é expressa pela identidade de forma do juízo de existência, qualquer que seja o objeto a que ele é aplicado, e a universalidade pela necessidade em que estamos, com a condição de bem determinar seu conteúdo, de lhe dar por conteúdo todo objeto possível do pensamento.

Art. 2: A relação, que é a condição de todo juízo, não nos dá a ilusão de engendrar o ser senão porque foi inscrita nele antes de tudo.

Não se pode identificar uma forma de existência senão graças à relação. Com efeito, se se considera essa forma isoladamente, é evidente que ela faz parte do ser de alguma maneira: mas nosso espírito não tem comando sobre ela; ele é incapaz de reconhecer sua natureza própria; não pode consegui-lo senão pela análise, que começa por opô-la a todas as outras dizendo o que ela não é, e que não pode dizer o que ela é senão com a condição de distinguir nela ao menos dois elementos e reuni-los por uma relação.

Observa-se ainda: 1º que distinguir ou opor dois termos no mesmo todo já é uni-los por uma relação, pois essa distinção e essa oposição os envolvem a um e a outro numa única e mesma comparação; e 2º que há uma relação de cada coisa com todas as outras que é constitutiva de sua natureza e de que a relação de seus elementos entre si não é sem dúvida senão a réplica.

Assim, enquanto o objeto, anteriormente à análise, não envolvia verdade nem erro, enquanto ele permanecia para o espírito um puro dado cuja presença se constatava sem pensá-la, a relação nos permite tomar posse dela; ela implica uma afirmação que versa sobre a coexistência empírica ou sobre a solidariedade lógica de dois termos, e como o espírito, uma vez que dispõe de vários termos, se torna capaz de combiná-los de diferentes maneiras, acontece que algumas dessas combinações se ferem, sem que ele duvide de um desmentido da experiência ou de uma impossibilidade racional (deixando de lado a questão de saber se toda síntese empírica não dissimula uma síntese intelectual demasiado sutil e complexa para que possamos efetuá-la). É então que o erro se produz.

A partir do momento em que se distinguiram no real, para tornar-se senhor dele pelo pensamento, elementos que eram dados ao mesmo tempo, torna-se impossível seja associar esses elementos, o que nos permitirá reconstituir o real por operações cujo sentido se poderá doravante compreender e cuja aplicação se poderá verificar, seja distribuir os seres particulares em classes que se terão definido pela presença, em cada um dos indivíduos que a formam, seja de um destes elementos isolados, seja de certo conjunto desses elementos reunidos de maneira mais ou menos feliz.

Desse modo, a relação mostra como o conceito e o juízo são inseparáveis. O conceito é uma solidificação do juízo, enquanto o juízo é o ato interior que a destaca e que não cessa de sustentá-la. Daí a considerar o juízo, e mais particularmente a relação que é a forma comum de todos os juízos, como o princípio gerador de todo o real, não há mais que um passo. Levantar-se-á o senso comum contra tal pretensão, arguindo que toda relação supõe termos que lhe são anteriores e fora dos quais ela não poderia ser pensada? Não se terá dificuldade para responder que esses próprios termos não podem ser compreendidos senão com a condição de ser envoltos por sua vez em novas relações. Dizer que se entra assim num progresso que chega ao infinito é reconhecer que a relação é ela mesma um absoluto, além do qual não se remonta, e cuja dialética nos permitirá fazer sair, graças a uma série de *démarches* em que a relação será alternadamente oposta e vinculada a si mesma, a sequência de termos que nos levam ao concreto.[1]

De ser, porém, impossível determinar a natureza das coisas particulares de outra maneira que as fazendo entrar em relações não se segue de modo algum que a relação se baste a si mesma. Longe de se substituir ao ser e de torná-lo inútil, ela o supõe e tem dele toda a eficácia que se lhe empresta. Passa-se rapidamente, sem dúvida, pela oposição que se julga ela é capaz de resolver entre os dois termos igualmente indeterminados de ser e de nada. No entanto, é-se obrigado a reconhecer, por um lado, que o nada não pode ser posto por nenhum artifício nem anteriormente à relação, nem no seio da relação que ele destruiria se se tornasse um elemento, e, por outro, que o ser, uma vez pensado, exige que se inscreva nele todo o restante, incluída a própria relação. A relação exprime sem

---

[1] Reconhece-se aqui o método de Hamelin, que, da própria indeterminação da relação, pretende derivar todas as suas especificações e consequentemente os próprios termos que a determinam.

dúvida o movimento mais simples que podemos atribuir a um espírito finito quando ele analisa o real; mas querer reduzir tudo a isso é esquecer que implicitamente começamos por conceder o ser ao espírito, à sua operação e até a um objeto infinitamente vasto de que essa se destacou e a que ela se aplica, mas sem pretender esgotá-lo. Assim, a fecundidade que se descobre na relação é emprestada e não primitiva. E o conhecimento não tem competência certa com respeito ao ser senão porque somos obrigados a lhe conferir o ser, desde sua primeira *démarche.*

Art. 3: Uma relação entre termos particulares é o único meio de que o ser dispõe para pensar o todo distinguindo-se dele.

As observações precedentes permitem-nos compreender a significação ontológica do juízo. Nosso pensamento, no momento em que se estabelece no ser, distingue-se dele tomando consciência de si mesmo como de um ser ao mesmo tempo determinante e determinado. Assim, o ser que o supera não pode ser, como se crê, vazio e desprovido de sentido: a univocidade bastaria para provar o contrário; pois a originalidade dessa forma de ser que chamamos nosso pensamento é precisamente ser a manifestação em nós e a revelação desse ser total que não cessa de sustentá-la e de alimentá-la; mas ela o envolve somente em potência, de modo que não poderia exercer-se senão com a condição de se implicar um movimento indefinido; ela passará sem cessar de um termo ao outro, mas esse segundo termo, enquanto não se tinha ainda atingido, podia aparecer como puro nada: era um aspecto do ser com que não tínhamos contato ainda. É tão difícil explicar como nosso pensamento, se não está situado num ser maior a que tenta unir-se, pode experimentar um sentimento de insatisfação, receber uma sacudidela que lhe permita fazer frutificar suas potências e fazer crescer sua riqueza interior, quanto é fácil dar-lhe esse movimento pelo qual, descobrindo sem cessar novas formas de ser, ele alimenta e constitui pouco a pouco sua natureza própria, quando se aceita inscrever antes de tudo o sujeito no todo, em vez de querer contraditoriamente fazer jorrar o todo da atividade de um sujeito que faz parte dele.

Uma vez que é impossível ao pensamento jamais sair de si mesmo, havemos de ter a ilusão, nesse crescimento sem limites de nossos conhecimentos, de tirar de nosso próprio fundo todas essas riquezas que vêm emergir sucessivamente à luz de nossa consciência. É a observação que conduziu Platão à teoria da reminiscência, e Leibniz à passagem contínua, no interior de uma mesma mônada, das percepções confusas às percepções distintas. Mas a necessidade em que se está então de estabelecer uma linha de demarcação entre conhecimentos em potência e conhecimentos atualizados deve receber uma interpretação; e nós não vemos outra, a menos seja preciso admitir ao mesmo tempo uma identidade de natureza e uma aderência impossível de romper entre o ser finito e o ser total, além dessa espécie de circulação do primeiro no interior do segundo, ao longo da qual nossa consciência não cessa de se dilatar e de receber em si uma luz cada vez mais viva.

A mesma distinção que faz um pensamento entre seu ser próprio e o todo no interior de que ele está colocado e que ele tenta compreender deve se encontrar no interior de sua própria operação, uma vez que ela se exerça, caso contrário esta não penetraria no interior do todo e não indicaria para nós nenhum crescimento. Para que nosso pensamento permaneça um pensamento finito, é preciso que tente estender esse todo, o que porém não consegue jamais: pois de outro modo ele se confundiria com ele. Cada operação do pensamento consistirá então numa transição de um termo particular a outro termo particular; sucede apenas, todavia, que, como essa transição é efetuada por um pensamento cuja unidade interna é uma figura do todo a que ele deve o ser que o sustenta e que o anima, daí resulta que a distinção que devemos fazer entre estes dois termos diferentes, no momento de passar de um a outro, requer uma síntese pela qual afirmemos a relação que os une. A relação exprime precisamente essa distinção entre os termos que é a condição e o meio de sua união pelo pensamento, a qual por sua vez é, por assim dizer, a atestação de sua união no mesmo todo. Assim, em sua forma primeira, a relação não pode ser um laço entre o ser e o nada, mas unicamente entre a consciência e o todo que ela envolve e em que ela se inscreve: tal é a participação tomada em toda a sua generalidade; mas em sua aplicação discursiva é um laço entre dois aspectos do ser, entre a parte que acabamos de captar e a que compreendemos, seja que esta nos apareça como inseparável da primeira de outro modo que pelo pensamento, seja que através de sua correlação sua dualidade permaneça incompreensível no interior de nossa própria experiência.

É necessário, no entanto, um *tempo lógico* para que o juízo possa conceber dois termos simultaneamente como distintos e como unidos. Ora, esse tempo lógico exprime a maneira como a unidade de nosso pensamento supera sem aboli-la uma sucessão de percepções cuja razão nós descobrimos. A sucessão fornece-nos uma espécie de ilusão subjetiva que evoca a passagem do nada ao ser; mas os termos sucessivos e o próprio tempo em que a sucessão se produz pertencem igualmente ao ser. Não somente o nada de cada um deles é sempre o ser de outro; mas ainda o termo de que se distancia minha atenção presente, no momento em que lhe associa um termo novo, é ainda retida na memória; esse termo novo, já o chamo e o imagino por uma espécie de exigência que se encontra no primeiro e que o impede de subsistir sozinho: e o pensamento atual do laço que os une é o sinal de sua permanência comum no interior do ser total de onde foram destacados um do outro.

Se a relação é a forma de conhecimento própria de todas as coisas particulares, ou se, em outros termos, não se pode conhecer um objeto senão distinguindo nele várias propriedades constitutivas, ou determinando seu lugar em relação a qualquer outro objeto, há pois abuso em querer considerar a relação como um princípio gerador com respeito ao todo, uma vez que a relação supõe a existência do todo em que, após ter reconhecido elementos, se tem de mostrar como eles se articulam, remediando de algum modo sua insuficiência mediante o apoio mútuo que eles não cessam de se dar. Não obstante, a insuficiência de cada termo tem por contrapartida a suficiência perfeita do todo e, fazendo da relação um termo primeiro de que todos os outros derivam, não só se generaliza ilegitimamente aplicando ao todo a condição de possibilidade da parte como tal, mas ainda se eleva contraditoriamente até o absoluto a própria ideia de insuficiência, como se a insuficiência pudesse ser sentida de outro modo que por seu contraste com a suficiência cuja ideia ela traz em si, como se ela pudesse ser preenchida de outra maneira além de sua participação numa suficiência real que a sustenta, faz nascer nela o desejo e lhe fornece indefinidamente a matéria de seu crescimento.

Ademais, a partir do momento em que um sujeito finito insere no todo a consciência de si mesmo, isto é, a consciência de seus próprios limites, não poderá abarcar o todo por uma visão subjetiva senão com a condição de romper sua unidade, à falta de que ele não poderia distinguir-se do todo nem distinguir-se dos outros sujeitos finitos. A multiplicidade das qualidades ou dos objetos particulares não é portanto em cada consciência senão a forma visível sob a qual o universo deve necessariamente apresentar-se aos olhos de um ser que faz parte dele mas não se identifica com ele.

Esse ser, contudo, precisamente porque que é inseparável do ser total e traz em si a indivisibilidade de sua essência, se obriga em cada um de suas *démarches* a restabelecer a unidade desta assim que é rompida. E essa é a razão por que nenhum dos termos distinguidos pela análise pode subsistir isoladamente: afirmar uma relação entre dois termos não é incluir as duas num conjunto definido por ela, é subtender a cada um deles e à própria relação a unidade total do ser cuja presença cada modo particular reclama (segundo uma ordem regrada que tende sempre a se encerrar em si mesma, como se, tornando-se uma imagem do todo, pudesse pretender uma suficiência própria), antes de tudo dos modos mais vizinhos e pouco a pouco de todos os outros. Assim, o todo tende a se constituir na forma de uma infinidade de sistemas que se envolvem uns aos outros, mas de tal maneira que a relação que os engendra traz sempre consigo a própria presença do todo e a impossibilidade de igualá-lo.

B. O juízo de inerência e o juízo de relação

Art. 4: O juízo de inerência exprime a função analítica de todo pensamento finito.

Distinguem-se habitualmente os juízos de inerência dos juízos de relação, se bem que a inerência seja, ela mesma, uma relação. Por outro lado, é porque se considera justamente a inerência como a mais simples das relações que se quis reduzir à inerência todas as demais relações. Essa redução teve as mais graves consequências metafísicas, pois a distinção clássica entre a substância e suas qualidades não é senão uma objetivação da distinção lógica entre o sujeito e seus atributos. A multiplicidade e a variabilidade das qualidades que se podem atribuir ao mesmo sujeito conduzem a fazer do sujeito um termo independente, dotado simultaneamente de permanência e de unidade, e que suportaria as qualidades sem se confundir com elas; assim, como não se pode conhecer nada do sujeito além das qualidades, o sujeito tende a se tornar uma misteriosa entidade oculta atrás delas e cujo papel seria somente sustentá-las. A análise do juízo de inerência, junto a uma interpretação ontológica da diferença entre o sujeito e o atributo, havia de ter por última consequência a crença na existência de uma coisa em si, que toda filosofia intelectualista se esforça por eliminar, mas que se encontra implicitamente em todas as formas de idealismo: pois, se o idealismo transcendental apoia sobre a afirmação expressa da coisa em si a concepção de um mundo de aparências que não se distingue do mundo de nossos sonhos senão pela ligação mais perfeita de suas partes, subsiste até no idealismo absoluto uma lembrança da coisa em si, à qual nos referimos ainda quando se sustenta que o ser *não é senão* pensamento, em lugar de pôr o acento no ser, e mostrar que o pensamento, longe de limitá-lo, evoca, ao contrário, sua interioridade e sua suficiência plenas.

Todos os juízos de inerência têm de direito um caráter analítico. Sem dúvida, far-se--á observar que posso associar a uma ideia seja um caráter que, sem fazer parte de sua definição, é necessariamente posto simultaneamente a ela, seja uma qualidade que não coexiste com essa ideia senão acidental ou momentaneamente: e terei de haver-me no primeiro caso com uma síntese *a priori*, e no segundo com uma síntese empírica. Mas essas sínteses mostram somente como meu conhecimento se constitui: elas marcam o afastamento que separa o ser do conhecimento e têm por objeto remediar a incompletude deste, seja pela operação da razão, seja pelo testemunho dos sentidos. No entanto, o simples enunciado do juízo de inerência prova que ele exprime uma análise do ser, uma distinção entre o conhecimento que eu possuía dele e uma qualidade para a qual atualmente se volta minha atenção e que, isole-a eu nesse próprio conhecimento, ou a acrescente a ele, constitui algo uno com o objeto desse conhecimento e forma com ele e nele uma espécie de bloco ontologicamente indivisível. Se agora o sujeito do juízo de inerência, em vez de ser um conceito abstrato, rigorosamente delimitado pelo pensamento, e definido por esse próprio juízo, consiste num termo real e concreto e que se deve inscrever no interior do universo, ninguém duvida que se terão esgotado para sempre todas as qualidades que será possível atribuir-lhe. E essa infinidade de qualidades inclusa em cada sujeito é precisamente o sinal da onipresença do ser total.

Assim, o juízo de inerência atesta a presença total do ser em cada ponto: pois é um efeito da função analítica do pensamento, não somente pela separação que efetua entre o sujeito e seu atributo, mas pela própria constituição desse sujeito particular, que não é particular senão na perspectiva pela qual nosso conhecimento atual o considera, e que, uma vez que seja aprofundado, encerra em si a totalidade dos atributos.

Art. 5: O juízo de inerência é um juízo de relação indeterminada.

Antes de examinar a relação diferente que sustentam com o ser o sujeito, o atributo e a cópula, é necessário investigar se existe um juízo de relação de outra natureza que o juízo de inerência e que lhe seria irredutível. Não é difícil mostrar que seria falsear o verdadeiro caráter do juízo "A é a causa de B" ver na causa de B uma propriedade que se atribuísse a A. É evidente, com efeito, que a relação aqui é a própria causalidade e que A e B são os dois termos que ela une.

Mas pode-se mostrar por dois argumentos que a diferença entre a inerência e a relação é mais superficial do que parece. O *primeiro* desses argumentos consiste em descobrir na inerência uma relação indeterminada que requer seja aprofundada. Assim, quando digo que A é branco ou que é quente, não me limito, como se crê em geral, a admitir a existência de um suporte ainda sem qualidades e que a cor e o calor viriam recobrir: eu imagino duas espécies de relações de todo diferentes, por um lado a relação de A com o sentido visual, por outro sua relação com o sentido térmico. Se agora deixo ao juízo sua objetividade, tenho de me haver com duas novas relações bastante complexas de A com a luz, por um lado, e com a energia calorífica, por outro. O juízo de inerência traz então em si, de maneira confusa, juízos de relação muito diferentes; ele põe o sujeito no ponto de encontro de todas as relações e o analisa como propriedades distintas que não recebem todavia uma explicação senão das relações que as engendram.

O *segundo* argumento consiste em mostrar que, no juízo de relação, se põe o acento não na relação dos elementos com o todo indeterminado que os contém, mas na relação entre os elementos, dos quais se dá uma expressão precisa, de modo que o todo se torna então um sistema. Assim, passando do juízo de inerência ao juízo de relação, passamos de um conhecimento global e descritivo a um conhecimento explicativo e constitutivo. Não somente a análise é levada mais longe, mas substitui a simples enumeração dos elementos reunidos no mesmo ponto pela determinação do laço que os une.

Podemos apresentar as coisas se apresentar de outro modo: pois, no juízo de inerência, não temos de nos haver senão com um só termo, o sujeito, que se circunscreve no todo do universo a fim de reconhecer os elementos que o formam; enquanto causa e efeito, por exemplo, são dois termos separados e que ainda permanecem separados na relação que os une. Assim, parece que o juízo de inerência comporta duas operações que são, ambas, operações de análise: a primeira circunscreve o sujeito no todo, e a segunda nele distingue elementos. Quando se lhe dá um caráter sintético, é que se pensa que ele nos ensina a constituir o conceito de sujeito: uma vez constituído, o próprio juízo encontra seu caráter analítico. Mas não há senão o juízo de relação que, pondo antes de tudo os elementos separados que a análise lhe entregou, possa mostrar como eles se unem: isso mesmo basta para mostrar por que somente ele apresenta um caráter sintético.

Vê-se bem agora como é impossível penetrar a significação do juízo de inerência e dar-lhe uma forma rigorosa sem pôr a nu o juízo de relação que o envolve. E a indeterminação da relação de inerência aparece muito claramente se se pensa que ela se reduz quer à relação entre continente e conteúdo, quer à relação entre suporte e coisa suportada, isto é, nos dois casos a uma justaposição antes que a uma conexão real entre os dois termos.

De fato, todos os juízos de relação implicam, eles próprios, quer dois termos que estão justapostos no espaço, quer dois termos que se sucedem na duração: e todas as relações lógicas exprimem as diferentes maneiras como a justaposição ou a sucessão podem ser interpretadas ou produzidas pelo pensamento. É que o espaço e o tempo formam o duplo campo onde todo o real se desdobra. Muito mais ainda, o próprio tempo é o meio subjetivo sem o qual as partes do espaço não poderiam ser distinguidas nem reunidas. Desse modo, podem-se sistematicamente levar todas as formas da relação à sucessão que as engendra assim como elas a especificam.

Ora, a sucessão, que é a condição de toda análise, sustenta ainda o juízo da inerência para que a distinção entre o sujeito e o atributo possa ser feita; mas, como essa sucessão não recebe nenhuma determinação, não tem valor senão para o sujeito e não para o objeto. E de fato, no objeto, a qualidade e o termo que a sustenta são necessariamente dados simultaneamente. Bastará, pois, por um lado, que os termos do juízo de inerência sejam conhecidos distintamente e que se possa passar de um ao outro por uma transição real para que esse juízo se torne um juízo de relação (pois, se se quisesse reduzir essa transição a uma implicação pura, o juízo se tornaria tautológico). Bastará, por outro lado, que essa mesma transição real cesse de ser determinada e se converta numa simples coincidência, da qual o sujeito representa a forma indivisa e o atributo um elemento isolado, para que se deslize insensivelmente do juízo de relação para o juízo de inerência.

Isso não é destruir a originalidade do sujeito em relação ao atributo. Pois o sujeito não pode ser senão um conjunto de qualidades no meio das quais se discerne o atributo. E a característica do juízo de inerência é a homogeneidade dos termos que ele reúne e sem a qual eles não formariam um todo solidário. O que ainda o prova é que não há juízo de inerência que não seja recíproco. O tipo mais claro e talvez mais primitivo dos juízos de inerência é aquele formado pela relação entre a extensão e a cor, pois a extensão aparece como uma espécie de suporte apto para receber uma diversidade de cores que a determinam: mas vê-se de imediato que é igualmente legítimo dizer "a extensão é colorida, branca ou preta" e dizer "toda cor é extensa". Se nos pressionarem dizendo que as duas proposições não têm o mesmo sentido, que na primeira a extensão se une à cor para se tornar visível, enquanto na segunda a cor se une à extensão como a uma condição de possibilidade, responderemos que isso é fornecer a prova da indeterminação onde permanece a relação de inerência até o momento em que se descobriu entre os dois termos que ele associa alguma relação mais precisa.

Por conseguinte, se o próprio da inerência é ligar as qualidades num mesmo termo, enquanto o próprio da relação é ligar entre si termos qualificados num mesmo conjunto, ver-se-ão desaparecer por graus todas as diferenças que os separavam, já que um termo não é em si mesmo senão um conjunto de qualidades, e já que investigar a lei desse conjunto é buscar entre suas qualidades a relação original que as une.

Mas essa relação entre o juízo de inerência e o juízo de relação nos permite verificar a identidade no ser entre a compreensão e a extensão: pois, para enunciar a compreensão do ser, é preciso necessariamente fazer dele o sujeito de uma infinidade de qualidades; e essa infinidade não pode ser pensada distintamente senão com a condição de que, sem se romper, ela fundamente a ordem da extensão, isto é, permita às diferentes qualidades agrupar-se segundo as relações definidas em seres particulares, que estarão unidos por sua vez por outras relações definidas no interior de um sistema total a que damos o nome de universo.

C. O ser como atributo e o ser como sujeito

Art. 6: Considerar o ser alternadamente como atributo de todos os sujeitos e como o sujeito de todos os atributos é unir, graças à cópula, sua noção abstrata à sua essência concreta.

Já que o ser poder ser afirmado universalmente de todos os objetos, e já que ele é um termo de tal riqueza que todos os atributos desenvolvem sua essência, mas nenhum a esgota, foi possível considerá-lo ao mesmo tempo como o atributo de todos os sujeitos e o sujeito de todos os atributos, de modo que o juízo de inerência (com as reservas que fizemos acerca da distinção entre esse juízo e o juízo de relação) nos permitirá reconhecer mais facilmente, graças à simplicidade de seu desígnio, como o ser é envolvido na afirmação. Ademais, a univocidade nos obriga a considerar a diversidade das relações como afetando as formas particulares do ser e não o próprio ser; pois, uma vez que essas formas tenham sido definidas, diremos de cada uma delas que é no mesmo sentido e com a mesma força. A esse respeito ainda, a inerência, que é o aspecto elementar e a raiz comum de todas as relações, presta-se mais que nenhuma outra espécie de juízo ao exame dos caracteres do ser puro. E é admirável que o juízo "o ser é", pelo qual se exprime com a maior liberdade a ambição ontológica do pensamento, pareça simultaneamente resumir na perfeição de sua tautologia a essência de todos os juízos de inerência e fornecer a estes um quadro imutável que lhes compete preencher.

Na possibilidade de tomar indiferentemente o termo ser como sujeito de todo atributo e como atributo de todo sujeito, não há somente uma aplicação particular dessa reciprocidade de termos que nos pareceu caracterizar todos os juízos de inerência. Ou antes, essa reciprocidade encontra aqui seu fundamento. Pois, se foi preciso reconhecer há pouco que, das duas proposições "a extensão é colorida" e "a cor é extensa", a primeira oculta uma progressão para o concreto e por conseguinte uma implicação empírica, enquanto a segunda oculta uma regressão para o abstrato e por conseguinte uma implicação lógica, é evidentemente porque a cópula, fornecendo um traço de união entre o concreto e o abstrato, permite igualmente analisar o primeiro e determinar o segundo. Ora, o que mais se faz, tomando o ser como um atributo universal, senão ver nele o mais indeterminado e mais abstrato dos gêneros, e, tomando-o como um sujeito universal, senão confundi-lo com a totalidade concreta, isto é, com a síntese perfeita das qualidades? Com efeito, aproveitando a distinção entre esse ser absolutamente pleno e esse ser absolutamente deficiente, é de certo modo no intervalo que os separa que vêm se intercalar todos os juízos particulares em que defino os diferentes conceitos: eles podem ser interpretados em si mesmos, quer na linguagem da extensão, incluindo um termo numa classe, quer na linguagem da compreensão, analisando o conteúdo de uma essência.

Não obstante, a necessidade de identificar no ser a extensão e a compreensão e de considerá-las, uma e outra, como infinitas, e já não como regidas por uma relação inversa, deve nos levar a perguntar se é legítimo fazer do ser alternadamente um sujeito e um atributo. Em todo caso, não é um atributo nem um sujeito como os outros: é que a oposição entre o sujeito e o atributo não tem sentido senão quando se determinam conceitos particulares, e quando ela tem por objeto seja constituí-los, seja explicitá-los. Mas não é válida para o todo. Se ele se tornasse um atributo, seria preciso que entrasse como elemento num conceito mais rico, o que é contraditório. Se se tornasse um sujeito, seria preciso que pudesse ser definido por suas qualidades: ora, as qualidades resultantes da análise se opõem entre si e não convêm, por conseguinte, senão às partes e não ao todo. Isso é provar que a distinção entre o sujeito e o atributo vai de par com a distinção entre a extensão e a compreensão.

Art. 7: *O ser não pode ser identificado com o atributo universal porque, em lugar de estar contido em todos os sujeitos, ele os contém a todos.*

Na verdade, o ser não desempenha jamais o papel de verdadeiro atributo, porque isso seria querer fazer dele uma qualidade separada, quando ele nem sequer é a soma de todas as qualidades, mas a unidade plena cujos diferentes aspectos as qualidades exprimem. É por isso que é falso querer pô-lo separadamente no interior de cada sujeito, quando ele é o ato pelo qual todo sujeito é posto. A própria universalidade do ser deveria bastar para nos fazer desconfiar da legitimidade de seu papel atributivo, se é verdade que o atributo é sempre uma qualidade e se as qualidades não podem aparecer senão no ser e graças à sua oposição mútua.

Jamais o ser é atribuído a um termo como uma propriedade integrante desse termo, e a própria linguagem resiste a fazer dele uma qualificação. Nós dizemos "A é"; para dizer "A é existente", é preciso não apenas evocar a analogia de um juízo como "A é branco", mas violentar o movimento natural do pensamento, que sente que, após termos dito "A é", dissemos já tudo o que se podia dizer de A relativamente à existência, pois o inscrevemos no universo. Dizer que ele é existente é ao mesmo tempo um pleonasmo, pois a ideia expressa pelo epíteto já está adquirida, e é um círculo, pois é deixar crer que se pode distinguir o ser no interior de A de outro modo que distinguindo antes de tudo A no interior do ser. O mesmo envolvimento recíproco encontra expressão adequada no ser da consciência que é contido por seu ato na totalidade do ser e o contém em potência como que para fornecer um testemunho vivo de sua unidade indivisível.

Viu-se que Kant com razão se recusava a fazer da existência um elemento da compreensão dos termos; mas, se tinha razão, não é, como ele acreditou, porque a existência é extrínseca com respeito à ideia, mas porque a ideia supõe sempre o ser e o limita determinando-o, de modo que, estando todas as qualidades no ser, o ser não pode identificar-se com nenhuma delas. Cabe-nos, determinando-o, dizer se se aplica a um objeto presente, passado ou futuro, a uma percepção atual ou à imagem atual de uma percepção possível, a um dado contingente ou a um ato necessário do pensamento. Mas é porque o ser foi suposto que o termo pôde ser definido: ele deve sempre ser inscrito no ser de alguma maneira, e é definindo-o corretamente que é inscrito neste corretamente.

Art. 8: O ser não pode ser identificado com o sujeito universal, precisamente porque é indiscernível da totalidade de seus atributos.

As críticas precedentes não mostram que, se o ser não é o atributo universal, seria certamente porque é o sujeito universal? Isso não é, portanto, restituir-lhe sua abundância concreta, que todos os atributos que possamos conhecer manifestam sem esgotá-la? A metafísica clássica, identificando o ser com a substância, não faz dele implicitamente o sujeito de todos os juízos de inerência?

A própria distinção, no entanto, que nunca se deixou de fazer entre a substância e suas qualidades e que se encontra sem cessar, seja na oposição entre o permanente e o variável, seja na oposição entre a essência e o acidente, conduz-nos a recusar ao sujeito o valor privilegiado que se lhe atribui quando se busca nele uma representação adequada do ser. Pois nós consentimos em ver nele a totalidade das qualidades que a análise dialética juntamente, num ser finito, com a análise empírica conseguirá fazer jorrar dele. Mas é preciso guardar-se então de interpretar a distinção entre a substância e suas qualidades, como não deixa de fazer certo realismo metafísico, imaginando uma existência autônoma da substância privada de qualidades num mundo diferente de nosso mundo sensível e onde só a razão nos permitiria penetrar. Isso é fazer do que vemos um conjunto de fantasmas que seria necessário situar paradoxalmente fora do ser verdadeiro e não nele. E é justamente contra essa concepção que não cessamos de nos erguer: persuadidos de que nos é impossível sair dos limites do ser e perder com ele esse contato de que não cessamos de receber nosso ser próprio, pensamos ao mesmo tempo que há uma experiência verdadeira do ser, e que toda a nossa experiência, uma vez que sua origem, sua natureza e suas fronteiras tenham sido definidas, deverá ser elevada à dignidade do ser. Ora, para isso, é preciso que a substância e suas qualidades apareçam como ontologicamente inseparáveis, que o ser e os aspectos do ser não constituam senão algo uno.

Qualquer que seja, por conseguinte, a inclinação natural do pensamento para identificar o ser concreto com o sujeito do juízo antes que com seu atributo, observando que o sujeito universal é o suporte comum de todas as formas que o ser poderá receber, se desconfiará, no entanto, de uma assimilação aparentemente tão legítima. Esse suporte, com efeito, deveria sempre ser imaginado como diferente de alguma maneira do que ele sustenta, conquanto seja manifestamente impossível não confundi-lo com a totalidade das coisas sustentadas, cada uma das quais é uma determinação particular do ser.

Assim, distinguindo o sujeito do atributo, é-se necessariamente conduzido a fazer do ser que seria o sujeito de todos os atributos um termo tão abstrato como o ser que era o atributo de todos os sujeitos. Era, todavia, o que se queria evitar. Mas um sujeito absoluto capaz de receber todos os atributos, e não possuindo essencialmente nenhum, não é senão uma entidade lógica que nos obrigaria, por uma espécie de movimento inverso daquele ao qual nos levava a crítica de um ser puramente atributivo, a voltar precisamente ao atributo para buscar nele a realidade verdadeira.

Se se arguir agora que o ser desse sujeito não consiste nessa forma que supomos despojada de caracteres, mas no conjunto dos caracteres essenciais, responderemos que não há, com respeito ao ser, nenhuma diferença entre os caracteres essenciais e os caracteres acidentais, que eles estão todos igualmente presentes no interior do ser total, que, enfim, identificando o ser com alguns de seus atributos, se abole, no que lhes concerne, a distinção e o sentido original das palavras sujeito e atributo, pois já não pode haver atributo ali onde não subsiste nenhum sujeito independente para recebê-lo.

Cingindo a questão de mais perto, o ser não pode ser identificado com o sujeito por uma dupla razão: a primeira é que o sujeito desperta a ideia de um suporte puramente estático dos atributos, isto é, de uma coisa exterior a uma consciência e posta por ela, em vez de o ser caracterizar-se essencialmente por sua interioridade a si mesmo, o que nos obriga a defini-lo como um ato capaz de envolver em si uma infinidade de operações; a segunda, que é solidária com a precedente, é que essa identificação do ser com o sujeito e que nos conduziria a considerá-lo como um feixe de todos os atributos daria a cada um destes um intolerável privilégio, deixando supor que poderia existir independentemente de sua reunião com todos os outros: ou ele é somente um efeito da análise ou, mais exatamente, da relação com o Ato puro de uma consciência que participa dele e faz aparecer todos os atributos como os correlativos de suas próprias operações.

D. A cópula e o verbo

Art. 9: A cópula do juízo de inerência não exprime senão uma limitação do juízo universal "o ser é" pelo qual se descobre o poder absoluto da afirmação.

Faltando o sujeito ou o atributo, o ser justamente já não seria identificado com a cópula de todos os juízos de inerência, isto é, com o próprio ato da afirmação? Diz-se em geral que a palavra "ser" comporta dois sentidos diferentes, segundo se empregue para designar a existência de um termo, isto é, sua inscrição no universo, ou a simples ligação entre o atributo e o sujeito no interior de uma afirmação. Como se lhe dá o nome de cópula quando é tomado na segunda acepção, poder-se-ia lhe dar o nome de verbo quando é tomado na primeira.

Se reduzíssemos o verbo à cópula, faríamos da relação considerada em sua forma mais elementar o princípio ao mesmo tempo do conhecimento e das coisas. Se, porém, ao contrário, a cópula supõe o verbo, se explicita a potência de afirmação que há nele, de tal maneira que o mundo possa aparecer a um entendimento finito como formado de partes distintas e, no entanto, ligadas entre si, então teremos conseguido fundar sobre o ser todo o edifício do conhecimento e teremos conferido o ser à própria relação.

Antes de tudo, pode-se observar que o juízo de existência é implicado em todos os outros juízos, pois é preciso que o sujeito seja, que o atributo seja, e até que a relação de inerência que os une seja de alguma maneira também, para que dois termos possam ser postos, e para que possam sê-lo solidariamente. O juízo de existência não é nada além do testemunho da universalidade do ser, tal como a definimos no Capítulo II da Primeira Parte. Desse modo, a cópula não se opõe ao verbo, mas subentende-o, determina-o e limita-lhe a aplicação. O ser finito não pode conhecer o todo em que está situado, distinguir-se dele e, todavia, assimilá-lo, senão projetando nele seus próprios limites e, por conseguinte, considerando-o como formado de uma infinidade de seres finitos comparáveis a ele mesmo: a existência de um só ser finito implica correlativamente a de todos os outros. Um ser finito não poderá, portanto, conhecer nada de outro modo que distinguindo formas de existência separadas e poderá levar adiante essa distinção indefinidamente. Mas cada forma de existência deve ser definida por certos caracteres originais: não podemos inscrevê-la no ser senão determinando-a e não podemos dizer que ela é senão dizendo o que ela é. O ser da cópula não é, por conseguinte, sem parentesco com o ser do verbo, é somente um ser emprestado e dividido que exprime o que o conhecimento reteve do ser absoluto; a cópula nos mostra como o espírito, após ter rompido a unidade deste, se obriga a determiná-lo em cada ponto graças à afirmação de certos caracteres pelos quais cada ser particular se distingue de todos os outros.

Mas, se o ser está inteiramente presente em cada ponto, pode-se dizer que a análise que descobre nele certos caracteres particulares descobriria nele também todos os outros se fosse levada suficientemente longe, de modo que o juízo de inerência, definindo cada termo particular, mostra o nível em que momentaneamente parou a análise para responder ao interesse atual daquele que a fez. Ela traça a um só tempo na consciência e no objeto uma linha de demarcação entre o ser em potência e o ser atualizado.

Observemos ao mesmo tempo que não há caráter que possa formar o atributo de um juízo de inerência destacando um ser particular do todo de que faz parte e que ao mesmo tempo não o submerja novamente aí. Pois esse caráter não pode servir para determinar um indivíduo senão pela associação que forma com muitos outros: em si mesmo, possui uma generalidade que permite atribuí-lo a uma infinidade de indivíduos entre os quais ele cria um parentesco e permite compreender por que conhecer o Todo seria necessariamente o mesmo que conhecer o todo de cada parte. Mas o juízo de inerência, considerado independentemente do juízo de relação, ainda não exprime nada mais que a possibilidade dessa análise indefinida que podemos dirigir e suspender segundo nossas necessidades: ele nos revela a presença dos caracteres e não as conexões que os unem. Tal é, ao contrário, o papel do juízo de relação, que dá ao juízo de inerência a precisão que lhe faltava e, ligando entre si os elementos revelados pela análise, tenta encontrar em toda parte não só a unidade do todo, mas sua sistematicidade.

A cópula e a relação são igualmente sinais da impossibilidade em que estamos de pôr isoladamente qualquer termo particular. A solidariedade mútua de todos os caracteres distinguidos pela análise é a prova de que eles estão destacados do todo, e que o conhecimento aspira a fazê-los entrar aí sem que, no entanto, sua obra possa jamais ser acabada, nem por conseguinte coincidir com o ser total em que ela encontra a um só tempo uma origem e um campo de aplicação ilimitado. O aparecimento do ser finito responde à deiscência do todo. Nosso entendimento não pode senão prosseguir indefinidamente no todo uma análise que não se esgota, mas cujos resultados devem a cada passo poder inscrever-se numa afirmação por intermédio do juízo de inerência ou do juízo de relação.

O juízo de existência é pois implicado pelos outros juízos. Na atividade característica dessa operação pela qual o espírito toma posse do real, a síntese é correlativa de uma análise prévia, e a aparente construção é subordinada a um ato de submissão ao real. É essa submissão que é expressa pelo juízo de existência: os juízos de conhecimento retêm em si a este; manifestam sua riqueza, mas a limitam, proporcionando-a à capacidade de nossa apreensão.

É que, com efeito, se o ser é universal e unívoco, não pode haver senão um só juízo de existência. Sem dúvida podemos dizer de A que ele é, e até podemos dizê-lo de todos os termos particulares no mesmo sentido e com a mesma força. Mas isso quer dizer que todos esses termos fazem parte do mesmo ser. Por isso, quando escolhemos A como sujeito, não esperamos em absoluto ouvir afirmar dele sua existência, mas suas qualidades; é sua maneira de ser o que nos interessa, e o papel do juízo de inerência é precisamente no-la revelar. Ficamos até chocados com que se pretenda limitar nossa afirmação à existência de A, como se essa existência pudesse ser tomada à parte, quando, como mostramos amiúde, não se distingue do próprio A considerado na totalidade de seus caracteres, dos que conhecemos e dos que não conhecemos mas poderíamos conhecer. Mais ainda, o juízo "A é" parece-nos um juízo incompleto e inacabado, o início de todos os juízos de conhecimento e o quadro que eles devem preencher.

Mas esse juízo incompleto é, todavia, o mais perfeito de todos, pois o que a inteligência busca é o ser. É nele que ela haure, é para ele que ela tende. E os juízos de conhecimento nos revelam seus fragmentos. A necessidade em que estamos de atribuir o ser a todos os termos que a análise nos permite isolar no mundo, o mal-estar que experimentamos, no que concerne a cada um deles, quando limitamos nossa afirmação a seu ser sem determiná-lo, o sentimento certo de que o ser não convém plenamente a nenhum objeto particular, mas somente ao todo de que faz parte com todos os outros, obrigam-nos a admitir que não há senão uma única forma do juízo de existência que seja legítima: é a que se exprime dizendo "o ser é". Pode-se sem dúvida arguir sua esterilidade, sua evidência intuitiva em que se encontra à vontade uma experiência universal e uma tautologia. Esses próprios caracteres testemunham seu primado, sua dignidade e sua grandeza. Pois nem a razão pode rejeitá-lo, desde que ela esteja suposta, nem a experiência pode esquecê-lo, desde que ela começa a se exercer. Essa afirmação aparentemente vazia de conteúdo é a afirmação do todo em que distinguimos partes que sem ele não seriam nada. Essa é pois a potência absoluta da afirmação, e, longe de crer que as afirmações particulares a acrescentam, é preciso dizer que não seriam possíveis sem ela, que elas recebem dela toda a seiva que as anima e as nutre.

6. Do ser do todo e do ser das partes

A. O ser do todo

Art. primeiro: Não há outro ser além do ser do todo; e atribuir o ser à parte é dizer que é preciso inscrevê-la ela mesma no todo.

O exame das relações entre o juízo de existência e o juízo de relação encontrará uma confirmação na comparação entre o ser do todo e o ser das partes. Pois, se o ser pertence primitivamente ao todo e se é unívoco, não pertence às partes senão porque estas estão contidas no todo, e porque, em outro sentido, o envolvem. Todas elas possuem o mesmo ser porque todas são aspectos do mesmo todo.

Já no capítulo precedente tínhamos encontrado, com respeito ao juízo de existência, a afirmação que nos era familiar, a saber, que o ser não é um caráter separado, mas está simultaneamente em todas as partes e em parte alguma: está em todas as partes porque nenhuma forma do ser pode se destacar do todo de que exprime um aspecto; e não está em parte alguma porque nenhum aspecto do ser o esgota e o representa, enquanto se toma isoladamente, a indivisibilidade de sua essência.

Essa é a razão pela qual o juízo de existência, uma vez que cessa de ser a afirmação tautológica do ser ou do todo, se converte num juízo de relação em que o ser, encontrando uma determinação, requer todas as outras; o juízo de existência parece então sem objeto e desprovido de aplicação, não por causa de sua vacuidade, mas por causa dessa perfeita plenitude que impede todo entendimento finito de abarcar adequadamente a totalidade de seu conteúdo: um entendimento finito, como mostramos no Artigo 3 do capítulo precedente, não pode distinguir-se do todo senão distinguindo no todo objetos finitos que ele une entre si pela relação. Por sua inscrição no todo, dizemos desses objetos que eles possuem o ser e o mesmo ser que o todo; mas não podemos captar esse ser, que não é distinto de sua própria natureza, de outro modo que caracterizando a esta: dizer o que é ela é fixar os olhos na maneira como ela nos aparece e é perceber o que lhe falta para ser o todo, é pois discernir suas relações com as demais coisas, é considerar o que lhe pertence como efeito de sua ligação com o universo inteiro.

O movimento pelo qual se passa do uno ao múltiplo se confunde com o movimento pelo qual se passa do ser ao conhecimento; mas o múltiplo não pode ser posto fora da relação que define seus elementos unindo-os entre si: ele envolve então a unidade, e isso porque o conhecimento mais miserável põe seu ser próprio envolvendo o ser inteiro. Assim, uma bela imagem que se reflete num vasto espelho se encontra ainda inteiramente em cada um dos fragmentos quando o espelho foi quebrado.

Art. 2: O todo não é a soma das partes, mas o princípio ideológico que as funda e que permite a uma análise sempre inacabada engendrá-las indefinidamente.

Bastará, ao que parece, evocar a universalidade e a univocidade do ser para perceber imediatamente que o ser se aplica ao todo. Mas o nome "todo" pode nos iludir, ao menos em certa medida, e dar a toda a nossa análise a aparência de um círculo. Pois se dirá talvez que não pode haver um todo senão ali onde há partes, e que essas partes devem possuir o ser para que o todo por sua vez possa recebê-lo. Ora, nós pensamos ter mostrado suficientemente que o todo de que se trata não é um todo de fato obtido pela totalização de partes atualmente dadas e que evidentemente não poderia jamais ser abarcado, senão que é, ao contrário, um todo de direito que é necessário pôr antes de tudo para que partes sejam possíveis, e que é o único capaz de conferir a estas uma existência de participação idêntica à que ele próprio goza essencialmente; é de alguma maneira um todo que pode ser decomposto em partes sem ser ele próprio composto de partes.

Dir-se-á, se se quiser, que o todo que se pôs antes de tudo é um todo em ideia, ao qual somente a experiência que temos das partes é capaz de dar um conteúdo e uma forma concreta; mas é admirável, todavia, que essas partes, uma vez descobertas, apareçam necessariamente como tendo sua existência de sua inscrição nesse todo ideológico; elas o atualizam a nossos olhos, mas têm dele a um só tempo sua possibilidade e seu próprio ser. Também não nos assombraremos de que, como se mostrará no Capítulo VIII, a ideia do ser seja de todas as ideias a única que coincide com seu objeto. Percebe-se então que esse todo anterior às partes que, em vez de resultar de sua adição, as engendra em seu seio sem receber nenhum acréscimo, e que se descobre como idêntico à sua própria ideia, não pode ser definido senão como um ato. O universo não é dado a um ser finito senão na forma de um conjunto de partes justapostas, encerradas nos limites de seu horizonte, que se multiplicam indefinidamente à medida que seu olhar se estende, sem jamais lhe permitir envolver por seu intermédio o todo de que ele as destacou. Mas a verdadeira ideia do todo deve ser buscada em outra direção, a saber, no princípio interior que lhe dá o ser a ele mesmo, que o torna superior ao objeto permitindo-lhe pensá-lo, que o convida a exercer essa atividade (cujos limites não têm sentido senão com respeito a ele) que se encontra sob uma forma idêntica em todos os seres finitos, e que, considerada em todos os pontos em que ela se exerce simultaneamente, constitui a possibilidade total, isto é, a atualidade perfeita.

Não se dirá pois que o todo resulta da enumeração exaustiva de todos os termos a que o nome "ser" pode ser aplicado, senão que ele é o fundamento de sua existência. Pois esses termos são obtidos por uma análise do todo, muito diferentemente de que o todo seja uma síntese que os reúna. O todo não é uma denominação extrínseca que se acrescentaria posteriormente a uma diversidade dada antes de tudo para que o espírito possa percorrê-la com um só olhar; ele é a perfeição desta unidade concreta que não pode manifestar-se ao indivíduo senão por uma abundância infinita de qualidades; pois o indivíduo, se tem dele seu ser e se não cessa de lhe permanecer presente, não pode distinguir-se dele senão prosseguindo sua própria vida na duração, isto é, tornando a presença do ser efetiva para ele graças a uma sequência de incidências momentâneas.

Compreende-se assim que relação podemos estabelecer entre o todo e o infinito. Parece, com efeito, à primeira vista, que essas duas noções devem excluir-se: pois o todo a que não falta nada não pode jamais ser pensado senão como acabado. Mas essa noção supõe que se tenha buscado obter o todo por uma adição de partes: então, com efeito, o todo é necessariamente finito, ao menos de direito, ainda que, de fato, jamais se possa prosseguir a adição das partes até o fim. Ou então essa adição é de direito indefinida: nesse caso, é a própria noção de todo que é uma quimera. Não é assim, porém, se o todo preexiste às partes. Na verdade, o todo é uno, antes de ser todo: ele não merece o nome de todo senão com respeito às partes que se poderão distinguir nele, e é sua unidade o que faz que, uma vez começada a análise, ela já não possa terminar. Mas então não há nada de contraditório em supor que ela cria uma sequência indefinida de termos e, como todos esses termos, tanto os que ela já pôs como os que ainda poderia pôr, estão contidos no mesmo uno, esse merece a esse respeito o nome de todo. E desse todo se poderá dizer também que é um infinito atual, apesar de nenhuma consciência poder atualizar os diferentes termos que ela poderia distinguir aí senão fazendo-os entrar nas séries indefinidas.

Art. 3: A existência, sendo correlativa da independência perfeita, não pode pertencer primitivamente senão ao todo, e não pertence senão acessoriamente às partes que encontram nele um lugar e o imitam ainda à sua maneira.

Que a existência pertença primitivamente ao todo e acessoriamente às partes é consequência de outro caráter do ser que ainda não foi examinado. Dizer de uma coisa que ela é, com efeito, é atribuir-lhe uma esfera própria em que suas potências se exercem, é atribuir-lhe uma iniciativa interior, uma independência com respeito ao que não é ela. Retire-se-lhe essa independência, e sente-se bem que sua existência se reabsorve e se fundamenta na própria existência de que depende.

É o que se produz no juízo de inerência com respeito à qualidade que não tem existência fora do sujeito que ela determina. E tal é a razão por que o juízo de existência, tomando o termo cuja existência é afirmada como um termo suficiente, termina nessa afirmação mesma, sem juntar a ela um caráter que, enriquecendo-a, mostraria que esse termo não possui por si mesmo todas as fontes requeridas para existir. Quando digo "A é branco", analiso a compreensão de A, mas A e branco não foram distinguidos senão de modo abstrato; essa abstração, com as operações de decomposição e de recomposição que ela implica, não tem sentido senão para o conhecimento. Ao contrário, dizer "A é" é circunscrever A com sua brancura e todas as qualidades que ele contém, despi-lo das relações que o unem a todo o restante e conferir-lhe uma espécie de autonomia e de subsistência própria.

Vê-se pois que não se poderá atribuir a existência às partes senão porque, estando inscritas no todo, o imitam à sua maneira. Mas, antes de mostrar em que sentido a relação se opõe ao ser e o recebe ao mesmo tempo, convém meditar um momento sobre essa admirável conveniência que se estabelece entre o ser e o todo, uma vez que se percebeu que o ser comporta necessariamente a interioridade a si mesmo, a suficiência plenária e a perfeita independência. Não há outro termo além do todo, com efeito, que possa ser encerrado absolutamente em si, que tenha todos os seus caracteres da intimidade de sua essência e que seja livre de toda influência de qualquer objeto exterior a ele. Como se poderia subordiná-lo a suas partes, se essas partes não têm sentido senão umas em relação às outras, isto é, pelo lugar que ocupam nele, pelo vasto conjunto que contribuem para formar e no seio do qual foi preciso antes de tudo discerni-las? Dir-se-á que se trata da lei das partes? Mas essa lei é também a razão das partes, o princípio de seu aparecimento. Nós lhe damos o nome de lei porque a descobrimos depois das partes entre as quais ela estabelece um laço inteligível. É somente para nós que ela é abstrata, e porque o universo se apresenta a nós antes de tudo como uma diversidade dada: mas, em si mesma, ela é uma unidade ativa, e a infinidade das formas pelas quais ela se revela não a parcela; sempre indivisivelmente presente em todos os pontos do espaço ou do tempo, ela se encontra idêntica a si mesma em todas as perspectivas pelas quais a consideramos, obrigando-nos somente a estabelecer entre estas uma ordem através da qual ela se torna de certo modo representável por todos os sujeitos finitos que participam de sua essência sem se confundir com ela.

Assim, porque ser é ser *soi* [literalmente, "si, si mesmo"] e subsistir por suas próprias forças, em vez de receber um apoio de fora que fizesse do ser o ser de outra coisa e não seu ser próprio, é evidente que o ser não pode pertencer senão ao todo e que o ser de cada parte é o ser todo presente nela e que a sustenta com todas as outras partes. Não diremos que é o ser por si. Pois isso pareceria implicar que o princípio de causalidade se aplica ao ser tanto quanto a suas formas. Se porém essas formas se explicam umas pelas outras, estar-se-ia em erro se se sustentasse que o ser de cada uma delas se explica também pelo ser de outra, e não pelo ser do todo; com mais forte razão, no momento em que se encontra este, toda distinção entre o que é e a razão do que ele é seria soberanamente ilegítima, pois que essa razão deveria possuir o ser antes de dar conta dele. Não há outra inteligibilidade do todo além da que ele dá às partes atribuindo a cada uma delas um lugar com respeito a todas as outras num feixe de relações cuja unidade, riqueza e desenho ele determina ao mesmo tempo.

Pode-se, no entanto, mostrar com evidência que, quando se aplica o ser a um termo particular sem pensar no todo de que faz parte e que lho confere, é porque se considera esse termo como uma espécie de todo que se basta a si mesmo. É admirável, com efeito, que, para dizer de um termo que ele é, o corrente seja limitar-se a circunscrevê-lo e a defini-lo, a tentar pô-lo independentemente de todos os termos vizinhos e do próprio sujeito que o põe. E era o argumento em que se estava apoiado para provar que o ser de um objeto não se distingue de sua própria natureza, cujo acabamento ele enuncia, e que em nenhum caso ele é um caráter que se lhe sobreacrescenta. Daí poder-se concluir também que a análise é o instrumento fundamental de todo método ontológico. Pois é porque o ser pertence ao todo, que é suficiência plena, que ele se difunde sobre as partes e que ele dá ainda a cada uma delas uma espécie de autonomia aos olhos de um sujeito finito que não pode pensá-la senão se distinguindo dela e se opondo a ela: e não se poderia sem dúvida atribuir-lhe nenhuma independência sem atribuir-lhe uma interioridade e fundar sua própria suficiência sobre o próprio ato que a faz ser.

É que a parte jamais é, falando propriamente, um elemento do todo: é uma expressão sua. Se se consideram as partes em si mesmas, elas são individualizadas até o último ponto: desse modo, como formariam um todo justapondo-se? Se, porém, ao contrário, a unidade do todo é posta antes de tudo, e se é ela que chama as partes à existência, compreende-se que essas partes devem simultaneamente, para ser, manifestar uma independência do todo, e, para mostrar que esse ser é emprestado, recebê-lo na forma de um caráter idêntico, que é o sinal da identidade do todo que lhes dá nascimento. É nessa observação que se encontra a solução de uma dificuldade que tínhamos assinalado acima, a saber, que a existência é unívoca sem ser um caráter separado: ela é efeito da reunião na unidade do todo de uma infinidade de seres particulares todos diferentes uns dos outros; e é por isso que em cada um deles a existência não se realiza senão pelo acabamento e pela perfeição de todas as determinações individuais.

B. O ser da parte, isto é, do fenômeno

Art. 4: *Cada parte, adquirindo uma independência aparente, não pode, porém, separar-se de uma consciência que não é, ela mesma, senão um todo em potência, inscrito no todo em ato.*

Essa independência que acabamos de tentar atribuir à parte fazendo dela uma imagem do todo revela imediatamente seu caráter relativo e seus limites. Pois não só a perfeição da individualidade é, na verdade, produto de uma influência exercida sobre ela por todo o universo, mas ainda ela é necessariamente pensada por uma consciência que, separando cada parte de todas as outras graças a uma operação de análise, não consegue, no entanto, separar-lhe nenhuma de si mesma.

Essas partes, no entanto, não são disjuntas, porque é o mesmo sujeito que as põe separadamente: elas todas formam um conjunto porque há entre elas esse caráter comum de ser apreendidas por um espírito idêntico. E é por isso que todo idealismo implica a unidade de um universo cujo sujeito é ao mesmo tempo o centro e o artífice. Então a unidade do todo se encontra restabelecida, mas recebe uma forma subjetiva. E os termos que considerávamos agora mesmo como seres já não nos aparecem senão como objetos de conhecimento. É que vemos bem então que é impossível pensá-los, seja independentemente uns dos outros, seja independentemente do sujeito que sem dúvida os contém a todos mas não pode ter com respeito a eles o lugar do todo senão os acolhendo em si como a representações.

Desemboca-se assim nesta espécie de paradoxo: é que a parte, conquanto tenha o ser do todo, não parece possuir o ser senão quando é considerada isoladamente, enquanto, ao contrário, uma vez reunida a todas as outras partes, parece perder seu ser próprio para adquirir um ser puramente representado na consciência que a percebe. Mas esse paradoxo deve encontrar uma explicação.

Poder-se-ia, sem dúvida, admitir, como sustenta o idealismo, que o universo não se distinguisse da própria representação e que sua unidade fosse a própria unidade de nossa consciência. Mas nossa concepção ontológica nos obriga a superar os limites do idealismo atribuindo a mesma existência ao sujeito e ao objeto. Ora, como se poderia aplicar a mesma noção de existência a termos tão diferentes senão em razão de sua inclusão comum no interior do mesmo todo que os opõe um ao outro mas envolvendo-os em sua própria unidade? Assim se explica essa perfeita reciprocidade que faz que, se o objeto é posto por um sujeito que o pensa, o próprio sujeito não é posto senão por seu pensamento, isto é, pelo próprio objeto que ele pensa. O caráter relativo desses dois termos mostra que sua oposição tem origem na identidade do mesmo ser: o que todavia não afeta em nada sua heterogeneidade, se é verdade que o sujeito exprime nossa própria participação interior no ser e se o objeto é um dado que, no todo do ser, é correlativo dessa participação, como se exprimisse simultaneamente sua insuficiência e seu complemento.

Há mais: o sujeito da representação não pode pensar-se a si mesmo como a um sujeito finito, capaz ao mesmo tempo de fazer parte do universo e de representá-lo, senão se inscrevendo no todo em ato como um todo em potência. De fato, nosso caráter finito encontra uma dupla expressão antes de tudo em nossa passividade com respeito ao dado e na necessidade seguinte para nossa representação de se desenvolver e de se enriquecer indefinidamente através da duração. Quando se aprofunda, por conseguinte, esse caráter finito de nossa natureza, ele se encontra confirmado, melhor ainda que pelos limites de nosso corpo, pelos caracteres próprios de nossa consciência. Não somente o estado de consciência não nos aparece como confundindo-se com a coisa que ele representa, pois uma perspectiva acerca de uma coisa não é mais idêntica a essa coisa do que lhe é heterogênea, porque a coisa é o cruzamento de todas as perspectivas possíveis que se podem tomar com respeito a ela, mas ainda esse estado de consciência não se confunde mais com o sujeito consciente, que não é senão uma potência indefinidamente renovada e indefinidamente atualizada pela própria sequência de seus estados. Assim, para que o sujeito cessasse de se reconhecer como finito, seria preciso que nossa própria consciência desaparecesse, seja na coincidência rigorosa entre a coisa e a representação, seja na coincidência rigorosa entre nossa atividade e nosso estado. Mas essas observações precisam ser mais aprofundadas.

Art. 5: Uma parte do ser, não tendo jamais sentido senão para uma consciência, é sempre o ser de um fenômeno: o que permite interpretar a distinção entre a representação e seu objeto.

Retomemos agora a ideia dessa coisa particular com respeito à qual acreditávamos há pouco poder formar um ser concedendo-lhe uma independência precária ao mesmo tempo em face das outras coisas e em face do sujeito. Teremos realizado em nossa argumentação um progresso admirável se conseguirmos mostrar que ela não pode ser senão um fenômeno. Mas comecemos por observar que, na medida em que olhamos as coisas como diferentes umas das outras e buscando bastar-se, sua incompletude salta a todos os olhos: é então que fazemos dela naturalmente fenômenos antes que seres, objetos de conhecimento antes que coisas reais. Uma vez que o múltiplo se produz, nasce o mundo das aparências. Não se vê que nunca se pôde atribuir a pluralidade ao real, ao ser, nem sequer à coisa em si; mas, quando a pluralidade se introduz no mundo, o real, o ser e a coisa em si fogem para não deixar subsistir senão seus fenômenos. Não obstante, a necessidade em que estamos de conferir ainda o ser aos próprios fenômenos e de considerá-los como peças integrantes do universo real nos proíbe de romper todos os laços que os unem ao ser, relegando este para trás: não há diferença entre o ser e a totalidade dos fenômenos, com a condição de juntar a todos os fenômenos dados todos os fenômenos possíveis, pois que nossa vida decorre no tempo e permanece sempre inacabada e que todo o possível subsiste, ele mesmo, no ser a mesmo título que o realizado.

Ora, é impossível supor um fenômeno sem supor ao mesmo tempo uma consciência e até uma consciência finita em que ele apareça. Uma consciência não participa do ser senão por seu conhecimento do ser, e não conheceria nada se não pudesse conhecer tudo. Ela não pode distinguir-se do todo e todavia permanecer-lhe unida senão envolvendo-o em potência; é para atualizá-lo em si que ela o divide e o fenomenaliza.

Que cada parte do ser tenha de aparecer[1] e ser religada a todas as outras no interior de uma consciência já é a marca de seu caráter fenomenal. E se teria verificado que ela não pode ser com respeito ao todo senão um fenômeno se, tomando uma via inversa àquela que se acaba de seguir, se chegasse a estabelecer que a parte considerada em sua realidade própria, ou, se se quiser, como coisa em si e separada da representação estreita que o sujeito chega a fazer dela, cessa necessariamente de ser limitada e adquire aquela perfeita plenitude que a torna indiscernível do todo em que ela tinha sido anteriormente isolada.

---

[1] É o que verifica a linguagem, se é preferível falar não de partes, mas somente de *aspectos* do ser.

Não se concederá, antes de tudo, que a representação nunca é para nós senão uma visão imperfeita do objeto, que ela é suscetível de ganhar indefinidamente em precisão e em riqueza, que, sob pena de cessar de ser uma representação e de se confundir com seu objeto, ela deve guardar até o fim a possibilidade de ainda progredir, mas que, enfim, no limite, e atribuindo-lhe antecipadamente toda a sequência de caracteres que nossa consciência jamais alcançará contar e esgotar, se aboliria toda diferença entre ela e a coisa que ela representa?

Não se encontraria agora nessa observação uma explicação do caráter duplo de homogeneidade e de heterogeneidade que a análise filosófica tanto quanto o bom senso popular parecem esforçar-se por atribuir à relação entre a coisa e sua ideia? Pois, *por um lado*, ninguém renunciará facilmente ao velho axioma de que somente o semelhante pode conhecer o semelhante, à falta de que o conhecimento seria ilusório, desprovido de objetividade e de alcance, se tornaria um conhecimento que não seria o conhecimento de nada; ora, uma vez admitido o axioma, importa pouco que se considere a ideia como o reflexo do real, tal como o sustentam os materialistas, ou o real como a perfeição da ideia, como o sustentam os idealistas. O monismo para o qual se caminha transforma o conflito dessas duas doutrinas num debate de vocabulário. Mas, *por outro lado*, não há monismo que não tenha de explicar a diferença entre os dois termos cuja unidade cabe a nós fazer ressaltar. Ora, reconhecer-se-á, sem dúvida, que entre a representação e seu objeto há uma diferença não de natureza, mas de grau, que a representação se coloca já de início no coração do objeto; ela, porém, esclarece nele somente os aspectos que estão de acordo com nossa constituição própria, com nossa natureza e com nossas necessidades. O conhecimento não acrescentaria nada ao real, antes o restringiria: ou, mais exatamente, não lhe daria uma fisionomia individual senão o cingindo num estreitamento que nos permite apreendê-lo e que ao mesmo tempo o marca com nossos próprios limites. A dilatação infinita de nosso conhecimento viria a dissolver nosso próprio eu e, a um só tempo, a absorvê-lo no objeto a que ele se aplica. No entanto, esse objeto ainda é para nós um objeto particular, de modo que, se nos parece sempre além da representação, não poderia ser distinguido dela senão como uma representação possível de uma representação atual que ela não cessa de enriquecer. Até aí não saímos do domínio da representação, nem dos limites do idealismo. Sucede apenas que supor o conhecimento acabado seria aboli-lo não somente em sua coincidência com seu objeto, mas em sua coincidência com o todo que, como se sabe bem, está sempre presente para sustentar a existência de cada parte, que não é senão um nó de relações com todas as outras. De modo que o ser de um objeto particular, se se quisesse distingui-lo do ser de sua representação, se reduziria ao ser do todo.

Mas seria acusar ainda com suficiente força o contraste que todos nós sentimos entre a fragilidade do conhecimento e a consistência do real estabelecer entre esses dois termos uma simples diferença de riqueza? E não parece que o conhecimento não é uma simples parte do real, mas é com respeito ao real uma espécie de virtualidade, e que o conhecimento guardaria esse caráter mesmo se pudesse contraditoriamente chegar a cumprir-se? É aqui precisamente que aparece numa luz perfeita a indivisível plenitude que anteriormente atribuímos ao ser. Ainda que o conhecimento, com efeito, se mova necessariamente no seio do ser, e ainda que os aspectos que ele discerne aí sejam aspectos do ser, é-nos impossível considerá-los presentes em si no ser mesmo, que parece transcendente a seu respeito, precisamente porque é o todo de onde eles são extraídos, isto é, sua razão comum e não um meio que os oculte sob uma forma distinta. A totalização desses aspectos não reunirá jamais o todo de onde eles foram tirados: ela somente tende ao todo. Dito de outro modo, são aspectos, ou seja, não têm sentido senão no interior de um espetáculo e para o espectador que o contempla. E isso justifica a fórmula aparentemente paradoxal de que uma parte do ser é necessariamente o ser de um fenômeno. Mas nenhum fenômeno tem existência no todo senão como uma possibilidade que compete à consciência realizar: é obra sua e rui com ela.

Art. 6: *Somente o concurso de todas as consciências é capaz de obter em cada ponto a transformação do fenômeno em ser.*

Mostrou-se no artigo precedente que não basta ao indivíduo conceber o objeto como o limite de toda a série de visões cada vez mais distintas que ele poderia ter sobre si numa vida infinitamente prolongada. Pois essas visões guardam, ao longo da série, a marca de sua origem subjetiva, e, conquanto, no termo ao qual elas tendem, pareça que se visa a coincidência do objeto e do sujeito, não poderia se tratar, todavia, da coincidência de um objeto particular com um sujeito particular. Pois, se esse objeto é em si mesmo infinitamente rico e o sujeito não pode atingi-lo senão depois de ter atualizado a infinidade de suas próprias potências, é de todo forçoso admitir que essa coincidência puramente ideal faria explodir os limites de tal objeto ou de tal sujeito.

Não obstante, resta-nos ainda uma etapa por transpor para mostrar que o objeto que se encontra implicado atrás de cada representação particular não é um objeto particular, mas o ser total, e que o sujeito que é suposto por cada operação da consciência é o ato puro e não o eu individual. De fato, o objeto particular ou o eu particular não podem ser definidos senão como o ponto onde se detêm, no objeto, a análise de suas propriedades e, no sujeito, o exercício de suas potências. É aqui o momento de apelar para a multiplicidade infinita das outras consciências que devem ser capazes, todas, de entrar em relação com o mesmo objeto segundo pontos de vista ao mesmo tempo diferentes, uma vez que exprimem a originalidade de cada uma delas, e todavia concordantes, à falta de que a identidade do objeto seria aniquilada. Assim como o fenômeno, uma vez isolado pela consciência, implica imediatamente uma infinidade de outros fenômenos a que ele se encontra ligado no sistema de nossa experiência, a limitação de nossa consciência, que é o preço de sua originalidade, implica imediatamente uma infinidade de outras consciências de que ela se distingue e com que, no entanto, se comunica. E até há correlação entre essas duas formas da multiplicidade. Pois, para que o ser esteja inteiramente presente em cada parte, permanecendo a mais rica e não a mais vazia de todas as noções, é preciso por um lado que ele revele nesse ponto a uma consciência finita um de seus aspectos somente, pois, se lhe revelasse sua totalidade, essa consciência se confundiria com ele e por conseguinte desapareceria (ora, isso obriga cada consciência, para permanecer ligada ao todo de que traz em si a potência, a perceber os outros aspectos do ser como distribuídos por todos os pontos do espaço e do tempo e a fazer de todos esses aspectos uma síntese subjetiva de que ela permanece o centro, apesar de ela prolongar o alcance infinitamente além do duplo horizonte espacial e temporal que ela mesma pode abraçar), e é preciso, por outro lado, que a infinidade dos aspectos do ser que ela negligenciou em cada ponto seja discernida por outras consciências, sem o que o ser total seria suposto mas não atualizado nesse ponto. Assim, nasce uma infinidade de sínteses subjetivas que, se pudessem ser superpostas, revelariam a presença total, em cada uma de suas partes, desse ser perfeitamente uno cuja miragem elas perseguiam em vão através do espaço e do tempo. No entanto, o espaço e o tempo no interior dos quais cada ser limitado sente tão vivamente seus limites e não cessa, contudo, de repeli-los, permitem-lhe também esclarecer, graças a um conjunto de símbolos, as operações interiores pelas quais ele funda sua independência, se comunica com o todo em que está situado e se une a ele participando de sua essência criadora. A dupla multiplicidade das consciências e dos objetos então não quebra senão aparentemente a unidade do ser puro: diremos antes que é seu testemunho. A impossibilidade para essas duas formas de multiplicidade de ser isoladas, sua reciprocidade, a necessidade para elas de convergirem e de se recobrirem, essa aptidão de cada consciência para encerrar em si o todo subjetivamente e de cada objeto para alimentar uma infinidade de consciências diferentes, nada disso dissimula os verdadeiros caracteres do ser: fornece deles mais que uma ilustração, a saber, a realização.

Essa análise nos permite descobrir no interior do ser puro e em sua aplicação à qualidade e ao concreto os princípios da teoria da relatividade de que certas consequências universalmente conhecidas concernem aos conceitos de espaço e de tempo e à interpretação de suas relações. Mas já se verifica que a consideração da relatividade levada até o último grau e a volta a uma teoria do ser absoluto são duas concepções solidárias.

Por outro lado, lembre-se de que, por uma via diferente, tínhamos sido conduzidos anteriormente a admitir que uma qualidade dada não é, ela própria, uma coisa fixa e imutável, senão que pode transformar-se para outros seres em qualidades diferentes, de modo que a maravilhosa miscelânea do universo adorne a totalidade da superfície para cada consciência e se encontre para todas as consciências reunidas em cada um dos pontos desta superfície. Nós sabemos que, se a experiência não permite confirmar até o fim o argumento dialético, é porque consideramos somente consciências muito vizinhas umas das outras, enquanto seria necessário levar em conta a extrema diferença das escalas e de pontos de vista que podem existir em todos os seres e até a acuidade indefinidamente variável da natureza talvez indefinidamente heterogênea de todos os seus sentidos.

A ciência geral do relativo deve ser olhada como a uma investigação absolutamente nova de que não possuímos ainda senão alguns rudimentos: para constituí-la, seria preciso estudar sistematicamente a variação total que se produz na representação qualitativa das coisas segundo o crescimento e segundo o distanciamento, os afastamentos assinaláveis entre as percepções de um mesmo objeto por diferentes indivíduos e, se pudéssemos, pelas diferentes espécies, a correspondência entre a imagem que fazemos do infinitamente pequeno, os recursos idênticos que uns tiram dos objetos mais diferentes, bem como os tão diferentes recursos que outros tiram do mesmo objeto, e, enfim, o quadro sinóptico dos diferentes sensíveis a que não se prestaram até agora senão certos modos poéticos de expressão.

C. O conhecimento ou a relação entre a parte e o todo

Art. 7: O conhecimento persegue, através do jogo infinito das relações, a posse do mesmo ser que o atualiza a ele mesmo por sua presença total em cada ponto.

Mostrando que no objeto vêm juntar-se não somente todas as visões que um sujeito finito poderá ter sobre ele, mas ainda todas as visões que sempre poderão obter dele todos os sujeitos finitos, estabelecemos não somente que o ser particular supõe o ser universal, mas ainda que, enquanto ser, não se distingue dele. Para nos assegurarmos dessa identificação, temos de comparar o ser com o conhecimento e perguntar-nos em que consiste o próprio ser do conhecimento. Pois parece à primeira vista que o conhecimento é um intermediário entre o ser a que ele se aplica e o próprio ser que ele recebe. De fato, essa observação deve esclarecer-nos. Não se conhecem senão coisas particulares, mas elas não são conhecidas senão de maneira abstrata, isto é, pela relação. Como seria de outro modo, se o conhecimento implica uma dualidade do sujeito e do objeto, e se o aspecto particular que ele se obriga a compreender no objeto, incapaz de subsistir isoladamente, parece fugir diante do olhar e deve reclamar ao redor de si o universo inteiro para sustentá-lo?

Muito mais ainda, o entendimento não se encontra à vontade senão na relação que é a operação característica de sua natureza, porque é para ela que ele remedeia indefinidamente sua própria finitude crendo remediar exclusivamente a finitude do fenômeno. Assim, não somente o particular implica uma relação entre todos os particulares, mas ainda, se nada pode ser verdadeiramente conhecido senão pela relação, o próprio particular tende a se dissolver no feixe das relações.

É da essência da relação, no entanto, prosseguir indefinidamente suas conquistas, sem poder encerrar-se no todo para cingi-lo. Ela está ligada à ideia de potência e à ideia de tempo. É a condição oferecida a um ser finito para se distinguir do todo, mas tomando lugar nele. Como ele tomaria lugar aí de outro modo senão distinguindo, no todo, outros seres finitos como ele? Mas é preciso que esses seres lhe apareçam: eles não são então para ele senão fenômenos, isto é, aspectos particulares do mundo que não podem subsistir senão numa consciência, isto é, pela relação que os liga. O conhecimento exprime bem, então, a totalidade do ser, mas uma totalidade em potência, essa totalidade sempre aberta, figurada pelo termo infinidade, e cuja possibilidade é preciso, necessariamente, admitir para que o indivíduo permaneça distinto do todo na própria operação pela qual busca envolvê-lo.

Coloquemo-nos agora do lado do ser e já não do lado do conhecimento. Esse termo particular que acabamos de dissipar no jogo das relações deve, contudo, ser considerado por nós como real e, na realidade que lhe é própria, ultrapassará sempre infinitamente o conhecimento que temos dele. É impossível fazer uma análise exaustiva dele: pois sabemos que as influências emanadas de todos os pontos do universo vêm juntar-se nele. Esse termo, dir-se-á, existe todavia *hic et nunc*: mas é precisamente por isso que ele é solidário de todo o espaço, que todo o passado do mundo vem desembocar nele, que todo o futuro depende dele. Mais ainda, não é nada dizer que ele está ligado a todos os outros termos por fios infinitamente tênues: a influência exercida por um termo sobre outro termo é, no sentido mais rigoroso dessa palavra, a presença do primeiro no segundo, ao menos se é verdade, como o mostraremos, que o ser é indiscernível do próprio ato que o cumpre.

Mas então o mundo inteiro se encontra em cada uma de suas partes. E não se ganha nada sustentando que ele não está aí senão parcialmente e que cada elemento do mundo se distingue daquele que age sobre ele, mas que age ao mesmo tempo sobre todos os outros. Pois, uma vez que estes por sua vez agem sobre o primeiro, que sofre assim uma ação que vem de todos os lugares, é evidente que a realidade de todos os elementos do mundo, isto é, a ação que eles podem exercer, se encontra inteiramente em cada um deles, ora diretamente, ora indiretamente. É até da relação entre essa ação direta e essa ação indireta, isto é, a que ele cumpre e a que ele sofre, ou ainda entre sua atividade e sua passividade, que resultam os caracteres distintivos de cada individualidade finita. Não é pois suficiente afirmar, como se fez, que cada ser particular é um espelho do mundo; é preciso ir mais longe e sustentar que o ser que se encontra atrás de cada fenômeno é o ser total, conquanto a consciência nos convide a constituir sua imagem numa espécie de espelho sem limites a partir do momento em que ela discerniu algum aspecto que, evocando todos os outros, deve ainda ser ligado a eles pela relação.

Não obstante, o ser total que se encontra presente atrás do fenômeno particular é muito diferente do infinito que o conhecimento buscava em vão abarcar há pouco; é o que dá ao próprio fenômeno sua atualidade. Enquanto o conhecimento é uma potência que jamais termina de se exercer e que não permanece conhecimento senão com essa condição, todo fenômeno concreto é atual, e sua atualidade ultrapassa o ato pelo qual acabo de tomar consciência dele, já que é, ao contrário, graças a essa atualidade que minha potência intelectual é suscetível de passar a ato. Essa atualidade exprime a atualidade eterna do todo a que o sujeito finito deve permanecer vinculado a fim de poder dar um valor objetivo à sequência indefinida das análises e das sínteses pelas quais ele se esforça por assimilá-la.

A impossibilidade para o sujeito de reduzir, como tenta fazê-lo, o objeto à relação, a resistência do concreto que não se deixa dissolver pela abstração, quaisquer que sejam sua sutileza e sua complexidade, a necessidade inevitável em que nos encontramos de estender as relações entre termos, por mais despojadas que se suponham, mas que dão, todavia, à própria relação sua realidade, e, para empregar a linguagem de Aristóteles e de Kant, a impiedosa oposição entre a matéria e a forma atesta ao mesmo tempo a implicação, por cada uma das operações do conhecimento, do todo em ato que o entendimento tentará em vão igualar num tempo indefinido graças a um conjunto de ligações lógicas. Mas a própria grandeza desse esforço não poderia enganar-nos a respeito de sua fragilidade; ele não cessará jamais de nos aparecer como uma espécie de jogo convencional se nós não o ligarmos firmemente em cada uma de suas etapas à própria intuição imediata do concreto; somente ela nos dá o contato com o real sem o qual nossa inteligência giraria no vazio. É que, como se disse, essa que é o todo em potência não pode exercer-se senão pela virtude de um todo em ato; no *intervalo* que os separa nasce o tempo e o pensamento discursivo.

Art. 8: A relação é correlativa de uma operação analítica pela qual o sujeito distingue no todo, segundo a direção de seu interesse, partes ou qualidades diferentes.

Se a análise é o instrumento por excelência do conhecimento, é porque ela distingue, no real, elementos que, não existindo isoladamente fora do pensamento, são uma matéria admirável para todas as reconstruções que o pensamento possa vir a fazer do universo; e esses elementos, sejam considerados em sua forma sensível, sejam considerados em sua forma conceitual (que devem necessariamente corresponder-se, como será mostrado no Artigo 9), são precisamente os meios com que se podem deduzir a natureza e o número e sem os quais o finito e o infinito não poderiam comunicar-se. Por outro lado, podendo embora a análise ser levada tão longe quanto se queira, sabe-se que ela não pode esgotar a abundância infinita do real em cada ponto.

Dividir o todo é reconhecer nele partes, e analisá-lo é propriamente reconhecer nele qualidades: mas a parte e a qualidade não têm realidade senão por seu próprio contraste, e recebem ambas sua existência do todo em que se descobriram. A parte é um feixe de qualidades: a análise pode distendê-las a fim de que desdobrem diante de nossos olhos no espaço e no tempo toda a riqueza do mundo, pois ela não multiplica as partes senão aparentemente e como suportes das qualidades. O mesmo feixe se encontra estreitado pela intuição numa espécie de unidade indivisível, mas de superabundância infinita e que abole em todos os lugares a própria limitação da parte.

À relação é preciso conceder o ser, e o ser que lhe concedemos é precisamente o ser da representação. O aparecimento da relação é correlativo à imperfeição de toda análise. Pois, se pudéssemos esgotar de um só golpe a análise de um termo particular qualquer, já não teríamos necessidade de ligá-lo a outros, nem de ligar suas qualidades entre si. Descobriríamos imediatamente nele a totalidade do real.

A oposição entre a qualidade e a parte é um testemunho da distinção entre o ser e a representação ao mesmo tempo que o é de sua solidariedade. A parte não possui o ser senão pela infinidade atual que ela encerra: mas ela não seria uma parte e não se distinguiria das outras partes, nem do sujeito, se sua análise pudesse ser prosseguida até o fim. E mesmo essa análise jamais começaria. Pois a análise é uma operação que permite à nossa personalidade destacar-se do universo: para constituir-se, é preciso que essa personalidade cesse de ser absorvida pelo todo, que ela distinga nele o que a interessa e, por conseguinte, que se interrompa em dado ponto numa análise cujo movimento é em princípio indefinido. Assim se constitui simultaneamente para nós o fenômeno, cujo caráter objetivo vem de ele envolver uma verdade muito mais rica que não fazemos senão aflorar. Mas essa operação analítica não seria possível sem que nós tivéssemos à nossa disposição um tempo para continuá-la e um espaço para assegurar, em cada uma das etapas da análise, a atualidade do todo, que se dispersaria de outro modo na sequência de um desenvolvimento temporal. O sujeito se encontra então na obrigação de perceber a cada instante no espaço, na forma de um conjunto de fenômenos bem ligados, uma imagem do todo que a análise se tinha esforçado por dissolver em cada ponto.

D. O todo como ato e o todo como espetáculo

Art. 9: O todo poderá ser compreendido de duas maneiras, seja por uma síntese discursiva indefinidamente continuada, seja em cada ponto por um extremo aprofundamento da consciência de si.

A multiplicidade infinita de sujeitos, sendo correlativa ao aparecimento de um único sujeito finito, permite sem dúvida encontrar, pela variedade de perspectivas pelas quais eles consideram cada objeto, a presença do todo no interior deste. Mas cada sujeito é, ele mesmo, por sua própria conta obrigado a distinguir entre o todo em que toma lugar, e do qual não atualiza a cada instante senão um aspecto, e o todo que ele busca envolver e que desse modo se torna necessariamente um sistema de relações. Sem o segundo, o primeiro pareceria limitado; sem o primeiro, o segundo pareceria abstrato. Sua oposição e sua solidariedade exprimem a possibilidade para a consciência de um sujeito finito unir-se ao ser puro e realizar sua ideia.

É pois igualmente verdadeiro dizer do todo que ele contém as partes e de cada parte que ela contém o todo; a própria definição de todo parece indicar que ele não pode realizar-se senão pelas partes que o formam, e, no entanto, se se faz abstração da maneira como a parte é aprendida pelo sujeito e se ela é considerada em si mesma, é o todo que lhe dá seu ser próprio.

Acaba-se, por conseguinte, por admitir que no ser não há distinção entre a parte e o todo, e que é a inadequação entre o conhecimento e o ser o que faz aparecer as partes. Uma vez porém que o conhecimento é interior ao ser e que ele se confundiria com o ser se fosse levado até seu ponto de perfeição, não há que assombrar-se com que ele espere um encontro com o ser seja, em cada termo, por uma análise acabada, seja, no conjunto de todos os termos, pela conclusão do sistema de relações em que estas se farão entrar. E esse duplo encontro apareceria como necessário se se quisesse ver que a influência mútua que exercem, uns sobre os outros, todos os pontos do universo, e que a ciência se esforça por esquematizar, se confunde com a presença em cada ponto de uma ação que vem de todas as partes, isto é, com o ser total (ao menos aceitando que o ser não possa distinguir-se da própria operação que o cumpre).

A relação é o contrário do ser, assim como a insuficiência é o contrário da suficiência; mas é um apelo ao ser, e esse apelo também participa do ser. Ela exprime o esforço pelo qual a consciência, após ser reconhecida, ela mesma, como o todo em potência, tenta atualizar-se. Sabemos que não pode fazê-lo senão com o concurso de todas as outras consciências: mas o todo que ela busca é o próprio ato que a anima e com o qual visa obter, representando-o como a um fim, uma união cada vez mais íntima. Desse todo a palavra "relação" exprime mal a natureza, pois que ela evoca termos que recebem dele sua própria existência. Valeria mais empregar para designá-lo a palavra *posição*, assinalando com firmeza que se trataria de uma posição de todo interior a si mesma e cujo caráter próprio seria não ser posta, mas pôr-se.

Temos pois de nos haver com uma dupla ideia da totalidade, em primeiro lugar uma totalidade de algum modo abstrata e indefinida que não recebe um caráter de realidade senão pela atualidade de cada uma de suas partes, e em segundo uma totalidade concreta presente em cada ponto, mas que não pode ser apreendida pelo conhecimento discursivo senão graças a uma análise que nos remete para a totalidade abstrata.

Todos os graus do conhecimento devem estar situados entre esses dois extremos, pois não posso compreender um mundo de que eu próprio sou um elemento senão tentando quer reconstruí-lo sinteticamente, quer penetrá-lo diretamente até sua intimidade mais recôndita: o primeiro método supõe o uso de todos os artifícios do entendimento, e o segundo um extremo aprofundamento da consciência de si; mas há intermediários por onde eles se juntam, como o fazem o espírito de fineza e o espírito de geometria.

Art. 10: O objeto apresenta-se em forma de dado para acusar os limites da operação interior ao ser pela qual o espírito empreende igualar-se a este.

Se o objeto particular nos parece mais perto do ser do que a operação pela qual ele é pensado, que é, no entanto, interior ao ser por sua essência e infinita por sua potência de aplicação, é porque o objeto possui em si mesmo uma plenitude concreta e individualizada, enquanto a operação não tem sua infinitude senão de seu inacabamento. O primeiro é dado no presente, a segunda deve renovar-se na duração. O primeiro está além da consciência individual, que, antes de tudo passiva com respeito a ele, lhe opõe para vencê-lo a sutileza de uma análise que o recorta sem reduzi-lo: não parece limitado senão para parecer à medida do indivíduo num universo em que este projeta em todas as partes seus próprios limites. A segunda é uma forma de atividade que parece própria ao indivíduo, e cuja extensão não parece sem limites senão porque envolve uma pura possibilidade.

Dir-se-á talvez que o objeto particular representa melhor para nós a infinidade na ordem da compreensão e a operação intelectual a infinidade na ordem da extensão. Mas essa visão poderia induzir-nos ao erro. Pois o objeto particular não pode aparecer ao sujeito do conhecimento senão como um fenômeno, enquanto o sujeito participa do ser de dentro precisamente pelo ato que lhe permite pensar todo o restante: esse ato apresenta um caráter de intimidade, de distinção, de adequação que exige que se modele sobre ele o real, em lugar de fazer o contrário.

É o destino de um ser finito não poder compreender o concreto senão no particular, e não poder abraçar o todo senão num estreitamento subjetivo impossível de encerrar. Há aí duas expressões diferentes de uma mesma potência do entendimento. No entanto, a potência e a impotência aqui caminham lado a lado. É porque o entendimento é desigual ao todo que ele empreende assimilá-lo. É preciso, pois, que por sua própria natureza ele não lhe seja estranho. Ora, só pode haver solidariedade perfeita e distinção precisa entre a parte e o todo se a parte constituir seu ser próprio deixando exercer-se nela a mesma atividade que governa o todo e cujo desenvolvimento, para ser atualizado, deveria ser levado ao infinito: mas isso não é possível, pois, se o fosse, a parte viria a se confundir com o todo, e deve ser assim, todavia, de alguma maneira, para que a inserção da parte no todo seja legítima; não resta pois senão uma solução: que o todo, apesar de homogêneo à atividade do pensamento, não cessa de superá-la em cada ponto e, no entanto, de ser inseparável dela. Desse modo, se a parte não pode compreender o próprio todo senão em suas partes, ao menos é preciso que, fazendo de si mesma um sujeito, ela possa definir-se como uma potência infinita que, evocando sem cessar novas partes, reclama correlativamente a presença do infinito em ato no interior de cada uma delas, conquanto pensando-as como partes faça delas outros tantos objetos, isto é, as aprenda tão somente como fenômenos.

Art. 11: As coisas particulares são em um sentido tais como as vemos, já que por trás delas não há senão o todo de que elas exprimem um aspecto apropriado à nossa natureza.

A observação precedente receberá uma confirmação numa espécie de testemunho tomado ao senso comum. Pois, quando queremos que atrás do conhecimento haja o objeto, entendemos por isso um objeto em geral antes que tal objeto que se pareceria ao conhecimento. No entanto, há a homogeneidade entre o conhecimento e o real no sentido de que o conhecimento está situado no interior do real e fragmenta a unidade do universo a fim de adequá-la à natureza de um ser finito. Os objetos particulares são indiscerníveis do conhecimento que temos deles: para um ser diferente de nós, as linhas de demarcação que os separam e a sistematização que os reúne seriam inteiramente outras. Por isso o realismo popular encontra uma espécie de fundamento, pois as coisas que se veem são tais como são vistas. Atrás delas há o que não se lhe conhece ainda e que forma com o que se conhece o todo em que todos os seres extraem os elementos do espetáculo que eles se dão olhando o mundo. Nada pode conferir mais valor nem mais alcance ao conhecimento, pois ele é uma análise imperfeita do todo, uma visão limitada que temos dele a cada instante. Assim se explica que essas visões possam concordar; pois é do mesmo todo que são tomadas. Cada uma porta em si uma espécie de inacabamento sempre novo. Pois um ser que vive no tempo é sempre múltiplo e dividido consigo mesmo. Mas é o todo que fornece a nosso ser fugidio com incansável fecundidade a matéria de todos os seus conhecimentos e os recursos de todos seus atos. É pois o todo o único objeto que se encontra atrás das representações particulares. No entanto, essa concepção tropeça em duas objeções que nos obrigam a lhe dar uma forma mais precisa: a primeira é que, na indeterminação do todo, a análise parece arbitrária e capaz de evocar onde quer que seja qualquer objeto, de modo que já não se vê como a experiência do mundo possa formar um sistema; a segunda, ligada à precedente, é que essa análise diferenciada supõe, ela própria, indivíduos diferentes, mas cujas diferenças é preciso que se correspondam de alguma maneira. À primeira objeção se responderá que é a unidade do todo o que nos obriga, após ter distinguido nele uma parte qualquer, evocar todas as outras segundo uma ordem regrada a fim de que a unidade do todo não seja rompida; e à segunda, que a diferença entre os indivíduos não acrescenta nada à diferença entre as partes, senão para fazer de cada parte o centro de uma perspectiva em que todas as outras se encontrem envolvidas, e que o acordo entre os indivíduos deriva de condições gerais que fazem de cada um deles um indivíduo antes de fazer dele tal indivíduo.

É admirável agora que, apesar de todos os desmentidos da experiência, nos obstinemos em considerar como o caráter essencial do objeto a permanência ou a estabilidade. Assim nos cremos tão mais seguros de atingir o objeto quanto nos encontremos diante de um termo que varia menos; e até estamos dispostos às vezes a nos contentar com certas aproximações bastante grosseiras, como a dureza dos corpos sólidos, onde vemos uma imagem do ser melhor que na fluidez do ar ou da fumaça, como esquemas conceituais da ciência que o entendimento sabe substituir com tanta mestria à diversidade indefinida dos dados sensíveis. Mas sabemos bem que a estabilidade perfeita não pode pertencer senão ao todo em que as partes, isto é, os fenômenos, não cessam eternamente de nascer e morrer: e as leis do universo não são nada mais que a expressão da presença do mesmo todo à diversidade fugidia dos fenômenos.[2]

Art. 12: A consciência é medianeira em cada ponto entre a existência atual do todo e a existência fenomenal da parte.

Investigando qual é a forma de existência que pertence à parte, não se pôde atribuir senão aquela mesma que pertence ao todo. Mas exprimiu-se essa espécie de inclusão do todo na parte por duas fórmulas aparentemente contraditórias: a primeira pedia à parte que, como o todo, buscasse sua suficiência em si mesma; a segunda fazia da parte uma espécie de cruzamento de todos os caminhos provenientes de todas as outras partes.

Nenhum objeto, no entanto, pode ser visto como se bastando a si mesmo, já que aparece numa consciência; do mesmo modo, essa consciência tampouco pode articular o objeto percebido com todos os outros objetos, mas somente com os objetos vizinhos e segundo seu interesse imediato ou próximo. Essa insuficiência do fenômeno e essa limitação das relações em que a consciência o faz entrar sugerem que as duas fórmulas

---

[2] Apresenta-se uma dificuldade, todavia, no que concerne à existência das essências particulares. Mas se observará que essa existência pode ser contestada simultaneamente por aqueles que, rejeitando nossa tese da universalidade do ser, as opõem ao ser, e, pondo-as, as põem como irreais, e por aqueles que não querem que haja intermediário entre o todo e o indivíduo. Se ao menos as essências não são levadas como os fenômenos pelo devir, não é preciso invocá-las de preferência ao todo para sustentar os fenômenos, já que o todo que fundamenta sua pertença ao mesmo ser não pode bastar para explicar sua diversidade no ser? Não obstante, não se esquecerá de que o privilégio da essência sobre o fenômeno vem de ela ter uma intimidade, de ela ser um pensamento e não somente um objeto de pensamento, mas o pensamento pelo qual a coisa se faz antes que o pensamento pelo qual a pensamos e que tentamos sem conseguir fazer coincidir com ela. O ato constitutivo da essência é uma participação do todo, enquanto o fenômeno não é senão um aspecto objetivo dele. E nossa consciência só tem parentesco com a essência, sem ser ela mesma uma essência, como a alma de Platão com a ideia: pois ela se define pela liberdade que faz dela um ser em potência, ambíguo, encarnado numa situação e que não acaba jamais de se cumprir. A alma implicada no tempo e sempre às voltas com os fenômenos não pode ter outro fim senão tornar-se sua própria essência.

contraditórias pelas quais se queria definir a existência da parte se juntariam se as levássemos até o limite, e que sua suficiência plena se confundiria então com a totalidade atual das relações que a reunissem ao universo inteiro.

Ademais, as relações que o sujeito consciente sustenta com um objeto qualquer permitem imaginar, transpondo-as, as relações que este poderia ter com todos os outros se o tomássemos no mundo como a uma referência privilegiada. Assim ele poderia adquirir como parte uma suficiência relativa precisamente cessando de existir para outro sem ser confundido, no entanto, ainda com o todo, e, por conseguinte, tornando-se uma existência para si, isto é, uma consciência em que todos os outros termos receberiam uma vez mais uma forma subjetiva e fenomenal. Na verdade, a consciência não pode conceder à parte uma verdadeira independência sem lhe conceder a forma de independência de que ela própria goza. Então somente a parte cessa de ser uma representação solidária de todas as outras para se tornar um sujeito que representa tudo o mais, isto é, que, permanecendo interior a si mesmo, se esforça por igualar o todo e se considera que lhe é coextensivo de direito.

Inversamente, nossos próprios limites não podem tornar-se manifestos senão com a condição de que ao mesmo tempo que envolvemos o universo pela representação sejamos também nós mesmos envoltos no universo: o que só é possível se cada um dos termos que representamos for capaz de adquirir uma forma de existência comparável à nossa, e constituir por conseguinte uma referência com respeito à qual todos os outros termos, e nós mesmos entre eles, obtenham por sua vez um lugar original numa perspectiva que lhe é própria. Ou seja, todo objeto deve estar apto a se tornar um sujeito capaz de abarcar a totalidade das coisas no interior de sua consciência individual: resulta daí entre o objeto e o sujeito uma reciprocidade maravilhosa; pois o mesmo objeto que nos aparecia, enquanto não era senão uma representação, como uma encruzilhada de todas as ligações que uniam entre si todos os termos finitos se converte em um princípio que os produz, desde que se faça dele um centro de representações real ou possível. E a limitação que parecia pertencer-lhe exclusivamente, quando não se via nele senão uma coisa, torna-se, com respeito à sua nova função de sujeito, a limitação do mundo que ele representa e não cessa de ultrapassar.

Que se seja assim conduzido a considerar cada parte do universo como não podendo existir por si mesma senão tornando-se uma consciência poderia conduzir-nos de certa maneira a uma concepção de aparência monadológica. Conquanto, porém, essa concepção exprima com clareza como o mesmo ser é ao mesmo tempo interior a si mesmo e ao todo, como ele pode descobrir, graças à intuição de si mesmo, a mesma abundância concreta que encontra, graças ao pensamento discursivo, no espetáculo do universo qualificado, pode-se temer que pareça deixar as diferentes consciências em certo estado de isolamento. De fato, estas não se comunicam entre si diretamente, mas somente pelo princípio idêntico que fundamenta sua realidade. E, desse modo, não devemos assombrar-nos de que elas possam entender-se, seja pela contemplação de um espetáculo apropriado em cada uma delas do ponto de vista original pelo qual ela olha o todo, seja por essa união mais estreita que o amor realiza entre elas e que, sendo o único meio de que elas dispõem para ultrapassar o conhecimento dos fenômenos e seu próprio limite subjetivo, põe ao mesmo tempo nelas e fora delas uma forma de existência comparável à sua, e as interioriza uma à outra aproximando-as ao mesmo tempo da fonte comum de seu ser.

Mas de qualquer maneira importa reter que seria uma dupla idolatria querer distinguir o eu do feixe de relações que ele sustenta com a totalidade das coisas e querer distinguir o ser total desse feixe infinito de sujeitos ao mesmo tempo independentes e interdependentes a que ele não cessa de dar uma potência indefinida de crescimento e comunicação mútua.

TERCEIRA PARTE

A INTERIORIDADE DO SER

7. Do ser do eu

A. O pensamento, mediador entre o eu e o ser

Art. primeiro: O eu é ao mesmo tempo uma parte do ser e o fator de sua divisão em partes.

Eis que chegamos ao ponto mais delicado de nossa análise. O ser tinha sido definido na Primeira Parte como o objeto universal (Capítulo I, Art. 2), não, é verdade, no sentido de que um objeto se opõe a um sujeito, mas no sentido de que o próprio ser é o termo de toda afirmação possível e supera por conseguinte a distinção entre o sujeito e o objeto: ele não era ainda para nós senão a unidade de uma totalidade. No entanto, mostramos, na Segunda Parte, que essa totalidade não é uma soma de partes, senão que é a unidade de um ato suscetível de ser participado e, por essa própria participação, de fazer aparecer no ser uma multiplicidade de partes. Assim, é a subjetividade da consciência o que nos torna interiores ao ser: é dela também que a objetividade é derivada, pois que não há objeto senão para uma consciência que o ponha. Daí se pode extrair um privilégio da subjetividade sobre a objetividade uma vez que se procure atingir o ser em sua própria raiz. E essa interioridade se mostrará a nós sob um triplo aspecto, antes de tudo no *eu* em que temos dela uma espécie de experiência imediata, em seguida na *ideia do ser* em que ela ultrapassa o eu sem produzir, todavia, exterioridade, mas de modo que antes o eu lhe é interior do que ela é interior ao eu, e enfim na *presença do ser* pela qual ele comunica ao eu sua própria interioridade, em lugar de recebê-la dele, e que é o ponto em que a objetividade e a subjetividade já não se distinguem. Assim, é o ser do eu que nos permite, em virtude da univocidade, penetrar o ser do todo: mas, dizendo que o ser é uma ideia que contém em si o eu antes ainda que o eu a contenha, descobrimos o círculo em que a ideia do ser e o ser da ideia se reúnem, e que acaba de justificar esse primado do ser de que tínhamos partido de início, reduzindo-o a uma presença eterna para além da qual não se remonta mais. Isso mostra que a metafísica do ser se prolonga numa lógica e desabrocha numa psicologia.

Poder-se-ia pensar que é inútil estudar à parte as relações entre o ser e o eu, pois *primeiramente*, se o eu deve considerar-se a si mesmo como parte do todo, o que dissemos no capítulo precedente da implicação do todo em cada parte deveria aplicar-se também ao eu. Ora, não se deve conceber o eu como não sendo com respeito ao todo senão uma parte, porque o eu possui determinações que o limitam, porque não podemos pô-lo senão por sua oposição ao não eu, e porque, enfim, há no eu uma aspiração que, possa ser atendida ou não o possa, supõe um meio em que ela se alimenta ou que lhe apresenta um obstáculo?

Em segundo lugar, e se quiséssemos arguir que o eu possui com respeito a todas as outras partes do universo uma originalidade inegável, não é verdade que essa originalidade tenha sido marcada com força suficiente, já que o aparecimento das partes nos pareceu correlativo ao do eu e que, se o universo se abre diante dele com uma abundância infinita em que ele não cessa de encontrar a matéria de seu conhecimento, ao menos o eu não pode transformar esse universo em representação senão distinguindo nele objetos limitados como ele, e que não podem adquirir sentido senão tornando-se fenômenos a seus olhos?

Mas então precisamente somos obrigados a explicar qual é a essência própria desse eu que é ao mesmo tempo uma parte do mundo e o fator de sua divisão em partes, que é superior aos fenômenos, já que é preciso que ele seja posto para que os fenômenos se tornem possíveis, e que, se está envolto na totalidade do real, envolve por sua vez a esta no ato do conhecimento. Mostrando no capítulo precedente a solidariedade entre as partes e o todo, suposemos que o mesmo eu, distinguindo-se ele mesmo do todo, distingue também no todo partes que lhe são exteriores. Mas essas duas operações, conquanto inseparáveis uma da outra, não têm a mesma significação e não se produzem da mesma maneira. Pois a primeira é uma operação interior ao ser pela qual o eu constitui o ser que lhe é próprio, enquanto a segunda é uma operação que faz surgir do ser uma multiplicidade de aspectos em relação com as potências do eu, no momento em que, para se atualizar, elas recebem ademais o que lhes falta. Quanto à conexão que as une, aparece com particular clareza se se pensa que dizer do eu que ele é uma parte do todo não é dizer que ele é um objeto entre outros objetos, e sim que ele se cria a si mesmo por uma participação no todo que toma do todo sua substância. Mas, para que essa participação não seja nada mais que uma participação, isto é, para que jamais se complete, é preciso que o eu tenha limites, e por conseguinte que seja ao mesmo tempo um objeto entre os objetos e que tenha um corpo. Ora, parece impossível ao sujeito, a partir do momento em que descobriu seu ser próprio, não o adotar como referência com respeito à qual julgará o ser em geral. E, como ele não pode fazer que sua própria realidade seja nada além de uma forma particular e limitada da realidade total, apega-se à ideia dessa particularidade e dessa limitação, de modo que sua própria existência se torna uma existência relativa e imperfeita de que depende, todavia, a existência de todos os objetos do pensamento. Então o próprio ser é um imenso objeto que, por uma verdadeira inversão, recebendo do eu o que ele lhe emprestou, se encontrará posto abaixo dele; cessará de ser o corpo para tornar-se a sombra de uma sombra. É nessa consequência que o idealismo desembocou: há aí uma ilusão tenaz e por assim dizer necessária que parece inseparável do testemunho imediato da consciência. Não será possível dissipá-la senão vinculando-se ao princípio da univocidade e submetendo a uma análise crítica rigorosa o argumento cartesiano "penso, logo sou", bem como a concepção kantiana do sujeito do conhecimento.

Art. 2: O argumento "penso, logo sou" inscreve o pensamento no ser e não o ser no pensamento.

Os espíritos menos prevenidos estão prontos a reconhecer que se, dizendo "penso" Descartes apreende ao mesmo tempo sua própria existência, isso não significa que a existência em geral seja posterior ao pensamento e fundada nele, mas somente que é em seu próprio pensamento que ele compreende indubitavelmente a primeira revelação da existência. Ora, se há identidade entre seu pensamento e o ser de seu pensamento, é porque, como sempre sustentamos, o ser não é um caráter separado. Ademais, que a existência desborde ao menos de direito a esfera de seu próprio pensamento é o que aparece, como se sabe, não somente no desenvolvimento da doutrina quando Descartes atribui a existência ao mesmo tempo à extensão e a Deus, mas numa observação explícita pela qual, restringindo o alcance que é preciso conceder ao primado do eu pensante, ele próprio reconhece que a dúvida não aboliu certas noções primitivas, entre as quais ele cita a própria noção do ser.

Não basta agora observar que essa noção é puramente abstrata e problemática até o momento em que a experiência concreta de meu próprio pensamento lhe vem dar caráter de realidade. Sem sustentar ainda o argumento de que uma noção, mesmo abstrata, deve possuir o ser por sua vez e por conseguinte supor o todo de que se separa como um aspecto, sem sequer pretender, como se mostrará no capítulo seguinte, que não há nenhuma distinção entre a ideia do ser e o ser atual (o que constituirá depois para o próprio Descartes o fundamento do argumento ontológico, e que justificará o método da Ética), bastará observar que a força da prova "penso, logo sou" provém não da subsunção do pensamento sob a ideia abstrata do ser, mas de sua inscrição imediata e necessária no interior do ser concreto.

Não se pode conceber o progresso inseparável desse célebre raciocínio, e que é marcado muito claramente pelo *logo* introdutório da conclusão, senão como o ato pelo qual, assim que tomei consciência do eu pensante, reconheço que, apesar de seu caráter limitado, ele não pode ser um simples fantasma, senão que adere ao ser absoluto de que é a primeira forma compreensível. Sem dúvida é verdade que Descartes aproximou estreitamente as duas proposições "penso, existo", a ponto de abolir às vezes a conjunção que as ligava, mas que também as separava. No entanto, era a fim de melhor responder àqueles que queriam confundir seu argumento com um silogismo. E contra todos eles tem-se ainda razão de sustentar que esse argumento desenvolve uma intuição, a saber, a intuição da presença de meu ser pensante no ser total. Aqui onde parece que é por uma análise do ser que descubro o ser do eu, conviria antes dizer que é pela experiência do eu que descubro o todo do ser de que o eu faz parte. Ao contrário, se se tratasse de um silogismo, o eu se encontraria posto no gênero do ser abstrato, e o conhecimento não obteria nenhum enriquecimento real. O vigor e, por assim dizer, a eterna juventude da prova cartesiana vêm de que, em vez de ligar ao ser o sujeito de todo pensamento em geral, o que não teria permitido compreender a preferência dada ao pensamento sobre todas as outras determinações do ser (já que um pensamento que não é o meu não pode ser para mim senão um objeto de pensamento), Descartes sentiu que era preciso partir de seu próprio pensamento, isto é, do único termo de que se tinha uma experiência íntima e direta, e em que se obtinha o contato ou a posse do próprio ser. Contato e posse que se recriam indefinidamente porque nosso pensamento é uma atividade que não cessa de se renovar, que provam uma homogeneidade certa entre o ser e o pensamento, e que tornam nosso pensamento competente para o conhecimento do ser, já que ele é o próprio ser. Unicamente minha interioridade a meu próprio ser, isto é, meu pensamento, podia assegurar-me de minha interioridade ao ser puro: mas no momento em que percebo os limites de meu pensamento, não concebo por isso os limites do ser de que ela participa. Descartes, afirmando tal princípio, mostrava precisamente a que ponto estava afastado do idealismo subjetivo.

Basta aqui ter mostrado que o privilégio de meu pensamento é revelar-me intuitivamente e pela primeira vez o ser do mundo indivisível de seu ser próprio. O leitor atento de Descartes sabe bem que sua preocupação essencial e, por assim dizer, dramática é descobrir um termo que lhe permita sujeitar-se ao ser. De todos os termos que ele teria podido escolher, o pensamento, porque é o único a ter experiência imediata de si mesmo, possui esse privilégio com exclusividade. Mas ele recebe do ser sua força e sua solidez, assim como o ser recebe dele a determinação que no-lo revela. Há nele outras determinações, e todas recebem do pensamento a luz que as ilumina; se essa é coextensiva ao ser, é o ser que a engendra; é preciso que nele ela se distinga dele para se aplicar a ele e tentar abarcá-lo. Mas ninguém consentirá em crer que, dizendo "penso, logo sou", Descartes estivesse mais preocupado com conferir à existência o caráter do pensamento do que ao pensamento o caráter da existência.

O alcance ontológico do argumento aparecerá melhor ainda se se pensar que Descartes não limitou o valor da existência que convinha ao pensamento. E, se ele distinguia três espécies de existência, a objetiva, a formal e a eminente, atribuía ao eu uma existência formal, em sentido completamente diferente do que Kant dava a essa palavra, e que o opunha à existência eminente pela imperfeição do termo ao qual era aplicado, mas não por seu nível inferior na ordem da modalidade.

Art. 3: *O próprio eu não pode ser posto senão por uma limitação do pensamento em geral que implica o aparecimento da afetividade.*

É muito mais fácil, dizendo "eu penso", pôr o pensamento em geral do que limitar exatamente meu pensamento particular. Sem dúvida, dir-se-á que sou eu que penso. Mas, como perguntava Descartes, qual é esse eu que pensa e cuja essência toda é pensar? Ele não se confunde com o estado presente do pensamento: distingue-se de seu objeto momentaneamente. Aí onde se põe o pensamento, pode-se fazer de outro modo que pô-lo em sua indeterminação e sua infinidade, se se considera o campo de sua aplicação, e em sua indivisível totalidade, se se considera em cada ponto a atualidade de sua essência? Para que se possa pensar alguma coisa, é preciso que se possa pensar tudo: não há nada que a luz não possa iluminar, e as diferenças que ela nos revela nas coisas não provêm dela, mas da maneira como é distribuída ou retida. Dizendo "meu pensamento", acuso esse caráter de interioridade perfeita que é inseparável de todo pensamento: é a intimidade, a subjetividade por si, uma espécie de presença do ser a si mesmo.

O ato pelo qual eu participo de um pensamento que me ultrapassa faz, é verdade, desse pensamento meu pensamento; ora, bem sei que meu eu, conquanto esteja unido a esse pensamento inteiro, o limita. Assim como o pensamento era uma determinação do ser, e não inversamente, o eu também é uma determinação do pensamento, e não o contrário. Dir-se-á, talvez, que compreendendo a existência no ato do pensamento, recusando disjungir a existência e o pensamento na consciência do eu pensante, Descartes tornou decisivamente imanente a existência e a encerrou nos limites da consciência, ao menos no que concerne à afirmação inicial que a apreende. E, no entanto, ainda seria preciso quanto a esse ponto evitar um desprezo essencial: quando Descartes dizia "sou pensante", queria muito menos fazer da existência o objeto de seu pensamento que de seu pensamento a determinação e a revelação de sua existência; pois, conquanto haja uma espécie de reciprocidade entre o pensamento e a existência do pensamento, são dois atos diferentes dizer penso a ideia de minha existência, e dizer vejo claramente por meu pensamento que, se eu não fosse, eu não pensaria. O primeiro ato é sem dúvida a condição do segundo, mas, se nos detemos no primeiro, como faz o idealismo, já não é mais que uma afirmação sem força nem eficácia que, em vez de fundar o pensamento como se esperava, extenua a existência reduzindo-a a um modo desse pensamento que ela estava todavia destinada a sustentar.

Se é evidente que o ser total é imanente a si mesmo, e se cada termo particular se confunde de direito com sua própria existência precisamente porque é o cruzamento da infinidade de influências que vêm de todas as partes – isto é, porque a totalidade do ser está atualmente presente nele –, é evidente também que esse termo particular, se o considerarmos com seus limites e o distinguirmos de todos os outros, já não será mais que um fenômeno, e que o ser, isto é, o todo de que foi separado, terá com respeito a ele caráter transcendente. É preciso pois ao mesmo tempo pôr já de início com meu ser pensante a totalidade do ser, e fazer do eu um termo particular, isto é, um fenômeno que, embora seja o meio pelo qual o ser se manifesta, é infinitamente superado por ele; isto é, há uma ambiguidade do eu, que é ao mesmo tempo um ato de pensamento e um objeto de pensamento, mas que não pode reduzir-se a esse ato de pensamento, sem o que não se distinguiria do pensamento total nem por conseguinte de nenhum outro eu, e tampouco a esse objeto de pensamento, sem o que não seria senão uma coisa entre as outras. É essa ligação privilegiada de um ato do pensamento com um objeto de pensamento de que ele não se separa nunca e que se torna um centro de referência para todos os outros objetos o que constitui o ser próprio do eu.

De direito, o pensamento é sempre universal: supõe um sujeito, mas não tal sujeito. É preciso, portanto, para que tal sujeito possa ser posto, que o pensamento encerre em si mesmo algum objeto que o limite, com respeito ao qual ele seja passivo e com o qual permaneça sempre solidário: esse objeto é o corpo. Se o sujeito não fosse nada mais que um sujeito, permaneceria absolutamente indeterminado. Não seria possível sequer defini-lo como uma pura potência de pensar, pois não veríamos por que essa potência não seria inteiramente exercida. Ele é a condição comum que todo sujeito particular deve satisfazer para desempenhar o papel de sujeito. No entanto, o corpo lhe dá fronteiras: ele manifesta sua presença de maneira singularmente aguda desde que começa a me afetar; e a afetividade é, ela própria, envolta no pensamento em geral a que ela dá caráter estreito e pessoal, uma espécie de calor confuso e cheio de vida. O sujeito abstrato do pensamento não sou eu. Fora de sua ligação com a afetividade e com o corpo, ele ainda poderia talvez dizer "meu pensamento", mas no sentido somente em que todo pensamento é subjetivo por sua própria essência: e não se trataria de um eu individualizado, distinto de todos os outros, e que participa do pensamento, sem se confundir com a plenitude de seu ato realizado. Não se trataria, se podemos exprimir-nos assim, do fundamento comum de toda subjetividade, mas antes de uma subjetividade concreta e afetiva.

Essas observações nos conduzem a uma interpretação nova do argumento cartesiano que não é conforme, sem dúvida, ao sentido de Descartes, mas que, obrigando-o a envolver já a ligação entre o ser e o corpo, nos permitiria escapar de todas as dificuldades que o problema havia de suscitar depois e triunfar sobre a reprovação de angelismo a que havia de expô-lo o primado incondicional concedido ao pensamento puro. Ao contrário, se o argumento cartesiano põe não o pensamento em geral, mas um pensamento que é o meu e não o dos outros, é preciso que seja também um pensamento que me afeta, de modo que o eu que pensa todas as coisas, ali onde está presente, não pode senão sentir-se e não pensar-se, como Malebranche viu admiravelmente. De outro modo se confundiria quer com o ato do pensamento, que não bastaria para individualizá-lo, quer com um objeto de pensamento que o tornaria estranho a si mesmo.

Art. 4: *O eu se inscreve no ser pelo pensamento, mas se distingue dele não atribuindo a seu pensamento senão a universalidade em potência, que lhe permite opor-se a si mesmo outros seres possíveis capazes também de dizer eu.*

Há pois no argumento cartesiano três termos sucessivos e não dois: o eu descobre sua própria natureza no interior da natureza pensante que, se inscrevendo no ser, inscreve nele o eu simultaneamente. O pensamento é mediador entre o eu e o ser; situa o eu como um termo particular no interior do todo, e permite ao eu envolver o todo por um estreitamento cada vez mais vasto e que não se encerra jamais. É evidente que a série dos três termos, eu, pensamento e ser, pode ser percorrida nos dois sentidos, segundo se vá do condicionado à condição ou da condição ao condicionado. No entanto, a universalidade em potência que eu atribuo necessariamente a meu próprio pensamento torna-se o único meio por que posso conciliar o caráter limitado do eu e sua solidariedade com o ser total. Eu não me identifico a cada instante senão com uma das operações de meu pensamento: mas ela reclama todas as outras, e é impossível que o ser se distinga de sua totalidade.

Há o absurdo de querer pôr tanto o pensamento como o eu independentemente do ser e anteriormente a ele: pois o ser é universal porque o nada implica sua própria negação, enquanto o pensamento e o eu, sendo ambos termos indeterminados, reclamam necessariamente outros termos com que contrastem. O pensamento não tem sentido senão com respeito ao não pensado, que ao menos faz parte do ser de direito, senão de fato, já que, se tudo é pensamento, é inicialmente porque tudo é pensável, de modo que a oposição entre o pensamento atual e o pensamento possível é o único meio que temos de distinguir o ser do pensamento. (Que não se alegue que no mesmo sentido se pode distinguir do ser atual o ser simplesmente possível, pois o possível é um modo de ser e não o ser um modo do possível; assim, podíamos fazer entrar o pensável num gênero superior ao pensamento, que era o gênero do ser, enquanto o possível está subordinado ao ser, em vez de fazer parte com ele de um gênero superior a ambos.)

No mesmo sentido em que o pensamento é correlativo ao não pensado, o eu é correlativo ao não eu, e, como o não pensado não pode ser senão o pensável, é preciso que o não eu seja também um eu possível: pois, já que o eu se pretende, ele também, à universalidade, é preciso que, ali onde ele não reina, ele pense que poderia reinar outro eu. Os dois seriam compreendidos então no pensamento, assim como o pensamento atual e o pensamento possível seriam compreendidos no ser. Precisamente porém porque o pensamento não se distingue da inteligibilidade do ser, há nele a mesma continuidade que no próprio ser; assim, sua atualidade e sua possibilidade não se distinguem senão ao olhar do eu, enquanto o eu, embora encerre o universo inteiro nos limites de uma perspectiva subjetiva, reclama uma multiplicidade descontínua de perspectivas diferentes, encerradas no mesmo universo e sem as quais sua perspectiva própria se confundiria com o ser, o que destruiria, ao mesmo tempo que seus limites, sua consciência e sua própria personalidade. Assim, a ligação que tentamos estabelecer entre o ser e o eu encontra uma última confirmação nessa observação: é que, se não se pode pensar o ser senão como se bastando a si mesmo, não se pode pensar o eu senão como não se bastando a si mesmo, não somente porque ele implica o ser que ele limita, mas porque, no interior do ser, ele implica a existência de todos os outros eus a que se opõe, e com os quais realiza, na forma de uma espécie de total, um símbolo dessa mesma unidade que anima cada um deles e que lhes permite comunicar-se entre si.

Art. 5: O númeno kantiano assume um papel que não pode pertencer senão ao todo, no interior do qual o eu real fundamenta a cada instante, graças à oposição entre sua forma e seu conteúdo, sua existência participada.

A dificuldade suscitada tanto pelo problema do eu como pelas relações do eu com o ser aparece nitidamente na distinção estabelecida por Kant entre três sentidos diferentes da palavra eu e três espécies de existência que se lhe podem atribuir. Há, com efeito, segundo Kant, um eu numenal que é um objeto do pensamento puro a que nenhuma intuição corresponde, e que é ao mesmo tempo um eu real e um eu de que nada posso conhecer; há um eu formal que se confunde com a unidade da percepção, e que não posso determinar como um objeto precisamente porque é o princípio que determina todos os objetos, uma vez que uma matéria lhe é oferecida pela sensibilidade; há enfim um eu empírico que se desenvolve no tempo e cuja unidade concreta é expressa pelo caráter. Mas é preciso haver algum laço interno entre essas três formas do eu, e as distinções que Kant fazia entre elas nos parecem fornecer uma solução para as relações entre o eu e o ser, desde que se mantenha neste sua univocidade.

Pois há evidentemente um paradoxo em fazer da existência uma categoria, o que não permitiria aplicá-la senão ao caráter empírico, e sustentar que é preciso todavia pôr acima dele um eu formal e um eu numenal que, conquanto incapazes de se transformar, um e outro, em objetos de conhecimento, gozam de direito de uma existência anterior e por conseguinte irredutível à existência definida pela categoria. É o eu numenal que possui essa existência incondicionada, que é a única existência verdadeira, e Kant não pode dipensá-lo, pois, se se espreme a significação profunda do kantismo, se vê que o eu formal tem seu ser do eu numenal e o transfere ao eu empírico por intermédio da categoria, graças a uma espécie de degradação que o míngua em conhecimento. O eu formal não pertence à ordem do ser nem à ordem do conhecer, mas é uma espécie de mediador entre o eu que é e o eu que é conhecido, e, como ele nos obriga a evocar por trás do eu aparente o eu real, permite a este vir encontrar sua expressão numa experiência.

A função do eu numenal é fortalecer o eu no interior do ser total. Mas pôr um eu independente da consciência, ainda que ele a sustente misteriosamente, é pôr a existência do eu fora do próprio eu. É, pois, pôr uma existência que não é a do eu. O ser numenal é o ser do todo de que o eu participa e com que ele se comunica: é aí onde se produz essa participação, onde essa comunicação acontece, que reside o eu verdadeiro. Mas não há númenos particulares, pois, se uma coisa se distingue de outra, o ser de uma coisa é o mesmo que o ser de todas as outras. Define-se cada coisa dando-lhe uma circunscrição, mas afirmar que ela existe é dar-lhe um lugar no interior do ser incircunscrito. Não há eu que esteja além da consciência; mas há um ser maior em que o eu deita raízes, que lhe permite subsistir e em que ele não cessa de se nutrir.

Se o eu numenal assume com respeito à consciência o papel que de fato deve pertencer ao ser total, compreendemos melhor a oposição entre o eu formal e o eu empírico. Pois, uma vez que há homogeneidade de natureza, conquanto desigualdade de riqueza, entre o ser e o eu, e uma vez que, por outro lado, o eu não existe senão pelo ato que lhe permite participar desse todo com o qual ele não cessa de entrar em comunicação por relações cada vez mais numerosas, mas que sempre o supera infinitamente – é preciso que a todo instante sejamos capazes de distinguir no ser do eu sua potência de seu conteúdo. Ora, sua potência é sem limite e seu conteúdo é sempre limitado. Sem dúvida a potência de um ser finito é limitada de várias maneiras segundo se a tome com respeito a seu corpo, à força que emana dele, à sensibilidade que é na consciência uma espécie de reflexo de sua presença. Mas, se se considera seu pensamento, ele envolve de direito a totalidade do espaço e a totalidade do tempo; e nós não dizemos que ele seja sem relação com o corpo, dizemos somente que é porque está associado ao corpo que ele se desenvolve no tempo, e que, em vez de possuir essa plenitude atual que o identificaria com o ser, ele comporta sempre uma espécie de inacabamento e essa inadequação a seu objeto que lhe permite precisamente ter consciência dele. Assim, a potência de pensar é no ser finito o testemunho de sua ligação com o ser total: é o todo presente nele na forma de uma série indefinida de operações por cumprir; e, como de fato nossas operações reais permanecem sempre encerradas entre os dois termos bastante próximos do nascimento e da morte, compreender-se-á como o eu empírico, sem ser tão estreitamente limitado como o corpo, está sujeito todavia a limites variáveis de que o corpo permanece como a condição.

B. *O eu que se limita e que se ultrapassa*

Art. 6: *O eu não cessa de se buscar a si mesmo numa operação pela qual ele constitui e repele ao mesmo tempo seus próprios limites.*

Nós não cremos que o ser do eu seja tão primitivo nem tão fácil de compreender como se supõe em geral, seja na crença popular, seja em certa forma de idealismo mais ou menos diretamente inspirado no argumento cartesiano. É que o eu não é uma realidade dada, mas uma realidade que não cessa de se buscar a si mesma; é móvel e fugidia e está constituindo-se perpetuamente. A ideia do ser total e incondicionado é mais clara e mais firme que a ideia do eu; não é obtida por uma espécie de extensão do ser do eu: não se compreenderia a possibilidade nem a legitimidade dessa extensão se o horizonte do conhecimento não ultrapassasse desde a origem o horizonte do eu. É porque o ser é dado antes do eu, para que o eu possa fundar em si com sua própria vida o conhecimento de si e de tudo o mais, que o eu aparece sempre como limitado, sem que todavia seus limites possam jamais ser fixados com uma exatidão que escape a qualquer contestação.

Há algum homem, entre todos os que refletem sobre si mesmos, que possa traçar uma demarcação rigorosa entre o que lhe pertence e o que lhe permanece estranho? O debate começa a propósito do corpo. Eu confundiria meu corpo comigo? Não, sem dúvida, já que posso olhar esse corpo como a um objeto e já que, se ele é a condição sem a qual eu não teria sensibilidade, não há eu senão a partir do momento em que aparece esta forma original de interioridade que se chama uma consciência e em que o próprio corpo se encontra envolto. Por isso eu direi desse corpo que ele é meu sem ousar dizer que ele sou eu. Ele é, no entanto, o que dá a meu ser próprio limites e um caráter individual, o que o distingue de todos os outros, o que não se pode supor abolido sem nos obrigarmos a conceber a universalidade de um pensamento possível que já não seria meu pensamento próprio, e que não se distinguiria sem dúvida da totalidade de um universo não pensado?

Dizendo que o eu reside na sensibilidade, recai-se na mesma alternativa, pois a sensibilidade é um reflexo do corpo, e se poderá alternadamente sustentar que os sentimentos constituem a única parte de minha natureza que possui um caráter de intimidade inalienável – ou que esses sentimentos pertencem à parte passiva de meu ser, e que, elevando-me na vida espiritual, vejo nascer pouco a pouco o eu verdadeiro que se torna um espectador do outro, e que olha os prazeres e as dores deste como aos prazeres e às dores de uma espécie de estranho.

Não é preciso pois reconhecer que o eu consiste tão somente no conhecimento? Mas dá-se uma nova dificuldade. Pois se pode ser tentado a sustentar, com certos idealistas, que eu sou tudo o que conheço, de modo que, identificando o ato do conhecimento com seu objeto, se deixa perder os limites do eu pensante, e se confunde esse com o universo representado. Distinguir-se-ão então no conhecimento seu ato e seu objeto, declarando que o objeto é sempre particular, enquanto o eu é uma potência universal, que o objeto não faz parte do eu, mas somente o ato pelo qual o penso, que, como isso parece evidente, o eu não é a árvore, nem o triângulo, nem a justiça que ele concebe, mas somente a operação pela qual os concebe? Não se obteria ainda nenhum benefício, e o eu continuaria ainda a nos escapar. Pois, se consideramos esse ato em si mesmo, independentemente de seus limites, isto é, do corpo que escalona sua operação no tempo e obriga esta a se aplicar sempre a um objeto particular, ele perde todo caráter individual, é o mesmo em mim e em outro, não sofre nenhuma alteração diante dos mais diversos objetos, é semelhante a uma luz que não é refletida por nenhum obstáculo e não é captada por nenhum olho, a uma ciência universal que não seria a ciência de nenhum sábio.

O mesmo inconveniente se dará se se pretende que a essência própria do eu reside na vontade, pois existem para a vontade obstáculos que a fazem hesitar em sua escolha, que exigem dela um esforço para superá-los e um tempo para desdobrar esse esforço. Ora, é preciso tornar o eu solidário do obstáculo, do esforço e do tempo? Essas condições lhe são evidentemente impostas pelo corpo. Se se considera na vontade o que me pertence verdadeiramente, é o consentimento e é a perseverança – o que é dizer que existe em mim uma atividade constantemente presente que me anima mas que me ultrapassa, à qual abro em mim uma espécie de acesso que me sucede amiúde recusar-lhe. O esforço que está ligado ao tempo e ao corpo não é senão sua forma entravada. Mas essa atividade não pode ser confundida com o eu, pois, conquanto ela constitua a realidade mais profunda do eu, cada eu não se distingue precisamente de todos os outros senão porque tem para ela uma abertura limitada que é suscetível de se alargar ou de se retrair de uma infinidade de maneiras. Por conseguinte, se consideramos o limite que se opõe ao desdobramento dessa atividade, esta não é o eu, pois que não é senão uma coisa, e, se consideramos essa atividade fora de seu limite, tampouco é o eu, pois que é universal e todo-poderosa. É por isso que o eu é tão difícil de atingir: ele é a operação instável e sempre recomeçada pela qual uma atividade que não tem limites se encontra captada no interior de certos limites que ela sem cessar tenta rechaçar.

Resumindo, a dificuldade do problema do eu reside na impossibilidade de defini-lo, seja como uma coisa, seja como um ato. Pois não podemos confundi-lo com o corpo, conquanto não possa ser posto sem o corpo cuja lei ele sofre, como a afetividade o demonstra. E, quando se identifica com o pensamento, não podemos todavia fazê-lo coincidir com o conteúdo de seu pensamento, isto é, com suas ideias, já que as ideias não lhe pertencem, que ele se limita a participar delas e que a própria ideia do eu não é o eu, mas somente uma de suas ideias. Não se pode ademais defini-lo pela operação atual que o pensa, já que ela tem todo o seu ser de uma atividade que a ultrapassa. Não se pode, menos ainda, dar o nome de eu a essa mesma atividade considerada em sua plenitude, pois o eu não a atualiza inteiramente, e o único nome que convém a ela é Deus. Não temos outro recurso além de fazer do eu uma forma mista e fugidia do ser, envolto no ser por seu corpo, mas capaz de envolvê-lo em si pelo pensamento, uma potência total que aspira ao ser total, que recebe do ser total o movimento e a vida, que não se atualizaria senão se aniquilando, e à qual são impostos limites a fim precisamente de que o ser puro, longe de aparecer como um dado, permaneça um ato que não deve sua existência senão a si mesmo e possa realizar eternamente sua própria essência em todos os pontos de sua imensidão sem contorno.

Art. 7: A experiência de nossos limites é a da inscrição no ser de uma perspectiva subjetiva com respeito ao todo do ser, que é o nosso ser mesmo e que se alarga sempre mais.

Se se alega que o eu, tomando consciência de si mesmo, toma naturalmente consciência de seus limites, mas permanece incapaz de transpô-los, perguntar-se-á então como pode conhecê-los. Tal conhecimento não implicaria a experiência de uma realidade que se encontraria além desses mesmos limites? Mas não estaria aí uma espécie de contradição? E, no entanto, parece impossível ter a experiência de um limite se este não reclama, como toda negação, a própria ideia da realidade que ele nega. De fato, encontramos aqui a aplicação de uma visão muito mais geral sobre a função de toda experiência que não apreende o real senão por análise. A descoberta do eu por si mesmo, que é também o ato pelo qual ele constitui sua própria natureza, é a primeira *démarche* dessa análise. Posso, com efeito, falar do eu de outro modo que por contraste com o não eu, que deve ser-me dado de alguma maneira, ao menos em ideia, para que eu me distinga dele? Sem isso o eu poderia ser não somente limitado, mas até qualificado? Pois não há diferença entre conter em si todas as qualificações ao mesmo tempo e não conter nenhuma. Está aí uma observação que já foi feita a respeito do ser puro, definindo-o como uma unidade anterior à distinção das qualidades e que exclui sem dúvida o nada, mas de maneira absoluta e não se opondo a ele como uma espécie qualificada num gênero mais geral que compreendesse a ambos.

Não se deve esquecer sem dúvida que descobrir a existência do eu é não descobrir a presença do ser no interior do eu, mas a presença do eu no interior do ser. No entanto, objeta-se que nesse conhecimento do ser o eu não sai de si mesmo. E não seria contraditório que ele pudesse conhecer o ser de outro modo que em seu ser próprio? Deve-se pois interpretar a univocidade dizendo que tudo se passa aqui como se se devesse conceder ao eu uma existência primitiva que se irradiaria em seguida pelos diferentes objetos a que seu conhecimento se aplica? Mas essa própria observação vai permitir-nos resolver nossa dificuldade. Pois o ser não pode vir ao objeto como ao sujeito senão do todo em que um e outro tomam lugar. Não é pois o ser que o sujeito confere ao objeto pensando-o, mas somente o ser com respeito a ele, isto é, a forma subjetiva.

Manter-se-ão então com firmeza esses dois princípios: a saber, que todo objeto, para ser conhecido, deve necessariamente afetar um caráter subjetivo e que o eu está sujeito a pôr antes de tudo a existência objetiva de sua própria subjetividade. A própria subjetividade do eu se inscreve no ser inscrevendo o ser em si de forma puramente representada. É enquanto o ser do eu se reduz a uma perspectiva quanto ao todo do ser que ele pode ser definido como uma limitação do ser sem limites. É o caráter mais profundo do conhecimento constituir o ser do eu por uma relação do não eu com o eu que se efetua no próprio interior do ser.

Não obstante, sabemos que o ser, sendo universal e unívoco, está indivisivelmente presente em cada uma de suas determinações, isto é, que cada determinação reclama imediatamente todas as outras. Por conseguinte, no espetáculo que o eu se dá há uma figura do todo. Dizer que nesse espetáculo o eu por sua vez ocupa um lugar determinado é dizer que no interior da representação a própria realidade do eu limitado não tem sentido senão com respeito à do não eu, isto é, gradativamente, com respeito à totalidade das coisas representáveis. Posto isso, ninguém poderia sustentar que o eu continuaria ainda a existir se ele cessasse de ser um ponto de vista original com respeito ao todo do universo, isto é, um lugar privilegiado onde se encontram as influências provenientes dos pontos mais afastados do espaço e do tempo e as reações que, partindo dele como centro, se propagam por sua vez indefinidamente.

O não eu deve, pois, ser distinto do eu e, no entanto, ser inseparável dele; para que o eu possa fixar seus próprios limites graças ao conhecimento mesmo do não eu, é preciso que o não eu se torne uma forma de existência para o eu sem, todavia, identificar-se com ele. De outro modo o eu não teria nenhuma independência e se confundiria com o ser total. Assim, o eu será obrigado a pensar o não eu como a uma representação em que cada objeto deve ser ligado a todos os outros no sistema total do universo, enquanto ele os religará a todos a seu próprio pensamento no sistema pelo qual os representa. Desse modo, o corpo será necessário para obrigar o próprio eu a se situar no mundo das representações, enquanto o pensamento, para se distinguir do objeto representado, deverá exercer-se no tempo e encontrar sem cessar diante de si um futuro em que poderá receber novo enriquecimento. Por conseguinte, esse pensamento aparecerá como não sendo criador, como não igualando o todo senão em potência e como situado no seio de um pensamento infinito de que é ao mesmo tempo o eco e o instrumento.

Se porém o eu tem o sentimento tão vivo de seus limites, é porque há nele uma aspiração à posse do todo, que não é senão a presença nele da ideia do todo correlativa à sua própria presença no todo. Essa aspiração se realiza gradualmente ao longo de sua vida individual e na sequência das gerações. Se essa insatisfação inicial de todo ser finito não fosse sinal de sua participação no ser total, no seio do qual deve fundar seu próprio destino por uma comunhão voluntária de todos os instantes, ela seria uma ilusão cuja origem e cuja possibilidade não teríamos condições de explicar. Assim, é o tempo que testemunha nossos limites, mas também nossos vínculos com o todo e nossa capacidade de crescimento.

C. O eu ou a ligação entre o pensamento e o corpo

Art. 8: O eu é o autor da experiência em que ele se dá a si mesmo um corpo.

Na análise da ideia da subjetividade, encontra-se uma explicação da maneira como se produz a conexão entre o ser e o eu. Pois, se o ser é essencialmente interior a si mesmo, cada parte do ser deve ser interior ao mesmo tempo a si mesma e ao ser total.

Ora, a consciência confere-nos a interioridade a nós mesmos; nessa forma de interioridade o mundo inteiro nos está então presente, mas de maneira puramente representada. Para que o eu se distinga dele, é preciso que essa representação seja sempre incompleta e inacabada, de modo que o tempo apareça como a condição de toda subjetividade. Por conseguinte, é necessário que o eu se atribua a si mesmo como sujeito uma potência adequada ao todo, que se exerça no todo, mas que jamais deve ser plenamente exercida, à falta de que sua originalidade desapareceria; no entanto, é com o ato do pensamento que penetramos mais profundamente a intimidade do ser, que sentimos melhor sua universalidade e sua infinidade: à medida que esse ato se exerce de maneira mais perfeita, nossa personalidade se fortalece e estende ao mesmo tempo que nosso amor-próprio recua, a oposição e até a simples diferença entre o universo e o eu cessam de se acusar, e a lei do todo governa com complacência o indivíduo esclarecido e consentinte.

Por outro lado, se o eu não pode ter a experiência do ser que o ultrapassa senão se dando a si mesmo a representação ou o espetáculo dele, é preciso que esse espetáculo nos apareça também como envolvendo a totalidade das coisas: de outro modo, a homogeneidade do ser seria rompida. Desse modo, na trama dos fenômenos não se encontra nada mais que fenômenos: mas é o mesmo sujeito que os encontra em si e que os abarca a todos. O mundo encontra-se pois atualizado inteiramente como um sistema de dados empíricos; e não pode sê-lo senão pela potência do eu, mas de um eu que se sujeita, ele mesmo, a fazer parte desse espetáculo de que ele próprio é o centro, o que quer dizer que tem um corpo.

Quanto ao próprio sujeito, atualizar-se-á portanto de duas maneiras: primeiramente como espírito, isto é, como autor dessa experiência em que o ser inteiro não cessa de estar presente, conquanto de direito porque de fato o tempo obriga não o próprio ser mas a experiência que temos dele a se enriquecer e a se aperfeiçoar indefinidamente; e, em segundo lugar, como corpo, isto é, como uma peça dessa experiência na infinidade da qual ele está perdido e como que esmagado, conquanto ele seja aí sustentado ao mesmo tempo pela infinidade das relações que o unem a todos os outros corpos.

É por isso que o eu não é nada fora de seu corpo, e fora dessa consciência do universo inteiro, que sem o corpo não seria possível. Não que o corpo a produza como um misterioso epifenômeno, mas, para que a consciência seja possível, é preciso que nos distingamos do ser e possamos abarcá-lo numa perspectiva em que o corpo é a referência e constitui nossa experiência do mundo. Enquanto a parte do mundo que está encerrada em nosso corpo e que forma nossa carne e nosso sangue se refletirá nessa consciência sob as espécies do sentimento, o restante do mundo por sua vez não poderá tornar-se presente a ela senão por uma representação. Mas o próprio todo do universo não é senão o testemunho do todo do ato, que torna possível e justifica a intuição que temos de nosso eu: é nele que este encontra o princípio de seu ser e de seu crescimento. É que não há nada mais no eu além da consciência do que o ultrapassa (pois o corpo próprio não é a matéria do eu, mas somente o meio de seu acontecimento): essa consciência se constitui na margem que separa a infinidade da potência e a infinidade do ato que, por intermédio do tempo, lhes permite realizar-se comunicando uma com a outra, mas sem que estas jamais coincidam: é o mundo o que as separa.

Art. 9: *O eu opera uma dissociação entre o ato do pensamento e o objeto do pensamento, os quais, que ele busca fazer coincidir, se superam todavia um ao outro indefinidamente.*

Não devemos nos surpreender se a realidade do eu é ao mesmo tempo primitiva e impossível de compreender. Pois antes de tudo o eu não pode pensar tudo o mais senão com respeito a si mesmo. Por outro lado, como ele poderia pensar-se a si mesmo de outro modo que pensando o ser inteiro? Ele não pode confundir-se com a potência de pensar que envolve tudo o que é, onde o eu busca seu ser próprio, nem com o espetáculo que ele dá, compreendendo aí até o corpo, cuja ideia, no entanto, é inseparável de uma ressonância íntima na sensibilidade: pois esse espetáculo é para nós sem sermos nós, e nosso próprio corpo é um estranho a que nós estamos vinculados como a um instrumento que permite à consciência nascer, contê-lo e ultrapassá-lo.

Assim, o eu não cessa de se buscar, de aumentar e de se retrair segundo os graus de sua comunicação com o ser; mas é o ser do todo que faz seu ser mesmo, ou antes, é pela busca do ser que ele se dá o ser numa operação toda interior. Pois ele não possui o ser senão no duplo movimento pelo qual foge dele e o encontra indefinidamente. Quer porém se suponha que o ser lhe escape, quer se suponha que ele o encontre, nesses dois casos a originalidade do eu se dissipa: é que ela reside inteiramente no movimento pelo qual, tendo nascido no seio do ser, ele consuma seu destino unindo-se a esse. E o intervalo que separa aqui seu ponto de partida de seu ponto de chegada é o sinal visível que o ser total reside num ato universal cuja essência é fornecer a todos os seres particulares os meios de fundar sua própria natureza no exercício eternamente múltiplo e renovado de suas diversas potências.

Ninguém pode, pois, considerar como *soi* [literalmente, "si, si mesmo"] o pensamento nem o objeto do pensamento, que se estendem, ambos, para além. Mas a própria oposição entre o pensamento e seu objeto desaparece no ser total e supõe para se realizar um pensamento sempre imperfeito e um objeto sempre limitado cuja coincidência indefinidamente efêmera constitui a atualidade do eu: no entanto, há no pensamento uma potência que se estende bem além do objeto que ela apreende, e no objeto do pensamento uma riqueza que nem todo esforço do pensamento chegará jamais a esgotar; é o próprio do eu opor esses dois termos um ao outro, tentar uni-los, conseguir por um instante, mas sem poder impedir que se superem um ao outro indefinidamente. Há desse modo entre o objeto do pensamento e o pensamento um jogo de perseguição pelo qual cada um parece tentar alcançar o outro, alcança-o por um instante e quase imediatamente o supera.

O ser do eu não pode, por conseguinte, distinguir-se do ser do todo. Mas, se esse é ato, o ser do eu é ato também. Enquanto é ato próprio do eu, é um ato limitado e inacabado, uma espécie de ato nascente. Dizendo que é um ato de participação, exprimiremos que nós não cessamos jamais de cumpri-lo sem chegar, no entanto, a levá-lo até o fim: ele está presente em nós indivisivelmente, mas nós não sabemos no-lo tornar presente inteiramente. E o idealismo sente bem que, uma vez que ele começa a se exercer, o todo já está atualmente nele; mas as resistências do realismo exprimem a impossibilidade para este todo de ser jamais atualmente possuído por nós.

Não se consegue, por conseguinte, fazer do eu nem um ato nem uma coisa. Pois, se o definimos como um ato, não se distingue de Deus, e, se o definimos como uma coisa, não se distingue do corpo. Mas é preciso, para que haja um eu, que esse ato seja participado sem nada perder em si mesmo, porém, de sua perfeição; é preciso também que esse corpo seja superado por um pensamento que, para lhe fixar limites, o situe entre os outros corpos: sinto bem que esse ato pelo qual penso meu próprio eu é outro eu maior que meu eu individual, e sinto inversamente que meu corpo não é senão um fragmento numa experiência muito mais vasta que está inteiramente contida em minha consciência.

Assim, sem o corpo o ato do pensamento universal não poderia receber limitação. Mas, para que essa limitação afete o ato do pensamento de dentro e não somente de fora, é preciso que esse próprio corpo participe de alguma maneira da intimidade do pensamento, isto é, que ele não seja um objeto puro ou um puro fenômeno. É o que eu exprimo dizendo que ele é meu corpo. E, por uma espécie de retorno paradoxal, é ele ao mesmo tempo que faz que a intimidade do pensamento possa tornar-se a intimidade de meu próprio pensamento.

Desse modo, o eu, intermediário entre o pensamento e o corpo, tem menos extensão que o primeiro e mais que o segundo. Tem do pensamento essa luz em que ele envolve ao mesmo tempo o corpo e todo o universo; tem do corpo esse calor mais obscuro que, captando a luz numa espécie de foco derivado, lhe permite, depois de tê-la recebido, apropriar-se dela antes de transmiti-la como se emanasse dele mesmo. É por seu laço com a sensibilidade e com a duração que o pensamento se torna nosso pensamento; e é preciso que se converta nele para que o ato puro não cesse de se cumprir na forma de uma graça ou de um dom, e para que o universo inteiro apareça ao eu na forma de um imenso dado que o faz sentir seus limites e lhe permite ir indefinidamente além.

8. Da ideia do ser

A. Adequação entre o ser e a ideia do ser

Art. primeiro: A ideia do ser, ainda que pensada pelo eu, é adequada ao ser.

O capítulo precedente preparou o exame das relações entre o ser e sua ideia. Pois o ser não pode ser conhecido senão por sua ideia. Por outro lado, a ideia é necessariamente pensada por um sujeito. Parece então que seria preciso examinar o gênero de existência que convém ao eu antes de saber se a ideia do ser não deve ser subordinada ao eu e se não é inevitável entrar na via do idealismo subjetivo.

Mas já fomos conduzidos a observar que o ser do eu não é outro ser senão o próprio ser do todo, de modo que, se há uma ideia do ser, é preciso que ela participe do ser do eu que a pensa e que, considerado em sua natureza própria de ser e abstração feita de seus limites, não difere do ser sem condição. Encontraríamos então aqui, de forma desviada, uma consequência que a univocidade fazia prever, a saber, que o ser da ideia não pode ser menor que o ser de que ela é ideia.

Outra observação, no entanto, ainda nos permitia ultrapassar as fronteiras do subjetivismo: é que, se, no momento em que o eu pensa uma ideia, a conjugação momentânea da operação e de seu objeto constitui a natureza própria do eu, o objeto que ele pensa, isto é, a ideia, não pertence mais ao eu do que a potência universal pela qual ele é capaz de pensar essa ideia com todas as outras. De modo que a ideia do ser, sendo para o eu seu objeto, mas não sua propriedade e ainda menos sua essência própria, já não há dificuldade em admitir que o eu, depois de tê-lo pensado por uma de suas operações, se pensa a si mesmo como um de seus modos.

Se não houvesse uma identidade rigorosa entre o ser e sua ideia, todo o benefício de nossa análise estaria perdido. Pois é o ser absoluto o que tentamos atingir mostrando que ele estava implicado na mais humilde de suas formas. Se por conseguinte nos encontrássemos agora diante de uma simples ideia suscetível de ser distinguida do termo de que ela é ideia, teríamos apanhado a sombra crendo ter apanhado a presa. Ao contrário, se conseguirmos provar que o ser e sua ideia se confundem, essa prova será ao mesmo tempo uma verificação dialética de todas as observações que fizemos.

Art. 2: Nenhuma ideia particular, enquanto ideia, tem menos ser que seu objeto, mas seu conteúdo, sendo abstrato, não coincide com o de seu objeto.

Dizer que o ser é unívoco é dizer que nenhuma ideia tem menos ser que seu objeto, a ideia de um homem menos ser que um homem real, nem, segundo uma fórmula célebre, cem táleres possíveis menos ser que cem táleres reais. Deixaremos protestar o bom senso popular e daremos uma explicação desse paradoxo aparente no que concerne a todas as ideias particulares, para mostrar em seguida qual é a esse respeito a posição privilegiada da própria ideia do ser.

É preciso que haja alguma conveniência entre a ideia e seu objeto para que ela seja precisamente a ideia desse objeto, e é tomar a existência em sentido equívoco dizer do objeto que ele existe e não a ideia. Essa existe no entendimento como aquele na experiência sensível. A diferença que os separa reside em sua definição e não na existência que é preciso atribuir-lhes uma vez definidos. Assim, cremos que é preciso inverter a relação clássica que se estabelece entre a ideia e seu objeto quando se sustenta que sua compreensão é a mesma, mas que sua modalidade é diferente, que a possibilidade convém à ideia e a existência ao objeto tão somente. Pois a possibilidade é uma forma de existência. É preciso inscrever simultaneamente a ideia e o objeto no ser, e no mesmo ser; mas não se pode fazer deles o mesmo uso: sendo a ideia a significação do objeto, nosso corpo não tem relações senão com o objeto e nosso espírito, senão com sua ideia. No entanto, conquanto seja impossível conceber nosso espírito independentemente de nosso corpo, um e outro possuem o ser. Dá-se o mesmo com a ideia se comparada ao objeto.

Não se pode conceber o objeto separado de sua ideia: tal expressão já envolve uma verdadeira contradição. Pois todo objeto é correlativo a um sujeito: de modo que não há objeto senão para o pensamento, ou todo objeto é um objeto de pensamento. Mais ainda, pôr a realidade do objeto é pôr a perfeição de sua ideia, de uma ideia que, em lugar de ser pensada por outro espírito que se distingue desse objeto por um intervalo e lhe faz sofrer a contaminação de sua própria natureza, seria a ideia que esse objeto se faria de si mesmo, se chegasse a aclarar até em suas dobras mais recônditas a totalidade de sua essência. Vê-se pois que, para superar essa dualidade do objeto e da ideia, trata-se menos de buscar obter sua identidade modelando a ideia sobre uma realidade dada do que reduzindo o objeto ao ato que o faz ser. Mas essa identidade não pode ser obtida senão no limite. E é por isso que, se não se pode conceber o objeto separado de sua ideia, parece que se pode conceber, ao menos, a ideia separada de seu objeto: ela implica somente a possibilidade deste. Essa possibilidade, é verdade, não seria nada se já não formasse a própria atualidade da ideia. No entanto, essa ideia, conquanto ela mesma situada no presente, pode ser em relação a um objeto passado ou futuro, mas não ser sem relação com um objeto, qualquer que seja. O pensamento domina o tempo, enquanto a percepção nos escraviza a ele. A ideia, separando o objeto do lugar e do instante, dá-lhe uma espécie de eternidade. E, como se trata de um objeto particular, essa operação tem seu preço: o objeto não pode adquirir a imutabilidade senão perdendo entre seus caracteres aqueles precisamente que inserem sua realidade em tal ponto da extensão e da duração, isto é, tornando-se um abstrato. (É somente no que concerne ao ser total que essa distinção cessa de ser realizável: sua ideia é a única que não pode reduzir-se a um simples conceito.) Todavia, nenhuma ideia é abstrata senão em relação ao sensível que ela reclama; em si mesma e em relação com o espírito que a pensa, ela é real e concreta: exprime o ato idêntico pelo qual o espírito encontra, seja entre o objeto e ele, seja entre os elementos do objeto, a constância de certas relações.

Art. 3: A ideia do ser é a única adequada porque o ser a que ela se aplica é indiscernível do ser que ela recebe: ela é, portanto, o verdadeiro termo primeiro.

Se toda ideia, conquanto diferente de seu objeto, não tem menos ser que ele, se não difere dele senão pelo conteúdo, que é menos rico e exclusivamente virtual, encontra-se, uma vez que se trata da ideia do ser, uma espécie de nó em que o ser e o conhecimento do ser se envolvem de maneira muito mais primitiva e muito mais íntima. A ideia do ser não seria a ideia de nada se não coincidisse com o próprio ser. Ora, em virtude da univocidade, não se pode pôr a ideia do ser sem perceber imediatamente que o ser dessa ideia é o mesmo que o ser de que ela é ideia.

Ao contrário, quando se trata de uma ideia particular, conquanto a ideia e seu objeto participem da mesma existência, há uma tripla inadequação, por um lado, entre a ideia e esse objeto e, por outro, entre a ideia e o objeto, limitados ambos, e o ser de que são limitação. É que a distinção entre os objetos particulares é correlativa de uma distinção, por um lado, entre cada um deles e o ser em que ele se inscreve e, por outro, em cada um deles, entre os caracteres que o individualizam e o ato que os apreende. Ao contrário, evocando a ideia do ser, todas essas distinções se esvanecem: nem a ideia envolve uma pluralidade de objetos diferentes, nem nenhum desses objetos pode ser, por conseguinte, distinguido do todo de que faz parte, nem a ideia tem menos individualidade que o objeto de que é ideia.

Assim, o ser não é somente o termo a que a ideia se aplica: pelo próprio fato de que a ideia mesma possui o ser, uma adequação perfeita manifesta-se entre a ideia e seu objeto; não há nada a mais nem a menos em um e em outro; e a distinção entre a ideia e seu objeto, que era muito legítima com respeito a termos particulares, assume com respeito ao ser um caráter exclusivamente verbal. De modo que se poderá dizer indiferentemente que o ser é ideia e que a ideia é ser.

Pensar qualquer outro objeto é distinguir a operação pela qual é pensado do termo a que essa operação se aplica. É por isso que ninguém confunde a ideia do homem com o ser do homem, e é por isso que, na medida em que o ser, que não é um caráter separado, é considerado em sua relação com os termos de que se afirma e não com o todo que os apoia, ninguém confunde o ser do homem com o ser da ideia do homem: o que mostra suficientemente por que a univocidade encontra tanta resistência. Mas, se a ideia de um homem não é um homem, a ideia do ser, pela mesma universalidade de seu objeto, é ela própria um ser. E, se nos pressionassem dizendo que, como no exemplo precedente, o ser dessa ideia não pode ser confundido com o ser de que é ideia, responderíamos que a distinção não pode ser fundada senão sobre a particularidade do objeto e de sua ideia, mas que ali onde a universalidade absoluta pertence igualmente aos dois termos é preciso necessariamente que eles se encontrem com exatidão: assim, não há nada no ser que a ideia do ser não envolva, nem nada na ideia do ser que o ser também não envolva.

Não se insistirá nunca demasiadamente nessa possibilidade de converter a ideia do ser no ser da ideia que não se verifica senão por essa única ideia, como se percebe facilmente, no exemplo da ideia do homem. O círculo em que entramos aqui é característico de um primeiro termo, em que o pensamento implica o ser e o descobre conjuntamente. Não está aí somente o primeiro elo de uma cadeia em que todos os outros elos estariam ligados uns aos outros e que não teria com respeito a eles senão o privilégio de ser o primeiro: mas ele é primeiro no sentido muito mais profundo de que cada elo da cadeia lhe está ligado imediatamente e recebe dele a inteligibilidade e o ser, antes de determinar seus limites por sua ligação com aquele que o precede e aquele que se lhe segue.

Pois a quem se persuadirá de que o determinismo dos fenômenos possa bastar para dar conta de maneira plena de cada um deles, antes que se tenha justificado antes de tudo dedutivamente sua participação no ser e sua aptidão para se situar no mesmo universo? As discussões sem fim que se prolongam acerca da noção de primeiro termo provêm da confusão quase inevitável que se estabelece entre um primado histórico, que não poderia ser concebido numa duração que não tem nenhum limite, e um primado metafísico com respeito ao qual o ser finito deve deduzir as ideias mesmas de tempo e de finitude.

Art. 4: *A ideia do ser abole a oposição entre o abstrato e o concreto, entre o virtual e o atual, entre a interioridade e a exterioridade, entre o idealismo e o realismo.*

Sem dúvida continuarão a ser feitas numerosas objeções a essa tese, de que nos desviam a um só tempo a consideração das relações a que estamos acostumados entre os objetos particulares e as ideias que os representam e a repugnância natural que experimentamos a aceitar que uma passagem possa no limite coincidir com o encontro de uma intuição.

A primeira objeção consiste em dizer que a ideia do ser é, com efeito, a mais abstrata de todas e verdadeiramente uma ideia sem conteúdo que não difere da ideia de nada ou que não é senão um nada de ideia, mas que o ser é, ao contrário, essa plenitude do todo que supera toda ideia e que não poderia ser representada nem, com mais forte razão, esgotada por nenhuma. Distende-se, por conseguinte, até o infinito o intervalo que separa em cada caso particular o abstrato da ideia do concreto da coisa. Mas acontece precisamente que, no momento em que esse intervalo se infinitiza, ele se abole. Pois se perguntará o que permite dizer do ser que ele é a plenitude do todo senão a própria ideia que temos dele. E, se se arguir que há muita diferença entre essa plenitude pensada e essa plenitude atualizada, responder-se-á que é essa plenitude pensada que é, com efeito, a mesma ideia do ser, e que não pode jamais ser pensada sem dúvida como atualizada (o que não acontece senão por graus e por uma consciência particular), mas porque ela é essa potência infinita de atualização de que não cessamos de participar e que, deve-se reconhecer, é ao mesmo tempo a ideia do ser e o próprio ser.

Insistir-se-á com uma segunda objeção em que se mostrará que a ideia do ser, ainda que atual enquanto ideia como todas as outras ideias, é virtual ela também em relação ao objeto do qual ela é a ideia. Mas que se quer dizer quando se afirma que uma ideia é virtual com respeito a seu objeto senão que ela exprime a possibilidade de encontrá-lo ou de fazê-lo surgir segundo regras particulares no interior de determinada experiência? De toda ideia que não é pura quimera esperamos que possa um dia encarnar-se num objeto, o que é o único meio que temos de dar à sua própria virtualidade uma significação real. Ora, o próprio da ideia do ser, precisamente porque a consideração do objeto nos encerra no fenômeno, é que é impossível assinalar-lhe qualquer objeto, de modo que ela está condenada a permanecer sempre pura virtualidade. Mas esse argumento é inoperante por dupla razão: a primeira é que a atualidade dessa virtualidade infinita não busca outro objeto senão ela mesma; é ela que é o ser a que a atualidade dos objetos particulares não acrescenta nada, já que não faz senão dividi-lo sem jamais chegar a esgotá-lo. A segunda é que não nos podem pressionar invocando o exemplo das ideias particulares e pretender que o objeto mais humilde tem mais ser que a ideia mais vasta, sem que se queira ter vista para o efeito de uma passagem no limite em que o objeto e a ideia coincidem; responder-se-ia então que o mais humilde objeto, não podendo ele próprio ser isolado, nos obriga tão somente a atualizar o todo do ser já não, dessa vez, na simples potência que o envolve, mas em seu processo de realização.

Enfim, pretender-se-á – e talvez esteja aqui a objeção mais grave – que a ideia não tem existência senão numa consciência, de modo que, longe de nos dar acesso ao ser, ela nos encerra, ao contrário, em nossa própria subjetividade. Evidentemente, isso não só é reduzir a ideia a um simples objeto de pensamento, mas sustentar que todo objeto de pensamento está, ele mesmo, no pensamento, isto é, negligenciar ao mesmo tempo o argumento de que a ideia pode ser um ato do pensamento que não tem outro objeto senão ele mesmo, e este outro argumento de que, se ela é pensada por um sujeito, nem por isso está contida nesse sujeito, mas exprime tão somente, como enfatizaram firmemente os fenomenólogos retomando nesse ponto a opinião da consciência comum, essa linha de direção da atenção do sujeito cujo objeto é o termo. Há mais: pois essa ideia do ser é pensada por nós precisamente como nos ultrapassando, o que não oferece dificuldade se se pensar que a consciência é menos, como se crê, um encerramento em si do ser particular do que essa abertura na totalidade do ser pela qual ele sai por assim dizer perpetuamente de si mesmo. Que essa ideia possa assim ultrapassar o eu e até ultrapassá-lo infinitamente não é sinal de que ela é o próprio ser no interior do qual o eu inscreve seu ser próprio, não esquecendo, no entanto, que esse ser é ato e que o eu não pode inscrever-se aí senão por uma operação que o suponha e que o limite?

Se nos alçamos a um ponto em que a distinção entre a ideia e o objeto válido para todos os conhecimentos particulares se abole, e se essa coincidência ao mesmo tempo inicial e terminal é, no entanto, uma condição de possibilidade e de validade de todos os conhecimentos particulares, compreenderemos por isso mesmo e ao mesmo tempo superaremos a oposição clássica entre o idealismo e o realismo. Pois a ideia de um ser particular não se confunde jamais com este, porque implica outro ser que o pensamento e que se distingue necessariamente do primeiro (o que é verdadeiro mesmo para a ideia que formamos de nosso próprio eu). Ora, o próprio do idealismo é abolir essa dualidade, como se o objeto não fosse mais que uma ideia que jamais teríamos terminado de pensar. O realismo, ao contrário, explora o afastamento entre a ideia e seu objeto e, observando que este é muito mais rico que a ideia, deduz daí erradamente sua heterogeneidade. Não sendo possível a coincidência entre a ideia e o objeto senão na ideia do ser e enunciando simplesmente o ser da ideia do ser, o idealismo e o realismo encontram-se, ambos, refutados no que concerne aos seres particulares e, ambos, confirmados no que concerne ao ser total.

B. A ideia do ser ou a potência infinita da afirmação

> Art. 5: É no interior da ideia do ser que pensamos a ideia do eu e todas as ideias particulares; e as relações que as unem se destinam a preencher o intervalo que separa cada uma delas do ser de seu objeto, que é, ele mesmo, idêntico ao ser do todo.

Somente a ideia do ser nos pode pôr diante de um termo verdadeiramente primeiro que o "penso, logo sou" de Descartes não podia fornecer-nos. Pois o eu não é senão uma imitação da existência, uma das ideias possíveis no interior dessa ideia total. Já se observaram as dificuldades singulares em que tropeça a determinação da ideia do eu. É que, com efeito, o ser, considerado em sua relação pura consigo mesmo e já não com um de seus modos, não pode ser senão uma interioridade infinita, um eu coextensivo ao todo, incapaz de sair de si, e no qual nosso eu finito, como todos os outros eus, não cessa de nascer, de crescer ou de diminuir e evanescer-se. Sem dúvida essa ideia do ser deverá ser pensada por cada indivíduo: mas não porque pertence ao indivíduo produzi-la, mas somente porque lhe pertence constituir nela sua própria natureza.

A diferença que estabelecemos, no entanto, a esse respeito entre a ideia do ser e todas as outras exige alguns esclarecimentos complementares. Cada ideia particular se opõe, com efeito, a todas as outras ideias, enquanto a ideia do ser as contém a todas. Não há para nós senão um meio de pensá-la, que é inscrever-nos nela com o próprio ato que a pensa. Ora, nenhuma ideia particular pode bastar-se a si mesma; ela implica pouco a pouco todas as outras ideias particulares sem as quais ela não poderia ser definida nem subsistir; uma vez envolto no jogo das relações, entra-se num labirinto sem saída. Mas o objeto real a que essa ideia responde traz em si uma infinidade atual, e sua existência ultrapassa infinitamente todas as relações pelas quais se tem a jactância de esgotá-la. É por isso que, considerado em seu ser mesmo, nenhum objeto particular se distingue de nenhum outro. Não em razão da pobreza da ideia do ser. Mas em razão, ao contrário, de sua riqueza sem medida: pois o ser dos objetos particulares não pode ser senão o ser do universo ou do todo de que eles fazem igualmente parte, e que cada um deles exprime à sua maneira aos olhos de um indivíduo finito que constitui sua própria natureza no tempo graças à análise.

Por conseguinte, as ideias particulares são múltiplas e opõem-se entre si de maneira que formem um todo solidário. Cada uma delas revela então sua impotência abstrata para figurar não somente o todo, mas até o termo concreto de que é ideia. Não pode ser de outro modo se esse termo não é concreto senão pela presença atual do todo onde ele se situa e que se encontraria nele se se pudesse empregar uma análise exaustiva. A universalidade e a univocidade do ser ocultavam pois a impossibilidade em que estávamos de atribuir a termos particulares e finitos uma forma de ser que lhes conviesse em próprio e que não cessasse, portanto, de se renovar e de se diversificar: o único ser que lhe pertence é o ser sem condição que eles dissimulam, mas que manifestam recebendo o poder de se despojar de seus limites e de fundar sua autonomia por sua união com ele.

As mesmas razões que nos impediam de identificar a ideia de um objeto com o ser desse objeto, e que nos obrigariam a multiplicar as ideias estreitando as relações que as uniam entre si, a fim de diminuir o afastamento que separa cada uma delas da existência plena que é preciso necessariamente atribuir a cada objeto, nos obrigam, pois, porque a ideia do ser não só contém todas as outras ideias, mas ainda é suposta por elas, a considerar uma vez mais essa ideia como a única que, por seu caráter de unidade de suficiência, encontra realmente seu objeto e se confunde necessariamente com ele. Só se tivéssemos adotado um método sintético, e se tivéssemos feito do ser um caráter separado, o primeiro de todos e o mais abstrato, é que seria necessário preenchê-lo e completá-lo com todas as qualidades particulares cuja gênese é um efeito da análise; mas a ideia do ser, ao contrário, não exprime nada a mais que a reunião absoluta de todas as qualidades que possamos distinguir nele e que é preciso evidentemente pôr antes de tudo reunidas para que façam parte do universo atual e para que a abstração possa aí discerni-las. Longe de ter necessidade de ser completada, a ideia do ser é a completude mesma que falta a toda ideia particular, mas que é implicada e reclamada por ela. A ideia do concreto é a única ideia que não pode ser abstrata e que, sob pena de nada representar, deve identificar-se com o próprio concreto de que é ideia.

Art. 6: No momento em que põe a ideia do ser, o eu reconhece em si uma potência de afirmação ilimitada que funda e ultrapassa toda afirmação realizada.

Não basta definir a ideia do ser como a ideia sempre idêntica a si mesma que reduz à unidade a multiplicidade das ideias particulares conduzindo-as por assim dizer a seu ponto de perfeição, nem lembrar que o ser de cada objeto não pode ser senão o ser do todo de que faz parte; é preciso ainda, cingindo o problema de mais perto, reconhecer que o sujeito que pensa uma ideia se atribui a si mesmo uma potência de afirmação que ultrapassa infinitamente a própria ideia que ele afirma: pois dizer que essa ideia lhe implica uma infinidade de outras é dizer que tal potência de afirmação não terminará jamais de se exercer durante nossa vida inteira. No entanto, cada um de nós sente bem que ela está indivisivelmente presente em cada uma de suas operações. Se não se comete o erro de considerar essa potência como irreal para dar o nome de ser tão somente ao objeto a que ela se aplica, isto é, que a limita, se se admite, de maneira geral, que a multiplicidade dos efeitos manifesta sempre a unidade da potência, mas sem alterar, aumentar nem diminuir sua essência, é evidente que há na atividade do pensamento uma abundância e uma ductilidade infinitas de que a variedade das ideias é um testemunho imperfeito e sempre renovado.

É preciso dizer que essa variedade provém das coisas e que a unidade que restabelecemos entre elas exprime tão somente sua aptidão comum para se situar numa consciência idêntica? No entanto, a diversidade que reina entre as coisas parece menos uma consequência de seu próprio ser do que de sua limitação mútua, da perspectiva particular de que cada uma delas é o centro, da operação pela qual cada indivíduo constitui o que ele tem de próprio, correlativamente a uma análise que divide o mundo no espaço e no tempo de maneira que lhe permita encontrar aí as condições e a matéria de sua vocação original. E, conquanto a forma do ser aparentemente mais simples implique a presença atual de sua realidade plena, não é preciso concluir daí que a diversidade se intercala entre a potência infinita da afirmação e a totalidade perfeita do objeto afirmado, que estas se identificam de direito e não se distinguem senão de fato e para um ser finito cuja potência própria nunca acabou de se exercer, que não percebe jamais o objeto senão por fragmentos e que alternadamente pode considerar essa potência e esse objeto como se ultrapassando mutuamente, a fim de que ele próprio possa criar sua própria natureza num universo de que é ao mesmo tempo espectador e operário? A unidade universalmente fecunda que se encontra na atividade do pensamento puro, a unidade universalmente presente que se encontra no ser realizado não podem ser confrontadas sem que a ideia do ser apareça imediatamente como exprimindo a totalidade do ser aos olhos de uma consciência finita, que opunha e buscava em vão fazer coincidir o objeto e a ideia em cada conhecimento particular. Ela reconhece então que a potência da afirmação, que é ao mesmo tempo indivisível e infinita, não pode jamais distinguir-se da plenitude perfeita do ser que ela afirma.

Resumir-se-á toda a argumentação precedente de maneira sem dúvida mais fácil de compreender dizendo que, se o ser de cada coisa particular é o ser do todo, a ideia de uma coisa particular não pode jamais confundir-se com a realidade dessa coisa, enquanto a ideia do ser ou a ideia do todo, não fazendo distinção entre as coisas e não as opondo entre si, ultrapassando-as ao contrário e compreendendo-as em si, não deixa subsistir fora dela nenhum objeto com respeito ao qual ela pudesse mostrar-se inadequada.

C. A univocidade do ser e da ideia do ser, ou o segredo do argumento ontológico

Art. 7: O argumento ontológico não nos permite aportar num mundo transcendente à ideia: ele nos obriga a atualizar o mesmo ser em sua ideia.

As observações precedentes vão nos permitir medir o sentido e o verdadeiro alcance do argumento ontológico. Pois há nesse argumento uma consciência muito aguda da identidade entre o ser e sua ideia, conquanto a forma lógica que lhe é dada, em vez de preparar a intuição dessa identidade, pareça antes dissimulá-la dando-nos a ilusão de aportar, por intermédio da ideia, num mundo diferente, situado além. Dá-se com essa prova o mesmo que com o "penso, logo sou", que já a implica e em que a força da conclusão não exprime nada mais que a evidência de uma relação captada na unidade de uma intuição. Assim, ficamos assombrados, lendo Descartes, com a rapidez por assim dizer decepcionante com que ele enuncia o próprio corpo do argumento, a saber, que a existência está contida na ideia de Deus da mesma maneira que a igualdade dos três ângulos com dois retos está contida na ideia do triângulo, e com o cuidado minucioso com que prepara a prova preliminar sem a qual o argumento principal desmoronaria; a saber, que há verdadeiramente uma ideia de Deus, que essa ideia não é uma aparência, uma ficção ou um simples nome, em outros termos, que essa ideia existe, como se, depois de ter estabelecido que ela possui o ser, se tornasse evidente que ela fosse representativa de um ser.

Vê-se igualmente Leibniz abster-se de contestar a validade do argumento uma vez que se tenha conseguido demonstrar a mesma possibilidade da ideia: está aí a seus olhos o ponto essencial em que ele não cessa de insistir e que ele reprova a Descartes não ter suficientemente elucidado, reprovação pouco fundada sem dúvida se Descartes, provando a existência "objetiva" da ideia, entendia por essa expressão quase o mesmo que Leibniz entendia por sua possibilidade, e se, fazendo dessa ideia a ideia da soberana realidade, e por conseguinte a ideia de todo o positivo, ele excluía dela necessariamente toda determinação negativa e por conseguinte toda contradição.

Enfim, é preciso observar que, na refutação mesma que Kant faz do argumento ontológico, a objeção se volta não contra a validade lógica da conclusão, mas contra a interpretação que é preciso dar da existência tirada da ideia: da ideia segundo ele não se pode tirar senão uma existência em ideia, de modo que, se o ser é unívoco, bastará ter reconhecido o ser da ideia para pôr imediatamente o ser de que ela é ideia.

Toda dificuldade consiste então em justificar a realidade de uma ideia do ser. Conquanto essa ideia seja objeto de uma apreensão imediata ou de uma intuição, não é captada isoladamente, mas conjuntamente com suas formas qualificadas, das quais ela é não o caráter comum, mas de algum modo a totalidade que é simultaneamente implicada pela insuficiência de cada uma delas, necessária para sustentá-las e postulada pela operação analítica que as discerne sem criá-las. Longe de constatar a presença em nós de uma ideia do ser, é preciso dizer que é a única ideia de que nos é impossível separar jamais, a única que acompanha necessariamente todas as operações e todos os objetos do pensamento. E basta constatar que ela é, em vez de pedir que ela nos revele um ser distinto de si, para que ela apareça como nos revelando imediatamente a atualidade mesma do ser.

O caráter essencial do argumento cartesiano é, pois, permitir-nos reconhecer que a ideia do ser é uma ideia real, pois por essa ideia basta para pôr o ser que ela põe. Assim não se tem necessidade de sair de seus limites para descobrir seu valor ontológico: é por ela que nosso espírito se sujeita já de início ao ser; é nela que todas as operações ulteriores assegurarão sua objetividade.

Descartes tinha razão em querer que se lhe concedesse simplesmente que o finito já supusesse o infinito. Sem dúvida há indeterminação na infinidade: é uma tautologia dizer que o conhecimento do ser finito não pode abarcá-lo; assim como a palavra infinito não exprime um caráter do próprio ser, mas a margem que separa sempre o ser do conhecimento discursivo mais perfeito. No entanto, a oposição entre o uno e o múltiplo tem o mesmo sentido: pois o uno aparece como infinito uma vez que se tente dividi-lo, enquanto toda multiplicidade real é evidentemente finita. Ora, o uno é o caráter que pertence ao ser, e o próprio da consciência é constituir-se nele, participar de sua natureza sem esgotá-la; ela vive da análise que faz dele. Mas ela encontra sua unidade em todos os lugares, simultaneamente em sua própria essência e em seu objeto, e é essa unidade o que se resolve numa infinidade, uma vez que, isolando, quer num termo particular a multiplicidade de caracteres que já discerniu, quer no conjunto de sua experiência a multiplicidade dos termos particulares com que já entrou em contato, ela considera os caracteres ou os termos que não conhece ainda como capazes, acrescentando-se sem cessar uns aos outros, de restituir a unidade do ser, tal como lhe é atualmente dada.

Em vez de considerar o ser como contido pela definição na ideia da perfeição infinita – pois esse modo de exposição da prova ontológica deixa sempre no espírito certa insegurança e a expõe à suspeita de verbalismo –, é preciso então que essa ideia da perfeição infinita nos apareça não como envolvendo o ser à maneira de um dos elementos que formam sua compreensão, mas como se confundindo com o próprio ser, como tendo a mesma essência e a mesma extensão: pois o ser é o que é posto como completo e concluído, a que não falta nenhuma determinação para subsistir – e aí está o que exprime a ideia da perfeição –, e é também o que nossa consciência, uma vez envolta no tempo, não conseguirá esgotar – e aí está o que exprime a ideia da infinidade. De modo que as palavras perfeição e infinidade não parecem contraditórias senão porque a primeira exprime a posição do ser e a segunda o esforço pelo qual o conhecimento tenta reconstruí-lo.

Quereríamos tranquilizar a suscetibilidade de todos aqueles que consideram o argumento ontológico não só como nos pondo em contato com a realidade da ideia de Deus, mas como concluindo a existência de um Deus transcendente, exterior ao universo em que vivemos. Pois Deus ou o ser puro é transcendente a todo o sensível e até a todos os termos particulares. Mas ninguém requereu sem dúvida que ele fosse transcendente à sua ideia, isto é, que sua realidade fosse outra que espiritual, ao menos se se tem o cuidado de distinguir a ideia (pensada por um ser finito) da operação momentânea pela qual ele a pensa. A forma mais perfeita da crença na existência de Deus não consiste em fazê-lo habitar no interior de cada consciência, e sem dúvida em fazê-lo habitar aí indivisivelmente, o que é uma maneira de considerar nossa própria consciência como habitando nele, como encontrando nele sua luz e seu alimento?

Art. 8: O possível não tende ao ser, mas o ser contém o possível, que se destaca dele para permitir ao ser finito atualizar-se.

Poder-se-ia pensar que nós nos limitamos a apresentar aqui o argumento ontológico já não na forma de uma simples implicação lógica, mas numa forma dinâmica que permite melhor compreender sua originalidade. Assim, já se disse que há em cada possível uma espécie de apelo à existência proporcional a seu grau de perfeição, isto é, a seu grau de realidade, ou ainda, à riqueza de sua compreensão. Desse modo, a ideia da completa perfeição, isto é, de uma compreensão infinita, teria um título infinito para ser, e por conseguinte se veria no limite a possibilidade confundir-se com a existência. Não obstante a ideia de uma série de termos que estivessem a meio caminho entre o nada e o ser, se dá grande satisfação ao espírito que, passando no tempo de maneira contínua de uma forma de existência a outra, tem a impressão de fundir sua diversidade em sua unidade, constitui uma extensão ilegítima de um método que mostra sua fecundidade no interior do ser e desde que é posto, mas que é de todo impotente para engendrar o próprio ser. Entre o nada que, sendo a exclusão do ser, exclui seu ser próprio e o ser que, para ser posto, deve sê-lo simples e absolutamente sob pena de não ser em absoluto, há uma aresta viva: nenhum laço jamais será encontrado para uni-los. E os esforços de Platão para romper a alternativa de Parmênides estavam votados a um fracasso certo. Não se perderá nunca de vista antes de tudo que o juízo de negação exprime uma análise pela qual recusamos a um aspecto do ser um caráter que afirmamos implicitamente no mesmo momento do ser total, e em seguida que toda possibilidade, bem como a tendência a existir que se lhe presta, devem primitivamente ser inscritas no ser, de modo que se tropeçaria seja num círculo vicioso, seja numa distinção contra a qual não cessamos de protestar entre o ser do possível e o próprio ser do real, se não houvesse, por trás dessa linguagem misteriosa, uma visão concreta compatível ao mesmo tempo com a universalidade e com a univocidade.

E, assim como não se pode abolir o ser da aspiração extenuando-o por graus, tampouco se consegue na operação inversa e correlativa que consiste em fazer crescer tanto a abundância dessa ideia, despojada de ser mas que aspira a tê-lo, que ela acabaria por coincidir com ele. Ela não obtém por aí senão o que já possui. De fato, tal prova da existência de Deus deriva da oposição que fazem os seres finitos entre a existência sensível e a existência intelectual. Mas a existência sensível não é, sem dúvida, um progresso com respeito à existência intelectual: a primeira não pode ser aplicada senão ao mundo e não tem sentido senão para o homem.

Se não há ser, com efeito, além do ser do todo, compreender-se-á sem dificuldade que cada ideia particular não chegaria a representar o ser de seu objeto senão por sua solidariedade com todas as outras ideias particulares, enquanto a ideia do ser ou do todo é a única imediatamente representativa do próprio ser. Assim, cada ideia particular não parece ser um possível que tende ao ser senão porque é um aspecto do ser que se destaca dele, mas o supõe. E a ideia do ser, por sua vez, não parece ser um possível capaz de encontrar o ser pela infinidade interna de sua potência senão porque, sendo a revelação da presença imediata do ser, ela aparece ao mesmo tempo ao conhecimento como o termo que este obteria por sua própria conclusão.

Art. 9: *O argumento ontológico é menos uma promoção do argumento "penso, logo sou" do que seu modelo absoluto e o móvel sem o qual ele seria incapaz de concluir.*

Pode-se considerar o argumento ontológico como simples desenvolvimento do argumento "penso, logo sou", e é assim que o próprio Descartes o apresenta. Pois o eu que se descobre no "penso" é um eu imperfeito e que duvida (o que bastaria para refutar a tese daqueles que querem que o "eu" do "eu penso" seja o "eu" do pensamento em geral, em lugar de ser propriamente não simplesmente o "eu" individual, mas esse próprio "eu" enquanto descobre em si a participação do pensamento em geral). Ora, se o finito não pode ser posto sem o infinito de que ele é limitação, é evidente que a ideia do infinito é suposta pela ideia do eu; de modo que, como a ideia do eu implica necessariamente a existência, e a ideia do eu não pode ser posta sem a ideia do infinito (que é a ideia de Deus), parece que a própria existência do eu implica a existência de Deus. É nesse eu que se opera nosso encontro com a existência; mas, dado que o eu tem necessariamente o infinito como suporte, é preciso que ele comunique à ideia do infinito a mesma existência de que ele fez a experiência em si mesmo.

Tal é a maneira como se pode expor a passagem do "penso, logo sou" ao argumento ontológico. No entanto, se não se perde de vista que ele nos descobriu somente o primado do infinito com respeito ao finito, é evidente que é a ideia do eu a que nos conduz historicamente à ideia do infinito e nos ensina a provar sua existência, mas que inversamente é a ideia de Deus a que contém a ideia do eu e que a funda ontologicamente. É preciso pois que aprendamos a comparar de mais perto a passagem da ideia à existência quando se trata do eu e quando se trata de Deus.

Ora, pode-se dizer que o eu que descobre sua existência como inseparável do pensamento estabelece entre esses dois termos uma tripla relação, que é: 1.º uma coexistência empírica que a consciência não cessa de testemunhar; 2.º uma consecução lógica justificada pelo princípio de que para pensar é preciso ser e de que o argumento fornece uma espécie de ilustração concreta; 3.º uma gênese metafísica, uma vez que é o ato do pensamento o que introduz o eu no ser.

Mas essa tripla relação tal como nós a observamos no eu não é senão uma espécie de aplicação ou de tomada de consciência da própria maneira como ela se realiza no absoluto, pois: 1º há uma experiência propriamente espiritual cujo caráter essencial é que o pensamento de Deus nos dá sua própria presença; 2º a implicação lógica que deu sua forma clássica ao argumento ontológico e que nos permite passar da ideia de Deus à existência de Deus é a justificação do *logo* em "penso, logo sou", quando se quer fazer dele um raciocínio e não uma simples intuição; 3º enfim, a coincidência de fato e a implicação lógica entre o ser e o pensamento encontram sua origem primeira nesta criação de si por si que é a marca de um espírito infinito e que nós próprios imitamos à nossa maneira pelo ato de pensamento que nos faz ser.

Sem dúvida, pode-se dizer que nós não nos criamos a nós mesmos, e que tampouco possuímos, nós mesmos, uma existência independente. Nós dispomos de uma potência de pensar cuja atualização depende tão somente de nós. É essa distinção entre a potência e o ato que é característica de todo ser finito e que lhe permite fazer-se por iniciativa própria sem romper, todavia, seus vínculos com o absoluto. A relação entre o "penso, logo sou" e o argumento ontológico faz aparecer aqui um cruzamento singular entre as duas noções de potência e de ato. Pois é somente no eu que tenho a experiência da atualização de uma potência: de modo que o infinito permanece sempre, com respeito ao eu, em estado de potência pura. Mas o próprio Descartes põe-nos em guarda contra tal interpretação: pois a potência é o sinal mesmo da imperfeição e da limitação, de modo que o infinito não está em potência senão quando partimos do finito para tentar abarcá-lo, em lugar de, se o pomos como a condição do finito, ele não poder ser posto senão como um infinito atual sem o qual o próprio finito não poderia ser atualizado. Com respeito ao finito atualizado, o infinito é sempre uma potência pura: mas ele postula para se atualizar um infinito atual, com respeito ao qual é o finito que recai no estado de potência que não se atualiza sempre.

Art. 10: *O argumento ontológico exprime a passagem da ideia do infinito enquanto objeto de nosso pensamento, isto é, um ultrapassamento de todo o finito, à ideia do infinito enquanto ato supremo de um pensamento gerador de si mesmo e de tudo o que ele pode pôr.*

Contra a argumentação precedente pode-se fazer valer a objeção de que não há somente entre o ser do eu e o ser absoluto a relação entre o finito e o infinito, de modo que para passar de um ao outro bastaria ver que é o finito o que reclama o infinito na ordem do conhecimento, enquanto é, ao contrário, o infinito que funda o finito na ordem da existência. A dificuldade essencial consiste na disparidade entre o "eu" que é um ato do pensamento e a ideia de Deus que não é senão um objeto desse pensamento. Daí a preeminência que se concedeu ao eu sobre a ideia de Deus e a obrigação de provar que a essa mesma ideia corresponde uma existência, ou ainda que ela não é puro objeto de pensamento. Mas essa oposição revela somente uma ambiguidade singular e que já assinalamos na acepção da palavra ideia. Pois a ideia pode ser considerada, com efeito, ora como um objeto para o pensamento, ora como uma fonte em que ele haure. No primeiro sentido, o eu não é uma ideia, e é por isso que sempre legitimamente se protestou contra a legitimidade de um conhecimento do eu por si mesmo que o aniquilaria transformando-o em objeto; mas, no segundo sentido, pode-se dizer do eu que ele é uma ideia que se realiza: conhecer-se, portanto, é tomar consciência de si, das potências que se traz em si e buscar realizá-las. Ora, quando falamos da ideia de Deus, parece que ela não pode ser senão um objeto para o eu: mas então se acumulam as contradições, pois Deus, sendo um espírito infinito enquanto o eu não o é senão por participação, é também o que por excelência não poderia jamais tornar-se um objeto: e Deus não é mais que uma potência nua de que não sabemos se é possível que se atualiza, uma vez que nós mesmos não atualizamos o infinito senão por escalões. Temos por conseguinte de tentar provar, ultrapassando o limite da consciência onde essa ideia nos tinha inicialmente encerrado, que há, com efeito, uma existência que lhe corresponda. No entanto, *o próprio da ideia de Deus é não ser em nenhum grau uma ideia-objeto, mas somente uma ideia-fonte*, de modo que, ao contrário de se subordinar de alguma maneira ao eu que a pensa, ela exige que o eu se subordine a ela, uma vez que é a ela que ele toma a atividade mesma sem a qual ele não poderia pensar nem ser. A essência do argumento ontológico consiste na passagem da ideia-objeto, do pensamento que tenho de Deus, a um ato de pensamento supremo em que se determina meu próprio pensamento e sem o qual ele seria incapaz de se sustentar, de um infinito que não é inicialmente senão o ultrapassamento de todo o finito a um infinito que é a condição sem a qual nenhum termo finito poderia ser posto. A ideia de Deus começa por aparecer como produto de nosso pensamento para se tornar logo essa eficácia pura donde nosso próprio pensamento procede: parecia que ele tivesse necessidade do eu pensante como causa antes que nos revelasse a própria presença do ser enquanto é causa de si, e de tudo o que pode ser, em particular do eu enquanto tem o poder de se pôr e pôr todos os objetos particulares de seu pensamento. Assim, o argumento ontológico exprime a descoberta, para além da interioridade do eu, da própria interioridade do ser de que só o eu nos permite participar. Permite substituir a subordinação do ser ao eu pela subordinação do eu ao ser: mostra-nos que esses dois termos não podem ser dissociados. Realiza essa inscrição no ser do eu e de todos os objetos a que o eu se aplica pela inversão de uma perspectiva que atinge esse duplo efeito: de um lado obrigar a consciência a se reconhecer como participante dessa ideia do ser, que é o ser mesmo, e que parecia antes de tudo participar da própria consciência, e de outro converter a objetividade em que o ser se revela a nós quando tentamos pensá-lo numa subjetividade mais radical que a de nosso próprio pensamento que recebe dela a potência mesma que tem de dizer: "eu".

D. O ser e o conhecer

Art. 11: O conhecer identifica-se com o ser na origem e no termo de suas operações.

A discussão precedente, identificando o ser com a ideia do ser, dá um fundamento seguro ao conhecimento. Pois o ser e o conhecer, eles mesmos, aparecem então como inseparáveis: é evidente que o ser não pode ser posto senão pelo conhecer e que o próprio conhecer, ao contrário de ser exterior ao ser, lhe é interior. Pode-se dizer ao mesmo tempo que ele o envolve e que é sua determinação. É essa homogeneidade do ser e do conhecer o que funda a competência do conhecer com respeito ao ser (mas com a condição, como se mostrou no Artigo 4, de não pretender conhecê-lo como nós conhecemos um objeto). No entanto, pode-se conceber de diferentes maneiras a relação entre o ser e o conhecer: e daquela que se adotar dependerá a espécie da própria metafísica. Pois o problema é sempre saber se o ser é engendrado pelo conhecimento como a consumação de suas determinações, ou se é suposto por ele como condição de sua possibilidade. Não se observou suficientemente, sem dúvida, que o objeto do conhecimento não pode ser senão reconstruir uma realidade que lhe é dada primitivamente, que o ser não pode ser concebido como o ponto a que tendem todas as suas operações senão porque cada uma delas encontra nele sua condição e seu apoio, que não nos pode dispensar de inscrever no ser a consciência mesma e que sua própria originalidade com respeito a ele é mover-se numa espécie de *intervalo* entre o ser em que ela mergulha no momento em que nasce e o ser com o qual se une no momento em que ela se extingue em sua própria perfeição.

Far-se-ão as mesmas constatações considerando as relações entre a ideia e o juízo. Pois é muito verdadeiro dizer que todo conhecimento se exprime necessariamente por um juízo; mas o juízo pode ser considerado seja como a operação que desenvolve o conteúdo da ideia, seja como a operação que a constitui. Essas duas interpretações são solidárias e recíprocas; o juízo implica a relação: ora, toda relação é sem dúvida em um sentido sintética; mas essa síntese é um meio para nós de tomar consciência de uma solidariedade de elementos ligados entre si de certa maneira no mundo inteligível, e que o juízo encontra, em lugar de criá-la. O juízo é o único meio que temos de pensar a ideia graças a uma espécie de deiscência ou de ruptura de sua unidade, e o juízo é uma operação discursiva que exige a presença de um tempo lógico em que ele se desdobra.

Demos agora mais um passo: veremos que nenhuma ideia particular se basta a si mesma, e que a relação entre a ideia e o ser é da mesma ordem que a relação que acabamos de estabelecer entre o juízo e a ideia. Assim como, com efeito, o juízo é uma análise da ideia, assim também a ideia é uma análise do ser; mas, assim como a ideia parece engendrada pelo juízo, que é a forma de todo conhecimento, assim também buscamos o ser posteriormente à ideia e esquecemos algumas vezes que ele a funda, pensando que não se pode compreendê-lo senão graças a seu intermediário. Enfim, assim como uma só ideia aparece como capaz de bastar a uma multiplicidade de juízos, assim também é preciso dizer do mesmo ser que ele faz nascer uma multiplicidade de ideias. Mais ainda, já que não há ser senão do tudo, atinge-se aqui um último ponto que já não pode ser ultrapassado: é num único e mesmo ser que todas as ideias igualmente encontram raiz. A ideia em geral não parece ter superioridade metafísica sobre o juízo senão porque é mediadora entre o juízo e o ser. Pois somente a ideia que, em lugar de nos fornecer uma representação de um aspecto do ser, nos fornece uma representação do ser inteiro exige seja confundida com ele.

Art. 12: *A ideia do ser, que é a exigência de uma coincidência ideal entre o ser e o conhecimento, é necessária para que este possa não só completar-se, mas até começar.*

Se se resiste a essa assimilação entre o ser e a ideia, que é o fundamento ontológico de todo conhecimento, é porque nenhuma ideia particular tem condições de alcançar a totalidade concreta implicada pela realidade de seu objeto, de modo que a distância que a separa desse objeto não parece poder vencer-se senão por um enriquecimento gradual de seu conteúdo no tempo. Imaginando da mesma maneira que a ideia do ser é uma ideia abstrata, os partidários do método sintético a relegam ao mundo das noções sem conteúdo, já que a ideia do ser, sendo desse modo a abstração levada até seu limite, veria esvanecer-se o que cada ideia particular guardaria ainda de positivo, e identificam então o ser real com o termo a que tendem as operações do conhecimento.

Mas podem-se fazer três observações para mostrar que essa concepção das relações entre o ser e sua ideia, se se interpreta como convém, justifica em lugar de destruir a plenitude absoluta da ideia do ser: pois, *em primeiro lugar*, se toda ideia particular é abstrata com respeito a seu objeto, é porque esse objeto traz em si, por suas relações com todos os outros, a totalidade do ser de que essa ideia parece destacá-lo. Mas a ideia não é, todavia, representativa de tal objeto senão com a condição de evocar essa totalidade. Em lugar de imaginar que, pensando nesse objeto seu ser e não suas qualidades, o empobrecemos indefinidamente, é preciso dizer, ao contrário, que pensar seu ser é pensar, para além da ideia particular que tínhamos de início, a totalidade atual de suas qualidades, tanto daquelas que não conhecemos como daquelas que conhecemos. Aqui também a ideia se descobre para nós pouco a pouco como envolvendo uma infinidade em potência. E, se se responde que aí está uma ideia fictícia, já que é uma ideia cujo conteúdo nos é precisamente impossível desdobrar, responderemos que o próprio de uma ideia é conter em si uma riqueza que não se percebe de uma só vez e que o papel dos atos de inteligência é explicitar. Nenhum homem pode jactar-se, quando pensa uma ideia, de fazer jorrar imediatamente tudo o que a análise poderá descobrir nela. Isso é verdade mesmo com respeito às ideias cuja essência puramente abstrata parece encerrada em sua definição, como as ideias geométricas, pois a demonstração não concluirá jamais o recenseamento de todas as suas propriedades. Que dizer a esse respeito da ideia do ser que é impossível pôr sem inscrever nela antecipadamente tudo o que nos venha a ser revelado? Ela teria, no entanto, pouca fecundidade se as formas do ser não pudessem ser a nossos olhos senão modos de apreensão empíricas; mas, se ao contrário se pode uni-las todas à ideia do ser por uma articulação dialética, essa ideia não conterá somente uma riqueza possível que só a experiência nos descobrirá, mas uma riqueza real, que reclama essa experiência e a funda. De qualquer maneira, a ideia do ser, em lugar de aparecer como a unidade do abstrato, deve ser definida como a unidade do concreto, e é por isso que os objetos particulares com suas ideias devem vir situar-se nela para que tenham um conteúdo e para que a análise que os opõe sem desuni-los não seja sem fundamento inteligível.

Em segundo lugar, há uma ambiguidade que importa dissipar quanto ao sentido que se dá ao abstrato e ao caráter de irrealidade que se lhe atribui. Uma ideia, mesmo abstrata, não é um puro nada: é uma forma particular do ser; se ela é a operação de um espírito finito, nem essa operação nem o espírito que a cumpre podem ser considerados como estando fora do ser. E, uma vez que, em todos os lugares em que o ser é dado, é dado por inteiro, a ideia abstrata não poderá subsistir sem todas as outras; ela as chama então não à existência, já que estão todas contidas no ser para que seja possível descobri-las aí, mas à consciência que as descobre uma depois da outra na duração e que postula desde a origem, para justificar sua própria natureza, a solidariedade de todas as formas inteligíveis que venham a penetrá-la. Não obstante, a ideia do ser não possui somente a mesma existência que todas as ideias abstratas; ela dá a estas a própria existência que possuem. Se uma ideia não tem sua existência de si mesma, não pode tê-la senão de outra ideia que a contenha: mas não é preciso que essa ideia seja ela mesma abstrata, sem o que a mesma dificuldade renasceria indefinidamente; ela não pode ser senão a ideia concreta do concreto, e essa ideia, se comparada às ideias abstratas, as supera infinitamente, precisamente porque se confunde com sua totalidade. É essa totalidade atual, mas que não pode ser totalizada, ao menos se o conhecimento for uma análise e não uma síntese, a que nos dá esta emoção perfeita inseparável de todo contato com o ser e que se produz tanto diante de suas mais humildes formas quanto diante das mais grandiosas.

Em terceiro lugar, a identidade entre o ser e a ideia é antes confirmada que arruinada pelo desenvolvimento mesmo do conhecimento. Pois o espírito se assenta no ser uma vez que empreende conhecer e até uma vez que toma consciência de si mesmo. No entanto, a ambição própria a nosso espírito finito nos leva a pensar que não há nada em parte alguma ali onde ainda não há nada para nós: e, desse modo, o ser não será nada antes de ser conhecido; ele coincidirá com o acabamento do conhecimento.

De fato, é impossível que possamos representar o ser senão como um conhecimento a que não faltasse nada, como uma síntese total, ou, se se toma a linguagem da análise, como uma visão suficientemente sutil e suficientemente penetrante para que a totalidade do real pudesse aparecer ao olhar com uma transparência perfeita. Todavia, há que necessariamente pôr o real para aspirar a conhecê-lo, porque esse poder de conhecer, fazendo parte do ser, não pode precedê-lo. Mas é o próprio do conhecimento buscar conter em si o universo em que nasceu; ele poria em dúvida seu valor e sua legitimidade, aceitaria mutilar-se, isto é, negar-se, se pudesse admitir que não houvesse nada no ser que lhe escapasse de maneira essencial e decisiva e que pudesse permanecer inatingível para ele, ainda que ele tivesse chegado a seu ponto de perfeição. Nesse ponto, ao menos, já não haveria distinção entre o ser e sua ideia. Desse modo, é porque é do ser que todo o movimento do espírito devia ter partido que esse ser já era indiscernível da ideia que havia de encontrá-lo. Aqui a oposição que se quisesse estabelecer, para salvaguardar sua originalidade, entre o conhecer e o ser, entre o abstrato e o concreto, o possível e o real, a confusão inicial e uma análise acabada, não poderia manter-se, pois é evidente que, se o conhecimento fosse levado até seu limite, se esvaneceria consumindo-se; o intervalo que separa o sujeito do objeto seria abolido, e o ser com que ele viria a se identificar no termo de suas operações não diferiria de modo algum do todo indiviso com que tinha entrado em contato em sua primeira *démarche*. Assim, a necessidade em que estamos de confundir o ser com sua ideia nas duas extremidades da obra do conhecimento, para que ele possa começar e para que ele possa rematar-se, justifica a oposição e a conexão entre o ser e sua ideia em todas as operações pelas quais um ser finito constitui sua própria vida ao longo da duração; ele próprio é como uma ideia que ele se obriga a atualizar graças ao encontro incessante de novos limites que lhe é forçoso ultrapassar sempre.

Art. 13: *Uma vez que o ser é o todo, e que o todo não pode ser senão uma ideia, o conhecer é o ser mesmo enquanto se analisa.*

Se o ser é idêntico ao todo, esse todo não pode aparecer aos olhos de um ser finito que não coincide com ele senão como uma ideia, mas essa ideia que era antes de tudo um objeto para o pensamento se lhe torna logo a fonte. Desse modo, não há que assombrar-se com que ele fundamente não só a possibilidade mas a existência da parte como tal e da própria consciência enquanto analisa o todo e descobre nele partes. Há pois homogeneidade entre a parte e o todo, conquanto o ser da parte seja o ser de um fenômeno, e entre o ser e a consciência, conquanto o ser da consciência seja o ser de uma subjetividade.

E é por isso que é indiferente considerar, à maneira dos idealistas, o indivíduo e o todo como duas ideias, mas com a condição de que a ideia não seja um simples objeto para uma consciência, ou incluir, à maneira dos realistas, a existência do indivíduo no interior da do todo, mas com a condição de reconhecer que essa inclusão é a participação da consciência num ato que a supera. Isso volta a mostrar que a oposição entre o ser e a ideia, que, como mostramos, não é válida senão para os seres particulares e não para o ser total, é um meio de assegurar ao todo e ao indivíduo a possibilidade de se distinguirem um do outro e, no entanto, de se comunicarem.

A ideia do ser é, portanto, o próprio ser. Já tínhamos observado que não há ideia separada do ser. Mas cada ideia particular implica todas as outras, e o ser consiste nessa implicação total que é preciso necessariamente pôr para que elas possam ser.

Há no pensamento uma infinidade em potência, assim como há no ser uma infinidade atual; mas, para que essa distinção possa ser feita, é preciso que nos encontremos diante de um sujeito individual que, limitando o pensamento, manifeste nele um poder que desborda seu objeto, e, limitando o objeto do pensamento, descubra nele uma riqueza que desborda sua própria operação. Retire o objeto particular, ou antes, considere a totalidade dos objetos, essa distinção se esvanece tal como se esvanece se se retira o sujeito individual e se considera o pensamento em sua universalidade; então o pensamento e o ser se recobrem. Uma vez que a análise a restabelece, deparamos com o conflito entre um pensamento que parece uma existência diminuída e uma existência que parece uma inteligibilidade imperfeita. Toda ideia particular é pois inadequada;

pois pensar adequadamente um objeto qualquer seria propriamente pensar o todo de que ele é solidário. Todo ato intelectual se inscreve, por conseguinte, na ideia do ser e tende a encontrá-la; esta é a única que não é ultrapassada por seu objeto; pois seu objeto está nela, já que ela é: ela é indiscernível desse objeto mesmo. O ser de que ela é ideia é o mesmo que lhe dá o ser. O pensamento se envolve pois aqui num círculo que testemunha, como se mostrou, que estamos diante de um termo primeiro.

O mais grave erro que se poderia cometer nessa interpretação analítica do conhecimento seria pensar que tudo o que a análise pudesse descobrir no interior do ser já se encontrava aí na forma mesma em que ela o descobre. Isso é compreender mal o papel da análise e sua função propriamente criadora. Ela supõe o ser, mas somente enquanto ele é a unidade de um ato que sustenta a possibilidade de todos os seus modos. Ele é seu fundamento e não sua soma: é a participação que os atualiza. Assim, toda operação que a consciência cumpre é, ela mesma, correlativa de um dado que lhe responde e que muda a cada instante a face do mundo.

9. Da presença do ser

A. A presença e o tempo

Art. primeiro: O eu descobre o ser descobrindo sua própria presença no ser.

Não há experiência mais emocionante que a que revela a presença do eu ao ser. E, se o ser é unívoco, compreende-se que não se possa descobrir a presença do eu sem descobrir simultaneamente a presença total do ser. A perfeição da emoção inseparável dessa primeira descoberta pode ser interpretada de duas maneiras: pois uns, ao mesmo tempo felizes e indignos de se terem situado no ser, o confiscam imediatamente para seu proveito, encerrando-o ciumentamente no interior de seus próprios limites, e já não participam aí, deste momento em diante, senão para extrair vãos desfrutes de amor-próprio; mas esses desfrutes se esgotam rapidamente; eles não têm que ver senão com os modos, e os modos privados de seu princípio distraem o eu e o arruínam. Os outros não retêm da presença do eu no ser senão o veículo que lhes permite experimentar a própria presença do ser; sabem que essa presença do eu não pode ser isolada, que ela é sem cessar sustentada e alimentada pela presença do ser, que é sua forma manifesta, que o eu não pode subsistir e aumentar senão por uma aderência ao ser que deve ser ao mesmo tempo uma adesão, por um desvio de si e uma circulação no todo que lhe permite constituir sua natureza própria, descobrir e preencher sua vocação.

Não se pode negar que essa presença simultânea do ser e do eu e de um ao outro seja uma experiência metafísica ao mesmo tempo primitiva e permanente, da qual ninguém pode libertar-se, que é suposta e desenvolvida por todas as nossas relações com os outros seres, com nós mesmos e com Deus, e que estas têm somente por objeto analisar e aprofundar, isto é, realizar. Mas os homens creem em geral que basta admitir implicitamente essa dupla presença, e eles se relançam imediatamente à curiosidade e ao amor das coisas particulares. Então o ser se vinga de ser esquecido: tira às coisas particulares todo o seu sabor; já nenhuma delas é capaz de nos satisfazer; é que elas reclamam ser saboreadas nele e por ele; fora de sua presença, que elas atualizam, são imagens que nos fogem e que não suscitam em nós senão o desejo ou o arrependimento. Elas nos escravizam por tudo o que lhes falta. Fazem de nós escravos descontentes. A atmosfera e o sentimento agudo da presença lhes dão um sentido vivo e pleno, concedido ao eu vivo, permitem-lhe encontrar nelas o quadro e o efeito de suas potências e as tornam aptas ao mesmo tempo para preencher toda a sua capacidade.

É essa descoberta da participação do eu no ser que fez nascer na consciência contemporânea o sentimento de *angústia*, de que se fez uma revelação metafísica mais profunda do que o "penso" cartesiano. E pode-se dizer, com efeito, que, enquanto o "penso" tendia menos a individualizar o eu que a mostrar como ele pode envolver de direito o todo do ser pelo conhecimento, ao contrário a angústia nos dá uma consciência dilacerante da intimidade de nosso eu, de sua unicidade subjetiva, ao mesmo tempo solitária e esmagada pela imensidão e pelas trevas que a envolvem. A angústia é o sentimento pessoal de nossa participação no ser considerada pelo aspecto da deficiência: não só ela reúne em si a tripla intuição da dor, da morte e do tempo que nos ameaça e nos foge conjuntamente, mas ainda situa nossa vida sobre o fio de uma lâmina entre o ser e o nada. A participação tem também um aspecto positivo pelo qual, descobrindo o todo do ser de que não podemos ser separados, e a que sempre estamos submetidos no presente, experimentamos uma alegria feita de segurança, de posse e de esperança ao mesmo tempo. O próprio da consciência é oscilar entre estes dois extremos como entre os dois polos opostos da participação.

Art. 2: *Nossa vida jamais sai do ser nem, por conseguinte, do presente.*

Sabe-se bem que não podemos falar do ser senão no presente e que o passado ou o futuro, se os tomássemos em si mesmos independentemente do presente em que o pensamos, pertenceriam ao nada. Não se deve considerar o presente como um puro abstrato, um limite que se esvanece entre o que já não é e o que ainda não é. O presente é o caráter fundamental do ser, não somente aquele pelo qual ele nos é revelado, mas aquele pelo qual ele próprio se põe; nós imaginamos o tempo para explicar o aparecimento de um ser finito que surge no presente e se retira dele, enquanto seria contraditório para o ser sem condição escapar à presença eterna.

Mas não se deve fazer do tempo um mito que nos devora a nós e, conosco, ao ser: ele é somente o meio sem o qual não poderíamos dar o ser a nós mesmos. Sem ele, não seríamos senão uma coisa entre as coisas: ainda se vê mal como cada uma delas poderia distinguir-se de todas as outras. Nós receberíamos o ser em vez de criá-lo; ou seja, se o ser é, ele mesmo, um ato, e não um dado, nós não participaríamos de sua essência, e nossa vida já não poderia ser o que ela deve ser: incessante despertar, contato indefinidamente renovado e continuado, crescimento imóvel e posse instável. O papel de um dado não pode ser senão apoiar o elã que o ultrapassa, mas, no tempo ainda, o ser não pode fazer que não sejamos arrastados como uma coisa se lhe recusamos nosso consentimento espiritual, se não queremos associar-nos à sua ação criadora pelo exercício de nossa liberdade. Não há tempo senão para assegurar o contraste entre esse dado e esse elã, que os torna a ambos possíveis, e que os reúne um ao outro num ato transitivo indivisível que não se pode imaginar senão cumprindo-o e que não se realiza senão no presente.

De fato, nossa vida inteira decorre no presente. Como poderia ela sair dele? Seria preciso que ela saísse dos limites do ser. Quando se diz que ela o penetra ou que ela o abandona, tal não se dá senão aparentemente. Ela não recobre toda a extensão do presente: participa dele segundo modalidades diferentes, mas nenhuma se separa dele jamais. Ela é limitada e, enquanto tal, deixa muitas coisas fora de si: mas está inteiramente no ser, que é a própria presença. E, se se pretende que essa vida por sua vez é composta de estados que estão no tempo e, por conseguinte, são exteriores em certa medida uns aos outros, responder-se-á para cada um desses estados o que se disse da vida em geral: ele nunca esteve senão no presente, e, se ele ocupa um lugar limitado, isso não quer dizer que tenha jamais podido deixá-lo.

Considera-se erroneamente o presente como uma ponta móvel a se deslocar ao mesmo tempo que o ser inteiro, mas trata-se tão somente dos diferentes aspectos do ser que, destacando-se uns dos outros graças à análise, adquirem ao olhar de uma consciência finita uma presença subjetiva variável. Essa presença é uma visão sobre a *presença total*: ela nos revela a esta, que a fundamenta. A própria presença não muda, qualquer que seja seu conteúdo: ela é a ideia mais pura que podemos formar do imutável; é a eternidade concreta. Mas seu conteúdo renova-se sem cessar porque é preciso que se meça sobre nossa abertura, sobre o que podemos querer e acolher. Não é pois a presença do ser o que criamos, mas nossa presença no ser. É como se devêssemos fazer a cada instante uma escolha sem cessar recomeçada num ser infinito e onipresente no interior do qual seria preciso constituir ao mesmo tempo nossa existência e nossa natureza. Mas elas jamais o estão, pois nós não somos nós mesmos senão por essa escolha que, se cessasse, nos faria cessar de ser ou nos reduziria ao estado de coisa. Há aí uma participação na presença total que é sempre limitada por seu objeto, mas total pela própria presença dese objeto. E sem dúvida o tempo se insinua então de maneira que acuse a disparidade entre a totalidade da presença e a limitação do objeto presente, mas jamais se pode fazer que a própria presença desapareça nem que o objeto, conquanto não ocupe senão uma parte sua, consiga libertar-se dela.

Não temos necessidade sem dúvida de pedir que se interprete corretamente a noção da onipresença, tal como acabamos de expô-la: não quisemos dizer que a totalidade do real deve ser considerada como sendo em si uma espécie de passado integralmente desenvolvido por antecedência e de que os diferentes indivíduos seriam os espectadores passageiros. O passado precisamente não existe como passado, isto é, como espetáculo, senão para um indivíduo que o viveu como presente e que por conseguinte o criou. É preciso dizer, desse modo, que ele não existia até então senão como possível? Sim, sem dúvida, se queremos considerar já não o ser em si, mas as liberdades particulares que fundam nele seu ser participado; pois a palavra "possibilidade" não tem sentido senão com respeito a essas liberdades: ela representa o campo em que essas podem exercer-se, isto é, suas potências nos dois sentidos dessa palavra, que exprime uma limitação por oposição ao ser atual e a iniciativa pela qual elas se atualizam. Em contrapartida, não há possível em si: talvez se possa dizer que o que permanece em estado de possibilidade para um indivíduo é sempre atualizado por outro. Mas basta por ora observar que, uma vez que cada um deles se realiza graças a um ato de participação que lhe é próprio, pode definir-se a presença total não como a de todos os possíveis ao mesmo tempo, mas antes como o ato que fornece a todos os seres particulares eficácia suficiente para pôr todos os possíveis e para que nenhum desses possíveis permaneça jamais em estado de pura possibilidade.

Art. 3: O presente não se confunde com o instante, e compreende em si o passado e o futuro na forma de ideias presentes, cujas relações entre si e com o instante permitem à nossa personalidade constituir-se.

Subordinar o ser ao tempo é subordiná-lo a uma de suas determinações. O presente não se confunde com o instante: compreende em si o passado e o futuro; como poderíamos pô-los fora do presente de outro modo senão pondo-os fora do ser, isto é, admitindo que o ser não cessa de nascer do nada e de nele recair? O passado, dir-se-á, foi um objeto presente e o futuro se tornará tal; mas, enquanto passado e enquanto futuro, estão excluídos do presente. Ora, o que é que isso quer dizer senão que aos olhos de tal sujeito determinado, submetido a viver no tempo, eles devem ser definidos agora como ideias presentes? Pouco importa que estas estejam atualmente pensadas ou que sejam tão somente suscetíveis de sê-lo; pouco importa que apareçam à memória como realidades já fixadas e que ela evocará com mais ou menos fidelidade, ou que apareçam à vontade como possibilidades ainda indeterminadas e entre as quais esta poderá escolher. O ponto importante é que jamais se pode fazer sair um termo do presente da sensação senão para fazê-lo entrar no presente da imagem.

Essa doutrina só seria chocante se lhe déssemos um sentido grosseiramente material, isto é, se admitíssemos que o presente subsistisse em si com os caracteres que lhe dava a sensação quando nós cessamos de senti-lo como presente, ou que ele preexiste em si com os caracteres que ela lhe dará, ao passo que não é para nós senão futuro. A presença da ideia do passado ou da ideia do futuro não esconde a subsistência objetiva de uma sensação conservada ou antecipada. Não é o mesmo acontecimento que é previsto, realizado, depois lembrado; é somente graças a esta identidade suposta que se está obrigado a excluí-lo do presente, isto é, do ser, uma vez que já não se pode pensá-lo como passado ou como futuro. Mas na realidade há aí três acontecimentos que, é verdade, têm entre si uma relação privilegiada, e os três pertencem igualmente ao presente: não se dirá que eles sejam simultâneos, porque a possibilidade de distingui-los é precisamente a própria definição do que se chama uma sucessão; mas tal sucessão não pode dissimular-nos que nem um nem o outro jamais foram, como tal, nem passado nem futuro, e que essas palavras designam somente o contraste percebido por nós entre aspectos diferentes da presença total. Poder-se-ia exprimir a mesma ideia de outro modo, dizendo que um acontecimento não realiza sua essência se ele não assumir esses diferentes aspectos sucessivamente e se não os converter um no outro segundo uma ordem propriamente irreversível. É essa irreversibilidade o que nos impede de reconhecer a significação privilegiada da presença e encerrar nela o rememorado e o desejado tanto quanto o percebido. Somos cegados pela presença do corpo, que oculta presenças mais sutis e mais íntimas. Inversamente, não devemos assombrar-nos com que seja preciso obturar aquela para que estas possam produzir-se: opondo-se entre si como o passado e o futuro, elas dão ao espírito seu movimento através da presença sensível em que se opera a passagem de uma à outra.

Que não possamos tornar-nos o objeto presente pela sensação, e que ela não possa fazer-nos presente todo o universo ao mesmo tempo, já é sinal de nossos limites; mas é também a condição da oposição entre a sensação e a imagem e por conseguinte de nossa distinção subjetiva com respeito ao todo, isto é, de nossa existência e de nossa independência espirituais. Que no mundo das imagens as que representam o passado tenham de direito um caráter único e irreformável é sinal de nossa escravidão com respeito ao que fizemos. Que aquelas que representam o futuro sejam múltiplas, inacabadas e flutuantes é sinal de nossa ignorância com respeito ao que faremos: por isso mesmo não há ciência senão do que está feito, isto é, do passado. Mas sem essa escravidão que nos acorrenta a nós mesmos e não a outro não constituiríamos algo uno com o ser que nos demos, e sem essa ignorância que é essencial e não acidental não participaríamos do ser senão como uma coisa que poderia contemplar-se a si mesma e não como um ato que não cessa de se engendrar. Assim, criamos a cada passo o próprio objeto cuja memória é a ciência.

Desse modo, embora nosso eu não saia jamais do presente, é preciso que ele se sinta ligado ao ser que o limita: é a sensação; é preciso também que se distinga dele graças à oposição entre a sensação e a imagem. De maneira geral, nossa vida consiste na transição ou na passagem de uma à outra: essa transição se efetua no presente; ocorre em dois sentidos segundo vamos da imagem indeterminada à sensação ou da sensação à imagem determinada. Mas, porque nem a sensação nem nenhuma dessas duas imagens subsistem fora do presente, é a relação intemporal que estabelecemos entre elas o que faz aparecer a ideia de tempo e que determina seu curso.

O tempo exprime a heterogeneidade entre os aspectos do presente; introduz no ser a relação que é o meio da participação; a dupla permutação entre a sensação e a imagem prova que nosso ser espiritual é consubstancial ao ser total e não cessa de se nutrir dos contatos sem cessar renovados que tem com ele. No entanto, a transformação da antecipação em lembrança por intermédio da sensação é um ato: ele prova que nós não nos limitamos a sofrer a pressão do universo, mas somos simultaneamente os criadores de nossa personalidade e do próprio universo. A essência do ser revela-se a nós já não como uma coisa, mas como um ato para o qual colaboramos e que é nosso ato próprio. E a impressão a que nenhum homem escapa de que não há nada fora do presente recebe sua confirmação quando se pensa que o ser é ato e que, se uma coisa ainda pode subsistir quando foi esquecida e antes que tenha sido descoberta, um ato não pode subsistir senão quando se cumpre.

Não se arguirá, portanto, que o presente é tão somente uma determinação do tempo e que identificando o ser com o presente nós interpretamos, hipostasiando-o, o contraste que o tempo permite reconhecer entre o que é e o que já não é ou o que não é ainda. Pois o presente não é o instante, que não é senão um limite evanescente, o ponto em que se encontram e se cruzam os diferentes modos da presença. O tempo supõe o presente e não inversamente. Pois é o presente que é vivido e não o tempo, como se crê quase sempre: o tempo não é senão pensamento. Ao presente pertencem a um só tempo a sensação, a imagem e a transição de uma à outra. E a sensação, quando já desaparecida, não deve ser considerada como retirada a um só tempo do ser e do presente: o sujeito já não tem acesso ao ser que ela representa senão pela imagem, que é um estado novo e um estado presente. Mas essa distinção entre a sensação e a imagem não pode ter sentida senão para o sujeito que as percebe uma após a outra: ela tampouco é um dos caracteres do ser, mas uma das condições de nossa participação no ser. O ser finito, sempre inseparável do presente, distingue-se do todo graças ao tempo, que é um meio que ele imagina, e em que se desdobra sua vida subjetiva, que é uma vida de imaginação. Sem ela, ele constituiria algo uno com o ser total e não teria nenhuma independência. É por ela que ele não cessa de fundar e de renovar sua personalidade presente, que, conquanto submetida ao ser, não atualiza jamais senão uma parte dele, mas retém para sempre em si mesma como um bem que lhe é próprio tudo o que ela percebeu, ao mesmo tempo que prevê e contribui para produzir as operações novas pelas quais não cessará de se enriquecer.

Se porém o presente não é um elemento do tempo, tampouco é sua negação: ao contrário, é seu fundamento e seu apoio, pois o tempo nasce da distinção e da relação que se estabelece entre as diferentes formas da presença, e mais precisamente da conversão de uma presença sensível numa presença espiritual. De maneira geral, o tempo, que é a condição de toda análise concreta, é ele próprio o esquema abstrato de toda análise possível, que é a análise de um eterno presente, no qual o ser finito, sem que jamais se separe dele, consegue, no entanto, fundar sua personalidade, isto é, determinar suas aquisições e mantê-las.

B. *A presença total e as presenças mútuas*

Art. 4: A presença não é conferida ao ser pelo eu, mas ao eu pelo ser.

Sem dúvida se voltarão contra a noção de presente as mesmas objeções contra a noção de ser. Será preciso observar *primeiramente* que, como a noção de ser não pode ser compreendida senão com o eu e até em certo sentido no eu, isto é, de forma subjetiva, a noção de presente, de maneira muito mais evidente ainda, supõe uma consciência que se torna o ser presente, de modo que definir o ser pelo presente seria agravar seu caráter subjetivo por um caráter acidental. E acrescentar-se-á *em segundo lugar* que, se a noção de ser é a mais vazia e mais abstrata de todas, enquanto está privada de suas qualificações, isso é mais visível ainda com respeito à noção de presente, que é manifestamente uma forma sem conteúdo, pois o que nos interessa antes de tudo é muito menos a presença de uma coisa que a própria natureza dessa coisa que nos é presente.

Mas a aproximação mesma dessas objeções serve para confirmar a identidade entre o ser e o presente e conduz a pensar que, se os meios empregados para estabelecer que o ser não era uma noção puramente subjetiva e abstrata eram bons, ainda aqui hão de conduzir-nos ao sucesso e permitir-nos perceber no presente uma objetividade essencial que toda experiência atual se limita a reconhecer, e uma plenitude concreta que toda *démarche* positiva da consciência divide para pô-la a nosso alcance.

Na realidade, é verdadeiro dizer que a presença não pode manifestar-se senão na forma de uma coincidência momentânea entre o ser do eu e o ser do objeto. Mas seria sem dúvida uma ilusão pensar que o eu se instala antes de tudo no presente para conferir em seguida ao objeto uma espécie de presença derivada e que seria reflexo de sua própria presença a si mesmo. Além de que a presença do eu a si mesmo supõe, no seio da consciência, uma dualidade que redobra, em vez de resolvê-lo, o problema de nossa presença ao ser, é preciso lembrar que se, para o idealismo, o eu se atribuía, com efeito, uma existência subjetiva que se irradiava em seguida para todos os objetos de sua representação, nós mostramos, ao contrário, que a consciência de nossa existência, em lugar de ser a de nossa existência separada, consiste em sua inscrição no interior de um todo onde temos ao mesmo tempo nossa raiz e nosso desenvolvimento e que nos presta o ser antes de recebê-lo de nós enquanto aparência na representação que damos dele. E diremos o mesmo da operação pela qual nos tornamos o ser presente e que é subordinada a uma relação metafísica mais profunda e de que essa operação é a expressão intelectual, isto é, à relação de nossa presença própria com a presença indivisível do todo de que nenhum ser finito jamais poderia destacar-se.

Se se pretendesse agora que é o caráter distintivo de um ser finito estar implicado no tempo, nascer e morrer, e até nascer e morrer a cada instante, responderíamos que, como o ser total não pode compreender todos os seres finitos em outro lugar senão em sua presença eterna, nenhum deles, inversamente, em nenhuma das fases de sua existência, pode fazer senão explicitar um dos aspectos dessa presença total. Assim, como o eu não poderia ser posto se o ser não o fosse anteriormente, e como o eu afeta a seguir o ser inteiro dessa subjetividade que remete a ele, em forma de reflexo, o próprio ser que ele nos deu, é também da presença absoluta que recebemos nossa presença particular; e nós conferimos naturalmente ao universo uma presença comparável à do instante, embora o instante, que tem da presença sua realidade, não no-la revele nunca senão de forma precária e evanescente. Como porém não cessamos de nos elevar do ser dado pelo qual se exprime nossa limitação ao ato que o faz ser e de que participamos, tampouco cessamos de nos elevar de uma presença sensível que nos submete ao tempo a uma presença espiritual que dele nos liberta.

Art. 5: Toda presença particular é mútua e se funda na distinção entre o ato e o dado, a qual supõe por sua vez a presença absoluta do todo, de que é uma especificação produzida pela análise.

Se se pode aceitar, apesar dos escrúpulos do idealismo, pôr o ser como um termo que se basta, um "em si" ou um absoluto, o mesmo não se poderia fazer, dir-se-á, com a noção de presente. O presente não é por essência uma relação? Não supõe dois termos correlativos e cuja natureza é precisamente estarem presentes um ao outro? E não temos a experiência dessa relação em nossa presença ao ser?

Mas, se o ser não pode jamais cessar de estar presente, nós podemos cessar de lhe estar presentes: sucede-nos então cessar de ser. Essa ausência se produz de formas muito diferentes: mas, como a presença de todo ser particular não é senão uma presença renovada no instante, ela não pode ser obtida e mantida senão por um ato de participação no ser puro, isto é, na presença eterna; e, quando esse ato fraqueja ou cessa, não há nada de mudado no ser, mas a forma limitada que ele tinha assumido se extenua e desaparece. Assim, essa mesma presença que é um caráter inalienável do ser absoluto deve ser realizada em cada um de nós graças a uma operação que nos é própria, à falta de que não possuiríamos o ser interiormente, e toda participação seria aparente em vez de ser efetiva.

Podemos distinguir, sem romper a univocidade, duas maneiras de ser, o ser para si e o ser para outro, o ato e o dado que, conquanto compreendidos igualmente na universalidade da noção, a dividem por sua oposição a fim de tornar possível o advento do finito e de fazer aparecer a multiplicidade dos gêneros e das qualidades. A oposição entre o ato e o dado permite ao tempo nascer e ao eu tornar-se presente ao ser graças a uma participação pessoal. O ser finito é precisamente um misto em que o ato e o dado vêm cruzar-se, ou antes, é um ato imperfeito e inacabado que não se confunde com o mundo e não pode pensá-lo senão como um dado. É esse ato original pelo qual, em vez de criar o mundo, ele o retém diante de si como a um espetáculo o que constitui sua verdadeira natureza.

Não obstante, se aí onde há uma consciência é preciso sempre que haja oposição entre um ato e um dado, tal dualidade deve ser característica, se não da própria presença, ao menos da consciência que temos dela. Ou seja, nossa experiência da presença põe sempre em evidência duas formas do ser cuja presença mútua traduz a unidade do ser no interior da qual elas foram distinguidas pela análise. Se toda presença é uma copresença, é porque nenhum ser finito pode ser pensado fora do ser total.

Mas a presença, no sentido metafísico que damos a essa palavra, não pode ser reduzida à simultaneidade no instante: pois, por um lado, um intervalo de espaço suficientemente grande para subtrair o objeto à nossa apreensão imediata basta para criar a ausência tanto quanto um puro intervalo de tempo, como sugere a experiência comum de que a teoria da relatividade fornece uma espécie de interpretação racional. Por outro lado, nenhum intervalo de tempo pode abolir essa presença ao menos possível numa consciência sem a qual nem o passado nem o tempo poderiam ser pensados.

É pois porque o ser é finito que a presença tem um caráter mútuo. E esse caráter se manifesta de quatro formas ao mesmo tempo distintas e solidárias de que a correlação entre o ato e o dado fornece tão somente um quadro abstrato e esquemático:

1º O ser aparece inicialmente como presente ao eu, e é sobre essa presença subjetiva que se encontra fundado o próprio conhecimento do ser: então o ser não é mais que uma representação;

2º O eu aparece como presente ao ser e essa presença, recíproca da primeira e implicada por ela, funda a existência do eu; mas é o eu então que é dado a si mesmo;

3º Os seres particulares aparecem como presentes uns aos outros no mesmo universo, ainda que eles não possuam uma consciência capaz de tornar esta presença sensível a seus próprios olhos. Mas isso equivale a dizer que eles são compreendidos ou que podem sê-lo em forma de representações no interior de outra consciência cuja unidade subjetiva é ao mesmo tempo a imagem e a encarnação da própria unidade do ser;

4º Enfim, ainda que cada consciência esteja encerrada em si mesma, como o está em si o ser inteiro, e já que é da essência de cada consciência ser finita, é preciso que todas as consciências estejam presentes umas às outras, a fim de que exprimam a totalidade do ser sem destruir sua unidade. Mas então, em vez de estarem presentes uma à outra simplesmente pelo conhecimento, tornando-se reciprocamente objeto e sujeito uma para a outra, é preciso que elas possam estabelecer entre si relações reais em que cada uma guarde sua própria essência de sujeito sem ser obrigada a convertê-la em objeto para fazer dela uma presença representada; assim se realizará essa sociedade dos espíritos, que não é possível senão por sua participação comum num mesmo ato espiritual que se cria a si mesmo eternamente. O mundo real, sempre presente inteiramente a todas as consciências através da variedade indefinidamente renovada de seus aspectos, é ao mesmo tempo o meio de sua separação e de sua união; é preciso que ele apareça a cada consciência na forma de uma representação original para que essa consciência possa distinguir-se de todas as outras, e por conseguinte existir, e é preciso, no entanto, que não haja senão um mundo e que ele seja pensado por operações idênticas para que cada consciência possa assim entrar em comunicação com todas as outras.

Concluiremos pois dizendo que o ser é indiscernível do presente, e que, se toda presença é mútua, o ser total se confunde com a mutualidade de todas as presenças reais ou possíveis.

Art. 6: *A presença subjetiva é ao mesmo tempo uma imagem e um efeito da presença total do ser a si mesmo.*

A presença subjetiva é reveladora da presença absoluta: mas nossa própria subjetividade está objetivamente presente no todo do ser. A presença do ser ao eu tem seu fundamento na presença do eu ao ser. Como conceber que seja o ser que vem participar do presente do indivíduo quando é manifesto que toda existência do indivíduo exprime ao contrário sua participação no presente do ser? Mas, se a presença não se manifesta a nossos olhos senão de forma subjetiva, isso não prova que seja uma presença diminuída: ao contrário, ela testemunha por isso mesmo que é uma presença interior ao próprio coração do ser, e é somente porque nossa subjetividade é limitada que devemos inscrevê-la numa presença que a ultrapassa.

A presença não tem, pois, caráter de dualidade senão a fim de nos permitir compreender a unidade ontológica dos termos que ela confronta. E, se ela não pode manifestar-se senão pela análise que faz aparecer a diversidade, é porque o papel da diversidade é torná-la sensível, mas não criá-la. É um dos efeitos mais constantes de nosso método permitir-nos encontrar nas formas mais humildes do ser sua essência total e inalterada.

Reencontramos aqui sob uma forma psicológica, na análise da presença, os caracteres de universalidade e de univocidade que tínhamos atribuído inicialmente ao ser sob uma forma lógica: e essa recuperação das exigências intelectuais pelas condições da experiência interna confirma sua dupla objetividade metafísica. Pois, assim como o ser pode aplicar-se a objetos diversamente qualificados, mas sempre em relação uns com os outros, e assim como não diferem entre si do ponto de vista do ser, a presença é capaz de receber em si estados tão heterogêneos quanto percepções, imagens ou ideias que são eles próprios interdependentes e dos quais se pode dizer precisamente que não são senão porque são acolhidos nessa presença idêntica.

Assim, a presença do eu a si mesmo, isto é, a consciência, é a imagem mais perfeita que podemos conceber da presença plena do ser em todos os seus modos: pois não há consciência sem dualidade, e é, no entanto, tão somente a unidade do ato intelectual o que explica como podemos dizer a um só tempo que todos os objetos do pensamento nos estão presentes, que nós lhes estamos presentes e que eles estão presentes uns aos outros. Encontramos em nossa consciência finita um eco dos caracteres fundamentais do ser puro de que nos é possível efetuar, graças a ela, uma espécie de leitura empírica.

Art. 7: A presença não é uma forma pura que os objetos vêm preencher, mas uma realidade plena cuja consciência os destaca, dividindo-a.

É possível agora responder à objeção sempre renascente que tínhamos assinalado ainda no Artigo 4 do presente capítulo e que reprocha à presença, como ao ser, ser uma palavra oca e até desprovida de significação enquanto não se conhece o conteúdo da presença nem as qualidades do ser. Mas já nos tínhamos assombrado de poder ver no ser a mais abstrata das noções, fazendo observar precisamente que ele não é um caráter separado, que não se pode perceber nem conceber fora de suas determinações, e que ele exprime a totalidade e a consumação de todas as qualidades que sempre se possam discernir nele. E se convirá que há uma boa diferença entre uma tese que faz do ser pura matéria lógica a que as qualidades viriam misteriosamente juntar-se para lhe permitir existir realmente e a tese que, pondo inicialmente o ser com essa totalidade e essa suficiência sem as quais ele não tem direito ao nome de ser, faz aparecer em seguida as qualidades como o feixe de aspectos particulares e complementares pelos quais ele revela sua infinita riqueza aos olhos de uma consciência finita.

Essa identificação do ser com o todo posto diante da análise e para que a análise seja possível, longe de reduzir o todo a um dado inerte a que a análise não acrescenta nada, nos obriga a fazer desse todo um ato inesgotável de que nossa consciência não cessa de participar fazendo aparecer sempre nele novas determinações que não têm independência, no entanto, senão por sua própria operação.

Podem-se fazer com respeito à presença observações análogas. A presença não requer ser preenchida por objetos novos a emergir sucessivamente de uma longa ausência e que viriam povoá-la, isto é, realizá-la. É preciso dizer ao contrário que a presença é de direito infinitamente mais plena e mais abundante que todas as representações pelas quais ela se divide e se fragmenta para se adaptar à capacidade das diferentes consciências. Que tampouco se alegue que com o nome de presença pomos por antecipação e de uma só vez todas as representações que se tornarão presentes depois ao longo de toda experiência possível: a presença é una e as representações são múltiplas; ela não é sua soma, mas é antes sua condição e sua razão, o princípio comum que as atualiza sem se confundir com nenhuma delas, já que é o mesmo em todas. E se pedirá que se medite sobre esta observação: se uma coisa é o que é por suas qualidades, ela não é, todavia, senão pela presença do que ela é.

A unanimidade da presença tomada em si mesma não deixaria subsistir a independência dos seres particulares. Esta supõe a consciência pela qual a presença objetiva e a presença subjetiva não cessam de se opor e de se associar uma à outra. Já que uma presença unânime aboliria a consciência, é preciso que o objeto presente, para que permaneçamos distintos dele, nos pareça sempre mais rico que sua representação presente, é preciso de maneira geral, tanto com respeito ao conhecimento como com respeito ao querer, que um progresso indefinido se abra diante de nós no qual oponhamos ao que já adquirimos o que possamos ainda adquirir. Os modos infinitamente variados da presença psicológica exprimem os meios pelos quais o ser parcial se comunica com o ser total: a presença sensível, imaginária e conceitual permite à personalidade criar-se, à consciência entrar em relação com o universo e com as outras consciências, e fornece o fundamento de um quadro das diferentes funções da vida mental.

É somente porque o homem é atento antes de tudo a seu corpo, pelo qual inscreve seu ser individual no universo visível, que ele é levado a confundir a presença objetiva com a presença real. Ela exprime tão somente o que na presença supera nossa operação. Mas é unicamente pela presença subjetiva que penetramos a própria interioridade do ser. Por isso toda presença verdadeira é uma presença espiritual: a presença do corpo se muda na presença da ideia do corpo, e a presença da sensação na presença da ideia da sensação. A variedade das ideias, a maneira como elas se reclamam e como se excluem permitem uma espécie de filtragem da presença na consciência que não se destaca dela jamais, ainda que a ponha a seu alcance e ainda que, não cessando de haurir num mundo eternamente atual, mas que não é para ela senão um mundo possível, atualiza e faz seu outro mundo que é a obra própria de sua liberdade, mas que por sua vez, com respeito ao ato puro, jamais será senão pura possibilidade.

C. *Ausência sensível e presença espiritual*

Art. 8: *O espaço e o tempo são os dois veículos da ausência.*

O presente do verbo parece por excelência o tempo do ser; e quer-se em geral que ele seja o tempo da percepção, assim como o passado é o tempo da lembrança, e o futuro o tempo do desejo e da vontade. Mas esses diferentes tempos estabelecem tão somente distinções entre certos caracteres dos estados presentes; não permitem converter a essência de um na essência do outro, como se crê demasiado amiúde quando se admite a objetividade do tempo, o que conduziria a imaginar entre eles a mais estranha transubstanciação. No entanto, graças à relação regulada que os liga, nossa própria personalidade vai constituir-se sem cessar de aderir ao presente e apelando indefinidamente por um esforço atual, mas espiritual e estendido para o futuro, a realização sensível de um bem que ela não é capaz de possuir em seguida senão na forma espiritual, mas atual, de uma imagem passada. Então o presente já não é simplesmente, é verdade, o tempo da percepção, o que não tem sentido senão com respeito ao objeto: é o tempo do ato que atualiza tanto a lembrança e o desejo quanto o objeto percebido e a relação que os une.

Se o presente não fosse o caráter essencial do ser, seria preciso que se pudesse conceber uma espécie de ausência absoluta que não fosse um simples distanciamento no espaço e no tempo. Ora, o espaço realiza tão somente a ideia total das presenças indefinidamente próximas, e é por isso que, reduzindo-o à simultaneidade, o materialismo e o bom senso popular o consideram como o próprio lugar do ser. Em contrapartida, o tempo não cria entre os diferentes instantes uma ausência impossível de vencer? O passado não é uma forma de ser ainda subsistente, ainda que fora de todo alcance, quando, progredindo, perdemos todo contato sensível com ele? O futuro não é também uma forma de ser para a qual estendemos as mãos, mas que escapa ao nosso alcance? No entanto, se não se consente em materializar o tempo, então não se perceberá que a realidade do passado, na medida em que era percebido outrora, está somente esgotada, como a realidade de uma figura limitada no espaço e esgotada uma vez que se ultrapassem seus contornos, e que a realidade do futuro, antes que ele se cumpra, é a de uma possibilidade separada de sua atualidade por um intervalo que é, por assim dizer, o próprio produto de sua relação. De maneira mais geral, a partir do momento em que o ser total vem exprimir-se por uma diversidade infinita, é preciso que essa diversidade se realize não somente na simultaneidade, mas no sucessivo, já que de outro modo o espaço, imutável em cada um de seus pontos, seria uma substância, isto é, o próprio ser, em vez de ser uma forma das aparências, isto é, a maneira como ele se manifesta à consciência de um ser finito: mas é preciso, para que ele guarde esse caráter testemunhando, todavia, sua ligação com o ser total, que ele possa em cada ponto receber na infinidade do tempo a infinidade das qualidades, e assegure assim, por intermédio do movimento, a comunicação entre todos esses pontos ou, o que dá no mesmo, ponha em evidência essa relatividade que lhe é própria, sem a qual ele seria não uma unidade viva, mas um bloco rígido de elementos decisivamente separados. Vê-se agora a razão por que os momentos do tempo, os quais pareciam excluir-se muito mais profundamente que os pontos do espaço, já que o passado e o futuro pertencem a um modo diferente do modo do instante (de maneira que haveria uma espécie de contradição em pensá-los juntos), se reclamam, todavia, mutuamente a fim de ligar uns aos outros os pontos do espaço, que permanecem irredutivelmente distantes antes que se passe de um ao outro pelo movimento; vê-se também por que o percurso espacial não cessa de nos parecer presente a cada instante quando ocorre, e por que, quando ocorre, seu traçado é ainda uma imagem presente de que a noção de todo intervalo temporal desapareceu.

Permanece, é verdade, a diferença entre o afastamento no espaço e o afastamento no tempo, cuja distância o primeiro nos permite, graças ao movimento, vencer, e por conseguinte encontrar sempre, na forma de percepções evidentemente novas, todos os pontos de sua presença universal, enquanto o afastamento no tempo, uma vez imobilizado, não pode ser vencido senão pelo espírito e graças ao contraste entre uma percepção atual e uma imagem rememorada ou antecipada. Mas a oposição entre a percepção e a imagem não tem sentido senão para um sujeito finito: ela é o meio pelo qual a personalidade se forma. É preciso para isso que haja irreversibilidade na ordem de seus estados, assim como é preciso que haja reversibilidade na ordem do espaço para que este sustente as *démarches* da liberdade, que ele torne possível o devir sem ser levado por ele, e que ele figure no terreno da experiência sensível e no próprio seio da duração a objetividade do ser puro.

Observar-se-á, quanto ao mais, que essa oposição não é decisiva e irredutível, que todo intervalo é espacial e temporal ao mesmo tempo, que pontos demasiados afastados de nós no espaço tampouco podem tornar-se presentes para nós senão por imagens e que, como é preciso, antes que a influência que exercem sobre nós nos alcance, certo tempo durante o qual seu estado seja modificado assim como o próprio conteúdo de nossa consciência, é de toda necessidade, depois de se terem distinguido o intervalo temporal e o intervalo espacial, associá-los um ao outro de maneira extremamente estreita utilizando o primeiro e admirável modelo que os relativistas forneceram na mecânica do universo físico.

Se a presença e a ausência parecem dois contrários que se reclamam e que não podem ser pensados senão um com respeito ao outro, isso não é verdade por conseguinte senão para um sujeito particular e cuja experiência se constitua no espaço e no tempo. O espaço implica uma presença objetiva e simultânea de todos esses pontos, a qual porém não pode ser atualizada por cada consciência senão nos limites de seu horizonte; mais além reina uma ausência subjetiva. O tempo, por seu lado, o qual é o próprio lugar onde se desdobra toda subjetividade, cria uma distinção entre dois modos da presença: o da percepção e o da imagem (determinada ou indeterminada); essa segunda forma da presença é também subjetiva e com respeito à primeira pode ser denominada uma ausência. Por sua oposição e por sua conexão com ela, exprime a condição ao mesmo tempo de nossa subordinação ao todo do ser e de nossa independência espiritual. Mas esses diferentes modos da presença e da ausência não são senão determinações particulares da presença absoluta que não é, ela mesma, correlativa de nenhuma ausência.

Art. 9: *A ausência é sempre subjetiva e correlativa da constituição de nossa consciência no tempo.*

É um mesmo ato de presença, idêntico em sua essência ainda que muito diferente em seu conteúdo, ou antes, que não tem um conteúdo senão para nós, o que funda ao mesmo tempo o ser universal e nosso ser próprio. Uma vez, porém, que a multiplicidade se introduziu no mundo, compreende-se a possibilidade de uma ausência relativa e subjetiva. Inicialmente os fenômenos não têm sentido senão como dados e aos olhos de uma consciência que os dá a si como objeto de uma contemplação real ou possível. Ora, se ela se desse todos os fenômenos, dar-se-ia ao mesmo tempo todo o universo, isto é, confundir-se-ia com o ser puro, e já não haveria fenômenos. A ausência, que é uma noção negativa, não tem então nenhum valor metafísico: é uma noção psicológica correlativa da presença subjetiva que é característica da consciência. Também os fenômenos materiais são arrastados no mesmo devir que as consciências individuais segundo uma sequência irreversível e contemporânea do devir destas. Pois eles não têm existência senão presente, isto é, no momento em que são atualmente percebidos ou no momento em que poderiam sê-lo. Seu ser não se distingue pois de sua presença. São limitados em sua presença, como em sua natureza. Mas a própria presença não o é.

Longe de nosso pensamento a ideia que eles pudessem subsistir eternamente fora de nosso olhar, tais quais eram quando nosso olhar repousava neles. Seria desconhecer seus limites e as próprias condições da fenomenalidade. Mas é eternamente verdadeiro que o ato que sustenta e funda sua existência reclamando-os no mesmo presente e que os acorrenta indefinidamente a condições e a efeitos sem os quais cada um deles usurparia a independência do todo em vez de exprimi-lo em seu lugar e segundo um aspecto particular contém em si intemporalmente a razão de ser do tempo e dessa maravilhosa propriedade que o define: a saber, que cada um de seus momentos considerado em si mesmo não pode ser senão presente, o qual, porém, com respeito a todos os outros, pode tornar-se indiferentemente passado ou futuro; ora, o passado e o futuro parecem uma mistura do ser e do nada, o que não pode ter sentido senão se soubermos distinguir a percepção da imagem e, por conseguinte, nossa presença objetiva ao ser de nossa presença subjetiva a nós mesmos. É preciso que possamos tornar-nos ausentes à percepção para que cessemos de nos confundir com as coisas e para que possamos ter um devir autônomo em que vamos arrastar as próprias coisas.

A ausência nasce pois de certo contraste que se produz no presente entre duas formas de nossa vida psicológica que não cessam de se excluir. Concluir-se-á portanto que, se o ser é a presença eterna e nenhum ser particular pode esgotá-lo nem se separar dele, os seres particulares, por outro lado, podem estar ausentes uns para os outros, e mesmo eles o estão sempre em alguma medida, sem o que não teriam independência sequer relativa.

A presença é tanto um caráter inseparável do ser que nós a concebemos ainda como a propriedade pela qual o objeto subsiste, ainda quando ele cessa de ser dado à nossa consciência. Quanto à ausência, é uma noção negativa não no sentido de que ela abole a presença do objeto, mas no sentido de que o abole somente para nós. Ela não pode ser definida senão com respeito a esse ato que nos faz as coisas presentes e que nós já não cumprimos. Dizer de um objeto que ele é ausente é dizer que nós não podemos torná-lo presente para nós. Ainda não podemos pensá-lo senão por referência a uma presença possível e à operação de uma consciência que o atualiza. A ausência é sempre, portanto, efeito de uma limitação ou de uma deficiência, o que explica suficientemente como eu posso tornar-me ausente para um objeto particular, para outro ser, para o mundo ou para mim mesmo sem que o próprio laço entre cada um destes modos e a presença absoluta seja atingido.

Art. 10: O tempo que nos liberta, pelo movimento, da servidão do lugar não abole a cada instante a presença sensível senão para convertê-la numa presença espiritual.

Mostramos que o espaço e o tempo são, se o podemos dizer, os dois veículos da ausência. E até se distinguiria mal a ausência temporal da ausência espacial se esta não fosse uma presença de direito que a limitação de nossa percepção não permite transformar em presença de fato, embora essa transformação pareça tornar-se possível pelo movimento, isto é, deslocando nosso próprio centro de perspectiva com respeito ao mundo. Bastaria ainda imaginar um movimento de velocidade infinita para evocar "o ponto que preenche tudo" de que Pascal falou. Assim, por uma espécie de paradoxo, o tempo, que é a mais dura das cadeias, pois que nos prende ao instante sem nenhum consentimento, que não pode ser atrasado nem adiantado, retornado nem antecipado, é também o instrumento de nossa libertação, porque ele nos liberta em certo sentido da servidão do lugar.

Far-se-á, no entanto, uma dupla observação: pois, por um lado, o tempo não nos permite abolir a ausência espacial sem a converter numa presença futura, de modo que a experiência da descoberta de novos lugares não apresenta nenhum privilégio sobre outra sequência de acontecimentos senão porque já supõe a simultaneidade do espaço, ali onde parece somente que ela a verifica. Por outro lado, não se esquecerá de que, por uma espécie de ação de retorno, o próprio tempo pôde ser considerado como uma espécie de espaço e seus momentos assimilados a pontos que teríamos de percorrer sucessivamente. É, pois, se se pode falar assim, a uma *especialidade sem distância* que tomamos o modelo da eternidade.

Mas basta, parece, analisar os caracteres próprios do tempo, sem recorrer a uma comparação com o espaço que o materializa, para compreender como, por meio mesmo da sucessão que não abole senão as formas objetivas e fenomenais do ser, conseguimos reintegrá-los em nossa própria interioridade e penetrar assim, nós mesmos, a interioridade do ser. Pois é o tempo que, sem nos separar jamais do presente, sem separar do presente sequer todas essas próprias formas particulares do ser que não se evadem do presente do instante, dá todavia a estas uma espécie de imortalidade subjetiva na lembrança, como que para nos fazer pressagiar que atingimos melhor a essência do ser em sua forma espiritual que em sua forma material, e, se a sensação é um contato necessário com o ser pelo qual se marcam nossa passividade e nossos limites, esse contato evanescente não deve decepcionar-nos, como se devesse dar-nos, ele mesmo, a posse de um bem imutável: pois ele nos dá mais, a saber, a possibilidade de encontrar indefinidamente o que pensávamos ter perdido por um ato que o transfigura e que depende de nós cumprir.

E, de fato, que podemos possuir senão nossas próprias operações? Que pode haver em nós que não se possa jamais banir do presente senão o próprio ato que nós cumprimos, quer se trate da percepção de um objeto distanciado no espaço e que já se modificou no momento em que sua influência nos alcança, quer se trate da reminiscência de um acontecimento distanciado no tempo e que nós não hesitamos em relegar ao passado, conquanto não possamos separar do presente a operação atual que o ressuscita? São somente nossos estados que podem ser expulsos do presente, com a condição de que sejam isolados arbitrariamente do ato que os fazia vivos. O conteúdo de nossa vida transcorre no tempo, mas não nossa própria vida; esta pende do ser por um ato indiscernível do presente, que ilumina um universo de que se pode dizer que não cessa de se lhe dar, no qual por conseguinte subsiste flexibilidade suficiente para que a liberdade possa inserir nele um efeito de sua escolha, que a memória acolhe imediatamente como a uma posse espiritual não perecível. E o jogo que se produz no tempo entre esses diferentes aspectos da consciência não altera a simplicidade da presença eterna em que estão todos situados.

Art.: 11: A morte cria uma ausência corporal que é reveladora de uma presença mais pura.

Os objetos estão ausentes uns para os outros na proporção menos de seu afastamento que da exiguidade e da lentidão dos meios pelos quais eles podem agir uns sobre os outros. O que confirma que o ato perfeito deve confundir-se com a presença universal.

A presença de um corpo composto no mundo é feita de todas as forças de coesão que, mantendo os diferentes elementos que o formam uns contra os outros, asseguram certa permanência seja de sua figura, seja de sua estrutura. E dizemos que ele é destruído quando uma e outra cessam de ser visíveis, conquanto os elementos subsistam de forma disseminada. Eles próprios não permanecem sem alteração, como se crê com muita frequência; mas isso pouco importa: o composto tornou-se ausente quando eles já não agem uns sobre os outros segundo a lei que define o composto, ainda que no seio do composto sua alteração amiúde não fosse menor que em seu estado de isolamento. Tudo o que dissemos do composto ainda é verdadeiro quanto ao simples, que não é senão um composto mais sutil. Mas, de todos os compostos, aquele cuja destruição nos interessa e nos comove mais profundamente é nosso próprio corpo. Por isso a morte é considerada como o tipo mais perfeito e mais irreparável de ausência.

O caráter trágico da morte provém, todavia, não da dissolução do composto corporal, mas da destruição ao menos aparente da consciência pela qual podíamos crer, pensando no fenômeno e no tempo, ter-nos elevado acima deles e fruir em Deus dessa eternidade que tínhamos descoberto e à qual, já desde esta vida, estávamos unidos. Mas, além do fato de a eternidade de nosso ser espiritual não implicar a imortalidade no tempo de sua parte individual, parece necessário estudar de mais perto, a respeito da própria morte, o contraste entre a presença e a ausência.

De início a ausência não é recíproca, e, se a morte nos torna ausentes para todos os que vivem depois de nós, não perdemos para estes senão a presença corporal. Muito mais, quando esta cessa e já não se tem esperança de recobrá-la, a presença espiritual adquire amiúde mais acuidade; ela é proporcional ao amor que se devota aos que estão mortos. Podemos dar-nos conta então de que a presença do corpo não era senão sua aparência e seu símbolo e que muitas vezes lhe tomava o lugar e a dissimulava. A morte também atualiza, isto é, transforma num ato de consciência essa presença latente que a familiaridade que reina entre os corpos nos dispensava e frequentemente nos impedia de realizar. Estamos mais perto dos mortos que amávamos do que dos vivos: a proximidade carnal destes nos tranquilizava quanto à sua presença; deixamos o encargo à natureza, sem pensar que era sempre necessário nós mesmos contribuirmos para isso interiormente. Faltando a natureza, essa necessidade aparece: é sobre nós unicamente que repousa doravante o cuidado de manter sua presença viva. Por isso nos tornamos capazes de perceber com uma intensidade singular não somente detalhes de sua vida abolida que quase não nos tinham marcado, mas ainda certas ocasiões de nos comunicarmos com eles que perdemos e que fazem que não possamos esgotar os benefícios de sua presença senão em sua ausência. Essa fruição mais perfeita deles próprios que obtemos depois de sua morte, e por assim dizer graças a ela, nos deixa um remorso e como que um sentimento de culpa com respeito a eles; censuramo-nos por tê-los conhecido mal, por não ter cumprido todo o nosso dever com respeito a eles, por não ter realizado com eles essa união perfeita que realizamos tão bem com sua ideia. E esse escrúpulo mostra que não estamos livres de todo o prejuízo materialista: cremos ainda que sua verdadeira natureza consistisse em seu corpo antes que em sua ideia. No entanto, enquanto eles viviam da vida do corpo, essa ideia não podia ser destacada e isolada: permanecia implicada numa sequência de estados e de acontecimentos pelos quais eles pareciam realizá-la progressivamente; sua natureza ainda não estava cumprida. A morte despojou-os do acidental e do transitório: pôs-nos diante de sua essência imutável; e a lembrança que guardamos de sua vida temporal não é senão um meio para nós de entrar já no tempo em contato com sua eternidade.

D. O possível e o cumprido

Art. 12: O tempo é necessário para a transformação de nosso ser possível num ser cumprido; mas estes coincidem na eternidade.

É impossível contentar-se com uma simples imortalidade na lembrança, que não é senão apenas uma sobrevivência um pouco mais longa numa consciência ela mesma perecível. E um sinal da imortalidade antes que sua substância. Mostramos, no que concerne às ideias particulares, que não podemos confundir nenhuma delas com o próprio ser de que é ideia. Ademais, há em todo ser uma atividade autônoma de participação distinta desta pela qual uma consciência estranha o pensa na forma de uma ideia. Se a realidade de um ser é ideia, essa ideia não pode ser pensada por outro e talvez por ele mesmo senão de maneira inadequada. É aqui sobretudo que se verifica a distinção que estabelecemos anteriormente entre a ideia pela qual uma coisa é pensada (ainda que essa coisa fosse nosso próprio eu) e a ideia pela qual essa coisa se faz. Enfim, dois seres finitos não podem jamais estar plenamente presentes um ao outro: é a ausência o que os separa, o que faz deles por isso dois seres distintos; não há para os mortos uma verdadeira sobrevivência além da que eles guardam na memória dos vivos. É preciso portanto investigar outra significação da palavra imortalidade que, em vez de designar simplesmente a continuidade da existência no futuro, isto é, na consciência dos outros seres submetidos ainda a uma vida temporal, nos descobre a maneira como se realiza, por meio do tempo, a inscrição de nosso ser próprio no interior do ser absoluto. Isso quer dizer que é fora do tempo e não no futuro que é preciso buscar a imortalidade verdadeira; e, já que o ser não é um modo do tempo, mas o tempo um modo do ser, veremos que morrendo no tempo acusamos nosso caráter finito, como o fazemos por nossos limites espaciais, mas sem nos retirar por isso do ser total, que compreende eternamente em si com nosso próprio eu o eu de todos os seres finitos. Ele jamais nos recusa sua presença, ainda que nossa própria presença com respeito a ele não possa exercer-se senão no interior de nossos limites, para além dos quais ele não encontra a reciprocidade da presença senão em outros seres limitados como nós. Ao longo de nossa vida temporal, não cessamos de nos tornar o ser presente: antes de nosso nascimento e depois de nossa morte isso já não é possível, pois seria sair de nossos limites; mas nem por isso cessamos de estar presentes ao ser total por uma presença já não mais momentânea nem dividida, isto é, que já não conhece antes nem depois.

Todas as nossas dificuldades provêm de uma falsa objetivação do tempo; mas o tempo que nos torna sensíveis a nossos limites e em que se exerce nossa liberdade nos fornece o instrumento de nossa ligação com o todo e opera através do instante, graças à sensação, uma transformação da possibilidade em lembrança. Ora, o que éramos antes de nascer senão um possível eterno? Em que nos convertemos depois de nossa morte senão num eterno cumprido? Entre os dois, nossa vida temporal era necessária para que pudéssemos dar uma espécie de adesão analítica e construtiva, renovada por um ato pessoal e dentro dos limites de nossa natureza, a essa mesma eternidade em que o tempo nos inscreve, ao contrário de nos separar dela: com efeito, sem o tempo esse possível não poderia cumprir-se, não poderíamos distinguir entre nossa natureza possível e nossa natureza realizada, e nossa personalidade não seria obra nossa.

Mas atenção: se é somente no tempo que podemos operar essa distinção e essa conversão entre nossa natureza possível e nossa natureza real, o possível é, todavia, um aspecto do ser que nunca foi dado independentemente do ser que o realiza, e o real não é, como a lembrança, posterior ao ato que o cumpre, mas contemporâneo desse próprio ato. Não é portanto antes de nosso nascimento que se deve situar nosso ser possível, nem depois da morte que se deve situar nosso ser real: um e outro se confundem em Deus, isto é, em sua essência atemporal; sua oposição, tal como se manifesta por escalões ao longo de nossa duração, é o sinal de que nosso eu reside num ato, mas num ato discursivo inseparável da presença total e cujo caráter pessoal e imperfeito explode na subjetividade da presença que ele se dá e dentro dos limites no interior dos quais ela permanece encerrada.

Art. 13: *A morte produz a ausência ou a presença eterna consumando a escolha que fizemos durante esta vida: no primeiro caso ela é figurada pela distração e pelo esquecimento, no segundo por esse exercício perfeito da atividade espiritual em que a consciência é temporal e ultrapassada.*

Uma velha máxima escolástica declara que o ser se identifica com o que ele conhece, isto é, com tudo aquilo a que ele pode tornar-se presente por um ato interior. Compreende-se desse modo por que é tão difícil, como se observou no Capítulo VII, compreender a natureza própria do eu: é que ela não se distingue da porção do universo que ela subjetivamente ilumina; ela se dilata e se retrai como esta. Basta desse modo que uma parte do universo se retire do campo da consciência para que o eu se recolha e se envolva numa espécie de possibilidade sem objeto. Capta-se bem, estudando a distração e o esquecimento, a maneira como o eu se dobra e se abandona a si mesmo por uma recusa de presença ao ser.

Na distração, com efeito, temos o sentimento de uma perda de contato com o ser, mas ao mesmo tempo a realidade do eu se dissipa pouco a pouco e acaba por se destruir. O que resta ainda do eu numa distração total, como a síncope ou como um sono sem sonhos? No entanto, nós não assistimos aí a um aniquilamento de nosso ser próprio. Pois, além de subjetivamente não haver em nós estado rigorosamente destituído de todo pensamento, como sustentavam a um só tempo Descartes e Leibniz, não se pode confundir o ser com a forma subjetiva que ele recebe numa consciência. Quando cessamos de ser para nós mesmos, podemos ainda ser para outro, é verdade, como corpo: com mais forte razão ainda, não cessamos de ser no interior do ser total e dessa vez já não como corpo, mas como essência, uma essência que não é com respeito à consciência senão uma possibilidade que ela não atualiza. E, ainda que se queira que nossa essência seja uma ideia e que o próprio de uma ideia seja sempre ser pensada, as distinções precedentes parecerão necessárias, com a condição de que não se queira confundir o ato pelo qual penso uma ideia com o ato pelo qual sei que a penso (mas com respeito a esse ponto a psicologia contemporânea não faz senão confirmar pela experiência uma visão metafísica bastante antiga e de que Descartes se serviu).

A análise dessa forma mais sutil de distração que é o esquecimento dá sentido mais concreto às observações que acabamos de fazer: pois o esquecimento nos torna ausentes não com respeito ao universo, mas com respeito a nós mesmos, isto é, com respeito a essa forma subjetiva da existência que nossa presença no universo vinha de criar. Ora, o esquecimento que nos impede de atualizar uma lembrança deixa ainda subsistir em nós a possibilidade. E essa possibilidade está sempre presente. Ou seja, nosso próprio eu, formado pela totalidade acumulada de nosso passado, não cessa de ser quando cessamos de percebê-lo. Nós podemos estar ausentes para nós mesmos, e estamos mesmo sempre ausentes até certo ponto, já que sem essa ausência parcial nos confundiríamos com nossa essência tal como ela reside no ser total e já não teríamos uma consciência distinta, nem do universo nem de nós mesmos.

É pois sobre o modelo da distração e do esquecimento que é preciso representar a morte: nenhum desses acontecimentos destrói nosso ser, mas apenas tornam o desdobramento característico da consciência temporal impossível. Não obstante, se tal consciência é um efeito de nossa existência participada e se é requerida para que possamos fundar nossa independência e tornar-nos nossa própria obra, todo o mundo sente bem que ela é um meio antes que um fim. Medianeira entre nosso ser possível e nosso ser cumprido, está encarregada de assegurar sua união; mas ela desapareceria se essa união fosse consumada. É o que se produz nos momentos mais felizes de nossa vida, quando nossa atividade se exerce com tanta facilidade e plenitude que abole o reflexo que seu rastro deixa habitualmente em nós. Há um estado que está abaixo da consciência e um estado que está acima dela. O papel da consciência é precisamente conduzir o ser de um a outro.

Desse modo, se não podemos considerar a imortalidade senão como a posse cumprida de nossa própria natureza, como ela ainda teria necessidade da consciência temporal para se guiar e do próprio tempo para se enriquecer? Não temos a experiência de uma consciência intuitiva que ela analisa e que a ultrapassa? E, se nosso eu sempre foi o que ele é desde antes de nosso nascimento, que necessidade tinha de se envolver na duração? Mas dizer que ele existe eternamente não é dizer que ele existe invisivelmente para além dos termos que o limitam no tempo, isto é, num passado e num futuro que não se convertem em presente senão com respeito a certos modos da participação que não são os seus. Sonhar com uma imortalidade que acrescentasse indefinidamente nossa duração é mostrar uma ambição medíocre, uma avidez de desejar antes que de possuir. Nossa vida temporal, como o tempo inteiro, existe eternamente, e o tempo é necessário para que, por um ato que nos é próprio e que, por conseguinte, deve destacar-se do ato puro e envolver-nos numa sequência de ações limitadas destinadas em vão a igualá-lo, possamos fazer uma escolha entre duas maneiras de viver e de morrer: pois podemos apegar-nos aos objetos particulares que não cessam de se renovar e passar – e então nossa alma é invadida pela pena, pelo desejo e pelo temor, a consciência é para ela um tormento, e, vendo-nos deixar todos os bens que amávamos, morremos continuamente para nós mesmos – ou podemos, recusando-nos a confundir qualquer dos aspectos do ser com o próprio ser, fruir através deles da presença total, ver em seus limites um meio de pensar o ilimitado, e, morrendo para a parte mortal de nossa natureza, viver eternamente e identificar-nos com esta parte divina de nós mesmos que não pode, todavia, tornar-se nossa senão por nosso próprio consentimento.

Art. 14: *Pertence-nos encontrar em cada presença particular a presença do todo de que a destacamos.*

Embora sejamos sempre levados a confundir a presença com o dado considerado em sua forma imediata, convém observar que não se compreenderá bem sua natureza se não fixarmos a atenção no ato pelo qual nos damos a nós mesmos esse dado. A presença da percepção não é uma propriedade de seu conteúdo, mas do ato pelo qual apreendemos este. A presença da lembrança não é uma simples ocupação da consciência por ele: é o ato pelo qual o fazemos reviver criando-o novamente. E é por isso que, se o verdadeiro caráter da presença não pode ser compreendido senão no ato pelo qual nos tornamos uma coisa presente, esse ato se manifesta de maneira mais perfeita e mais pura na operação pela qual chamamos à existência um futuro cuja realização depende de nossa representação, seja como percepção, seja como lembrança. É que a presença do ser não é a presença de um dado que fizesse dele um fenômeno e o tornasse exterior a si mesmo, mas a própria presença do ato que o faz ser, que funda todas as outras formas da presença e não poderia reduzir-se a ela. Na percepção e na lembrança há uma presença de fato que limita a operação e que jamais a torna de todo adequada. Pois uma e outra exprimem na participação o que a ultrapassa e nos faz conhecer a natureza do universo ou nosso próprio passado sem esgotar nem a um nem a outro. Ao contrário, o ato que determina o futuro nos revela a participação enquanto cria nossa própria presença ao ser, quaisquer que sejam a limitação ou as resistências que possa encontrar em sua realização.

Para perceber que se poderia entender por essa presença total que se encontra em todas as presenças particulares, ainda que ela seja limitada por um objeto, seria preciso pois evocar a operação pela qual nossa própria atividade se introduz no mundo, despojando-a ao mesmo tempo do dado que ela ultrapassa e que a torna tributária de um mundo que ela não criou, do fim que ela produz, que não é senão uma modificação desse dado e que a torna escrava por sua vez, enfim do intervalo de tempo que a limita e de que ela tem necessidade para desdobrar um esforço que é a marca de sua insuficiência.

Quanto ao ser perfeito, é uma operação que não tem sujeito nem objeto, cuja função se esgota em seu puro exercício, que é imediata porque ignora todos os obstáculos e não está implicada no tempo, que é universal enfim porque é una e está necessariamente presente em todos os pontos do espaço e em todos os momentos do tempo, uma vez que estas duas formas de toda diversidade tiverem aparecido. O espaço e o tempo serão os meios dados a todo ser finito para dividir a presença, distinguir suas diferentes formas e, pela relação que ela estabelece entre elas, fundar sua própria presença a si mesmo e mantê-la ou deixá-la escapar. Não devemos assombrar-nos com que a presença total, que sustenta todas as presenças particulares, pareça identificar-se com estas: seu caráter mútuo e sua diversidade infinita formam a face móvel onde se exprime a presença eterna do todo em todas as partes que a análise possa discernir aí.

Diremos, portanto, que a presença não é um abstrato: é até o contrário dele, já que o que se chama um abstrato é um termo que se separa tanto quanto possível dos outros termos no meio dos quais ele se encontra implicado e somente com os quais somente frui de uma presença real. É preciso ainda, para poder pô-lo, que ele esteja presente a um pensamento que o descobriu e por assim dizer criou por sua análise. Tampouco há perigo de que a presença possa ser considerada como vazia: ela é antes essa plenitude perfeita que se dissocia para um ser finito em representações particulares instantâneas e evanescentes. Mas toda a realidade de cada uma delas provém de sua participação da presença no instante. O instante revela-nos a presença, mas não se confunde com ela: nós passamos de um instante a outro no interior de uma presença unânime. A imagem e a percepção são dois estados presentes e que diferem somente em qualidade. A diversidade dos seres cria a possibilidade de uma ausência subjetiva de um ao outro, de cada um deles a si mesmo e ao ser total. Mas a unidade do ser total o torna presente a todos. O eu não é senão um poder de se criar e de se renovar por um ato de presença. Não há conteúdo original e que difira do campo mesmo do ser no qual sua presença se estende: e o pouco que ele abarca nas perspectivas sem cessar novas faz aparecer a variedade das qualidades. Ontologicamente, se não psicologicamente, sua presença ao ser não se distingue de sua presença a si mesmo. E a maioria de suas misérias provém de que ele espera, multiplicando indefinidamente as presenças particulares, acrescentar sua natureza, dar-se a si mesmo o poder e a felicidade – que devem escapar-nos indefinidamente enquanto ignorarmos que em cada presença particular, por humilde que seja, o ser é dado inteiro e que ele pode dar-se a nós inteiro graças a uma comunhão em que cada um faz ao outro um chamado a que este consente.

Conclusão

I

Parece útil, ao fim deste estudo, definir a perspectiva que a consideração do ser nos dá sobre o conjunto da especulação filosófica, a significação que dá à nossa própria vida e ao mundo onde esta se desenrola, enfim as razões pelas quais, após ter sido por muito tempo o objeto supremo da reflexão, acabou por parecer estéril e até perigosa sem cessar, todavia, de nos atrair como uma espécie de miragem.

Se se busca caracterizar a essência do espírito, vemos que reside sem dúvida no poder de afirmar; ora, parece que o próprio do poder de afirmar seja versar necessariamente sobre um objeto: e é esse objeto que se chama em geral o ser. Desse modo, é natural começar por identificar o ser com o objeto universal da afirmação. Sucede apenas que o papel da reflexão, uma vez nascida, é precisamente reconhecer não só que o objeto afirmado não é nada senão por sua relação com o sujeito que o afirma (o que se exprime muito claramente dizendo que ele é uma aparência, um fenômeno, uma representação ou tão somente um objeto), mas ainda que o sujeito que afirma não pode afirmar nada sem se afirmar a si mesmo e, por conseguinte, que ele mesmo é um ato de autoafirmação inseparável de toda afirmação particular.

Desse modo, vê-se muito nitidamente como nasce essa sequência de proposições aparentemente contraditórias e que engendra o conflito das doutrinas segundo a escolha que entre elas se faça, dada a recusa a perceber o laço que as une. Pois, confundindo de início o ser com o objeto, isto é, esquecendo o sujeito que o põe e sem o qual ele não seria nada, obtém-se o *realismo* do senso comum que, de forma mais elaborada, se torna o realismo do sábio. O sujeito é então puro espectador, que se esforça tão somente por obter do espetáculo uma representação cada vez mais coerente.

Mas a intervenção do filósofo consiste precisamente em nos mostrar que esse objeto que confundimos com o ser não é, com efeito, nada mais que um espetáculo: tal é por assim dizer o sinal de reconhecimento do pensamento filosófico em todos os tempos e o único ponto talvez em que se produz uma unanimidade entre as doutrinas. Todas acordam num *relativismo* do conhecimento objetivo que continua a passar vulgarmente por paradoxo e que não contém verdade senão para a reflexão uma vez que ela empreenda exercer-se.

É, todavia, aqui que começam as divergências. Pois é possível recusar-se a voltar ao realismo inicial e contentar-se com o relativismo ou até comprazer-se nele; então o relativismo se muda em *ceticismo*: o homem é a medida de todas as coisas e não se sabe o que é o homem, pois ele próprio não é senão um objeto entre os objetos ao qual todos os outros objetos estão acidentalmente relacionados.

Mas o homem dificilmente renuncia a crer que ele atinge no próprio objeto o ser em que tinha inicialmente acreditado poder se estabelecer. Ora, se não se pode duvidar que esse objeto seja algo mais que uma representação, é porque o ser está além da representação ou, como se diz, porque é transcendente com respeito a ela. Tal é a posição da *ontologia* tradicional, que está sujeita a imaginar no sujeito um pensamento puro capaz de atravessar a representação e atingir o ser enquanto tal numa presença adequada.

Quanto à existência desse pensamento puro, pode ser posta em dúvida: pode-se mostrar precisamente que ele próprio é sem objeto ou, o que dá no mesmo, que todo objeto é necessariamente um objeto de representação. É essa demonstração que fez o sucesso do *kantismo*. Era, pois, natural que o kantismo fosse inicialmente considerado como uma forma de ceticismo filosófico. Era-o necessariamente na medida em que, com o nome de "coisa em si" ou até de número, deixava entender que existe um ser "em si" que é um objeto absoluto, isto é, heterogêneo e irredutível a toda representação. Como imaginar esse objeto, no entanto, de outro modo que como uma representação ainda, mas na qual o ser representado nos apareceria por assim dizer numa perfeita transparência? É tal quimera o que perseguem quase sempre os filósofos da intuição. Assim, conquanto ninguém tenha conseguido pôr sob uma luz tão viva quanto Kant o papel desempenhado pelo sujeito na constituição do objeto representado, ele renunciava tão pouco por seu lado à concepção do ser-objeto que não só não acreditava poder evitar a afirmação de um objeto transcendente em geral, mas ainda se recusava a fazer do próprio sujeito um ser pela dupla impossibilidade em que estava esse sujeito enquanto sujeito de se afirmar a si mesmo tanto quanto objeto representado quanto como objeto transcendente a qualquer representação. E é por isso que com sua extrema prudência Kant se abstinha de se pronunciar sobre o ser do sujeito e adotava para caracterizá-lo a ambígua palavra "transcendental", que exprime sua transcendência simplesmente formal com respeito ao conteúdo da representação, mas lhe nega toda transcendência ontológica, no sentido em que essa transcendência seria, ela mesma, uma transcendência "objetiva".

Não obstante, essa posição média que havia de satisfazer a tantos espíritos moderados não podia ser mantida. O privilégio do sujeito que tinha sido tão bem marcado quando se tratava do conhecimento do objeto não podia ser imediatamente restringido sob pretexto de que já não respondia à ideia de um objeto absoluto com que se queria identificar o ser, uma vez que o objeto de representação tinha demonstrado seu caráter relativo. E o próprio Kant, para além do mundo do conhecimento, descobria no sujeito uma atividade não formal, ou que ao menos por sua própria forma se dava a si mesma sua própria matéria e se comprovava, na ordem prática, como criadora de si mesma e de suas próprias determinações. Ora, não se tratava aqui de uma coincidência do ato do sujeito com *seu próprio ser*, quando o conhecimento o punha sempre diante de um dado que lhe era até certo ponto estranho e a que ele não podia impor senão uma unidade propriamente representativa? Tais são as considerações que explicam a formação da doutrina de Fichte, a qual é sem dúvida o modelo mais perfeito de *idealismo*, isto é, de toda doutrina que, identificando o ser com o sujeito, tenda a mostrar que o objeto representado não é nada mais que produto de uma atividade subjetiva.

A aliança entre o ser e o objeto é, contudo, para nós, ao mesmo tempo, tão natural e tão forçosa que consideramos quase invencivelmente o idealismo como uma concepção que, fazendo depender da subjetividade do pensamento a objetividade das coisas, aniquila a esta e nos expulsa do mundo do ser que ele nos pede substituamos por uma espécie de sonho que aspirasse a bastar-se. É assim que, apesar de todas as boas razões que nos obrigam a apreender o ser tão somente na interioridade de nosso ser próprio, e a não captar no objeto senão sua forma representada, o idealismo não conseguiu dar ao próprio sujeito, tomado isoladamente, essa consistência que se requer do próprio ser onde quer que ele se afirme, nem salvaguardar essa presença premente do objeto tal como dado na experiência mais comum, nem definir a operação pela qual o sujeito poderia reduzir a independência aparente do objeto sem, no entanto, absorvê-lo nem destruí-lo.

Nós a vemos bem em todas as resistências que o idealismo provocou na época moderna: por exemplo, no sucesso obtido pelo neorrealismo, cuja originalidade constituiu em assinalar com uma força extraordinária o que no objeto ultrapassa sempre o poder do sujeito, sua riqueza infinita e inesgotável, sua novidade sempre imprevisível, essa espécie de densidade atual e quase impermeável que faz que o sujeito, em vez de lhe impor sua própria lei, pareça, ao contrário, recebê-la dele, esposando-lhe todos os contornos e acrescentando-se com todos os contatos que não cessa de ter com ele. Poderíamos fazer observações análogas sobre a *fenomenologia*, que não só se recusa a isolar essa noção de sujeito puro a que o idealismo tinha vinculado sua fortuna, mas ainda não quer conhecer dele senão suas formas manifestas e por assim dizer encarnadas: substitui pois pela descrição do que é, tal como nos é dado, a derivação do que é a partir das exigências de um sujeito que o põe. Desse próprio sujeito não se sabe nada senão através das *démarches* concretas que o revelam: ser, para ele, é estar no mundo. Sua existência real é sua existência expressa, com a qual ele constitui algo uno e da qual não o poderíamos separar sem aboli-lo. Dá-se o mesmo no *existencialismo*, que tampouco quer ultrapassar a esfera fenomenológica, mas cujo sucesso vem talvez de certa desqualificação do sujeito puro, que não se constitui senão por uma operação de negatividade com respeito à verdadeira realidade – que reside, ela mesma, na objetividade do "em si" – e que, afirmando o primado da existência com respeito à essência, não considera o pensamento senão em seu próprio "envolvimento", isto é, na correlação entre uma liberdade e uma situação. Tais são os sinais desse retorno ao concreto, onde se pode ver uma espécie de retorno ao ser, e que pode aparecer como uma reação ao idealismo, ao menos na medida em que o idealismo tinha crido exorcizar a noção mesma do ser absorvendo-o no pensamento, que não é senão uma de suas formas.

II

Ora, é precisamente essa noção de ser concreto a que tentamos reencontrar, no momento em que parecia esquecida. Estamos aqui muito além da distinção tradicional entre o sujeito e o objeto: o ser os compreende a um e a outro, reside em sua própria relação, sem que se possa imaginar privilégio do sujeito, como no idealismo, em que o sujeito traz em si a possibilidade do objeto, nem do objeto, como no empirismo, em que o sujeito se torna uma superestrutura do objeto. Daí essas três proposições *equivalentes*: a de que o ser exclui o nada, o que, parece, é uma tautologia, mas que denuncia a contradição que haveria em invocar uma potência de afirmação capaz de se aniquilar a si mesma no ato pelo qual ela aniquila seu objeto; a de que o ser é universal, isto é, não há nada que se possa afirmar e que lhe escape, ou ainda que ele é igual não somente a todo o afirmado, mas a todo o afirmável; a de que o ser é unívoco, isto é, onde quer que se apresente, ele está presente inteiro, e que se pode perfeitamente estabelecer uma hierarquia entre seus modos, mas não no ser desses modos de maneira que a própria *relação* que os une não seja senão uma expressão ou outro nome da univocidade.

Vemos agora em que sentido fomos levados a identificar o ser com o Todo. E, quaisquer que sejam as dificuldades de tal proposição e a suspeita de panteísmo que tenha podido suscitar, parece-nos que nem o senso comum nem a reflexão sejam capazes de evitá-lo. Sucede apenas que é quanto a essa noção de Todo que se trata de nos pormos de acordo. Pois estamos habituados a considerar um todo como uma soma de partes que podemos enumerar e justapor, isto é, totalizar: parece pois que a essência do todo seja precisamente poder circunscrever-se e acabar-se. No entanto, não está aí senão um todo e não o Todo: isto é, ele próprio não é senão uma parte do todo que isolamos a fim de tomar posse dele e reconstruí-lo à nossa medida, ainda que ele nos mostre, na infinita divisibilidade de suas próprias partes, a que ponto ele ultrapassa, por seu próprio ser, a representação que cremos obter dele. A noção do Todo não totalizável e que funda a existência das partes, em lugar de supô-la e ser-lhe a soma, e a noção de infinito se reclamam, ao contrário de se excluírem. E a noção de infinito, como a de Todo, não tem sentido senão com respeito a nós, segundo consideremos no ser a necessidade em que estamos de pô-lo e a impossibilidade em que estamos de abarcá-lo.

Aqui, todavia, começam as dificuldades. Pois, se a totalidade do ser nos é dada, como esperar acrescentar-lhe algo? Todo pensamento, toda ação são antecipadamente feridas de esterilidade: a filosofia e a própria vida se encontram terminadas antes de ser começadas. Mas esse reproche só nos atingiria se aceitássemos a proposição de que o Todo é, com efeito, um todo dado: ora, o dado não é para nós senão um aspecto do Todo, do qual acabamos de dizer que é ao mesmo tempo o Todo e o infinito, e que encerra em si tanto o pensamento como o dado, tanto o possível como o tempo. É por um prejuízo contra o qual não cessamos de lutar que se representa o ser sobre o modelo do objeto tal como se oferece a nós numa experiência instantânea. O passado, o futuro, o movimento que os liga são alguns desses modos. Incorporamos ao ser a totalidade das aparências precisamente porque não queremos desqualificá-las e fazer do ser um objeto imutável e que não apareceria. O ser é como um mar imenso animado de movimentos interiores que se trata para nós não de negar, mas de descrever. Evocando sua totalidade, evocamos indivisivelmente os abismos do espaço e do tempo. Mas eles não nos descobrem ainda senão o ser manifestado: o que buscamos é sua interioridade, não para abolir a manifestação, pois também ela está contida no ser, mas para atingir o segredo de que ela procede e sem o qual ela não seria nada.

À objeção de que distinguindo entre o segredo do ser e sua manifestação nós nos arriscamos a romper a univocidade, respondemos que, sem dar nenhum privilégio ao segredo sobre a manifestação que o exprime e amiúde o trai, nós não empregamos todavia as duas palavras senão para falar ainda do *ser* secreto e do *ser* manifestado, o que nos conduz a relevar singularmente a dignidade da aparência, que não corre o risco de nos decepcionar senão quando é considerada erroneamente como o todo do ser, mas que é essencial ao ser como a condição sem a qual ele seria incapaz de atualizar sua própria possibilidade. Isso mostra os perigos inseparáveis de uma doutrina simétrica de um fenomenismo sem interioridade e na qual se pretenderia guardar a interioridade excluindo o fenômeno.

Se nos pressionam perguntando-nos o que nos autoriza distinguir no ser o ser secreto e o ser manifestado, responderemos que é a experiência que temos de nós mesmos, que é a única experiência em que o ser nos pode ser revelado. Pois como poderíamos conhecer o ser senão por nossa própria coincidência com o ser, isto é, precisamente no ser que nós somos? Ora, é essa experiência o que nos obriga a nos situar a nós mesmos num ser que nos desborda, mas que é tal que isso pelo qual nós participamos dele reside com efeito num ato interior e secreto, que ninguém pode cumprir em nosso lugar, e que o que o desborda é exterior a nós, mas não sem relação conosco e deve ser considerado somente como um ser manifestado. Contudo, é preciso que nosso ser secreto dê testemunho de si mesmo no ser manifestado, sem o que não haveria comunicação entre um e outro e a unidade do ser seria rompida. É o que se exprime dizendo que nós mesmos estamos no mundo, conquanto não estejamos aí senão pelo ato mesmo que o grava com nossa marca e pela limitação que ele nos impõe. Mas desse modo se compreende facilmente seja possível tomar a respeito do ser uma dupla perspectiva, idealista e realista, e que essas duas perspectivas sejam inseparáveis: pois o idealismo é a descoberta de nosso ser interior apreendido no ato mesmo que o faz ser, de modo que tudo o que o ultrapassa não é para ele senão o ser do fenômeno, e o realismo é a própria afirmação deste ultrapassamento, que é tal que o objeto não pode jamais ser reduzido a uma operação do sujeito e não cessa jamais de lhe fornecer, isto é, de enriquecê-lo. Mas o idealismo e o realismo constituem as duas posições extremas em que se espera poder reduzir um dos termos ao outro; sucede apenas que a redução não se faria jamais no sentido que se espera, pois levando cada um deles a seu limite, em lugar de absorver o outro, ele se mudaria no outro, o que equivale a dizer que a participação seria abolida e que se recairia na unidade do ser imparticipado. Mas isso é uma quimera, pois de tal ser nada sabemos, nem sequer se ele é – de modo que, como o próprio da existência é pôr em obra a participação e levá-la sempre mais adiante, o próprio do pensamento é não apenas fundá-lo e descrever suas diferentes formas, mas ainda mostrar que, em cada uma de suas formas, existe uma correspondência regulada entre o ato que o põe e o dado que tal ato faz surgir.

Não será, contudo, de assombrar o primado que é preciso conferir, na definição do ser, ao Ato sobre o dado. Pois pode-se dizer que o ato é ser considerado em sua interioridade, em seu "em si" na medida em que ele se dá o ser a si mesmo, que não há nada fora dele de que ele dependa e que o determine. E vê-se bem que o próprio do dado é, ao contrário, exprimir no próprio ato seu grau de impotência, o que ele não é antes que o que ele é, mas que é sempre o ser de outra coisa. Assim, a participação não altera a univocidade do ser, mas, ao contrário, confirma-a. E tal concepção do ser, longe de ser fruto de especulação, é a leitura da experiência mais comum. Pois quem não verifica a cada instante no fundo de si mesmo a fórmula tradicional segundo a qual ser é agir? Quem não experimenta que o ato é uma iniciativa pessoal e secreta, em que o eu dispõe de uma potência onipresente e que o ultrapassa, mas que se muda necessariamente em ação uma vez que encontra um limite que ela tenta vencer, mas que a determina e lhe dá, por assim dizer, um objeto ou um conteúdo? Ser é testemunhar. É pelo testemunho que a participação se afirma e se propaga. Pois não basta dizer que agir é participar: é ainda fazer-se participar. Por isso não há ser no mundo que não seja ao mesmo tempo participante e participado. Cada um deles é como uma passagem em que ele não cessa de receber e de devolver: e talvez ele até não possa receber senão o que ele é capaz de devolver. O ato pelo qual se dá é o mesmo ato pelo qual tudo lhe é dado. Se é nisso que consiste a própria lei do ser, compreende-se que ela defina em sua pureza o próprio ser de Deus, do qual se pode dizer sem dúvida, como do ser absoluto, que é participado sem participar ele próprio de nada, mas que não é Deus, todavia, senão na medida em que, longe de ser indiferente à participação mesma, está presente nela, isto é, associado a seus sucessos e seus fracassos, tanto a seus sofrimentos como à sua glória.

III

Se não há ser separado, é absurdo com maior razão querer imaginar o próprio ser sem suas determinações, o Criador sem a criação e o Ato puro sem a participação em que sua essência própria de ato não cesse de se afirmar e de se cumprir. E as objeções que se podem fazer à nossa concepção do ser provêm todas, ao que parece, da impossibilidade em que se está de somente nomear o ser sem querer fazer dele um objeto perfeito distinto de todos os outros, ao passo que, mesmo numa perspectiva objetiva, não seria oponível porém a nenhum objeto, porque seria a objetividade de todos. Mas o objeto ainda não é senão uma forma particular sob a qual o ser nos é revelado, e de maneira mais geral é o ser enquanto se revela a alguém. Ora, o ser desse alguém não pode ser reduzido ao ser do objeto, isto é, ao ser enquanto este lhe aparece. Trata-se então de que podemos nomear o interior mesmo do ser, trata-se do ser enquanto ele se afirma e se cria a si mesmo por um ato de liberdade. É a esse ato ilimitado de direito, mas sempre limitado de fato, que nós chamamos ato de participação. Ele exprime a experiência que temos da existência enquanto ela mesma é uma inserção de nosso próprio eu no todo do ser. Parece-nos que essa experiência é ao mesmo tempo a experiência inicial e a experiência constante em que cada um de nós não cessa de se mover e que todas as outras supõem; nós não cessamos de voltar a isso. Ela descobre-nos a infinidade de nossa própria virtualidade, que não se atualiza jamais senão em pensamentos ou ações particulares. Ela faz de cada consciência o centro de um mundo inteiro desdobrado em torno dela e que se acorda com o mundo representado por todas as outras consciências, mas sem jamais repeti-lo. O objeto mesmo, que, enquanto tal, não tem realidade senão para uma consciência em geral e, enquanto representado, para uma consciência individual, supõe a totalidade do ser para sustentá-lo: a saber, a totalidade do universo representado em cada consciência – e sem o qual nenhuma representação poderia ser posta como real – e a totalidade das consciências – sem a qual nenhuma delas poderia pôr-se a si mesma por um ato que a realiza.

A isso se podem acrescentar duas observações: a *primeira* é que cada consciência pode ser definida por uma proporcionalidade instável que se estabelece nela entre a operação e o dado, não no sentido, como se poderia crer, de que o que ela dá à operação deva ser retirado ao dado, mas no sentido, ao contrário, de que, quanto mais a operação tem intensidade ou complexidade, mais o mundo dos dados tem, ele mesmo, relevo e riqueza, como uma esfera que, dilatando-se indefinidamente, entrasse em contato com o que a desborda e ao mesmo tempo fosse, ela mesma, limitada por pontos cada vez mais numerosos. A *segunda* observação é que nos é impossível sair do horizonte da participação e, por conseguinte, não se pode desejar nem atingir um absoluto independente da participação (pois não há, sem dúvida, absoluto senão no próprio ato que a fundamenta), nem pretender ater-se a um dado capaz de se bastar (pois não há dado senão por alguém a quem ele é dado e que já o transcende).

Mas esta análise basta para mostrar que do ser não se pode dizer, ao mesmo tempo, que ele está presente em todas as partes e que ele não está presente em parte alguma: pois ele está presente em todas as partes pela impossibilidade em que estamos de pôr qualquer parte ou qualquer aspecto do ser, mesmo uma haste de palha, sem pôr ao mesmo tempo todas as suas outras partes, todos os seus outros aspectos que são solidários e apoiam sua existência. E ele não está presente em parte alguma pela impossibilidade em que estamos de por um lado isolá-lo de seus modos e por outro de confundi-lo, seja com algum deles, seja com sua soma. Ele é o ato que os faz ser, e, como se vê que o ato criador é indivisivelmente presente em todos os pontos da criação, o ato participável, que não é senão outro nome dele, é, ele próprio, implicado por toda participação atual, mesmo a mais pobre. O que explica bastante bem a dupla idolatria daqueles que, separando violentamente o ser e o mundo, fazem do ser um *objeto transcendente* (ou de Deus um *ato imparticipável*) e daqueles que, em sentido contrário, e não querendo conhecer nada mais que o mundo, mas em nome da mesma confiança numa existência objetiva e separada, excluem dela ao mesmo tempo o ser e Deus, que não encontram no mundo nenhum lugar determinado e observável.

A univocidade sobre a qual tanto se debateu, e em torno da qual não queremos reacender velhas querelas, evita essas consequências. Somente ela pode dar à nossa vida esta seriedade, esta gravidade que se perderia de outro modo, porque o mundo em que estamos e a vida que nos é dada não seriam senão sombras do ser verdadeiro. Mas não há ser senão absoluto ou participação senão no absoluto.[1] É de temer, é verdade, que os que se declaram contra a univocidade invoquem a seu favor a participação, que no entanto não seria possível sem ela: mas a participação poderia parecer-lhes favorável à introdução de graus no ser e a uma espécie de escalonamento das existências entre o ser e o nada. Todavia, entre esses dois termos há um corte decisivo, e é por isso que a ideia não é um ser diminuído com respeito ao ser de que ela é ideia, como pensam todos os que não têm olhar senão para o objeto, nem um ser plenamente ser que o sensível dissimule, como pensam todos os que seguem Platão. Tal oposição sempre renascente deve ser definitivamente superada. Não se consegue isso se não se consideram o objeto e a ideia como diferentes por sua situação no ser e não por seu próprio ser, de modo que, se o objeto não é nada senão com respeito a nosso corpo, que nos individualiza e nos faz entrar na existência, a ideia não é nada senão com respeito ao espírito, que dá ao objeto sua significação *transindividual*.

Não obstante, a ideia do ser apresenta um caráter privilegiado com respeito a todas as outras ideias, pois, se estas se distinguem sempre de seu objeto e podem ser-lhe opostas precisamente porque exprimem certa determinação do ser à qual um dado deve responder, não pode ser assim com a ideia do ser, porque há, com a condição de que a univocidade seja mantida, um círculo admirável entre o ser da ideia e o ser de que ela é ideia. É essa coincidência entre o ser da ideia e o ser de que ela é ideia que, através de formatos diferentes e que a expuseram a tantas críticas, constitui a força imperecível do argumento ontológico. Mas talvez nunca se tenha conseguido plenamente desembaraçá-la. Pode-se pensar ainda que é essa

---

[1] O próprio Kierkegaard emprega essa fórmula surpreendente para definir o indivíduo: *ele é uma relação absoluta com o absoluto*. Verdade de que cada consciência não duvida no fundo de si mesma e que, em vez de opor, como se faz quase sempre, a relação ao absoluto, os torna inseparáveis; mas isso quer dizer então que a própria relação não constitui senão algo uno com a participação.

identidade entre o ser da ideia e a ideia do ser o que constitui o germe comum do realismo e do idealismo: as duas doutrinas se opõem uma à outra desde que a participação começou; mas elas convergem no vértice.

Enfim, se não se aceita que a ideia do ser seja a mais abstrata de todas as ideias, se ela mesma é a negação da abstração como tal, dificilmente se evita a suspeita de que tal ideia nos dá somente a possibilidade do ser e não o próprio ser. Mas então o argumento recobra força: pois essa possibilidade, que não é nada, não pode ser dissociada do ser. Ela não é nada mais que o próprio ser considerado em sua relação com o eu que participa dele. Ora, participar é para ele atualizar essa possibilidade. Mas seria um duplo erro pensar quer que por essa atualização possamos acrescentar algo ao próprio ser, conquanto nós acrescentemos sem cessar o mundo (pois a ideia contém eminentemente todos os mundos possíveis), quer que o ser contenha em si todas essas possibilidades como já distintas e por assim dizer figuradas (pois é o próprio de nossa liberdade não apenas escolhê-las antes de atualizá-las, mas até fazê-las nascer enquanto possibilidades desse Ato infinito que as sustenta a todas e com respeito ao qual não há nada possível além desta atualização mesma que fazemos dele). Há, portanto, ao menos aparentemente, uma espécie de inversão entre o possível e o ser segundo consideremos o ser enquanto é a fonte mesma da participação (e que não é com respeito a nós senão uma possibilidade infinita) ou enquanto é participado, isto é, enquanto constitui indivisivelmente o ser do eu e o ser do mundo (e que não é, todavia, com respeito ao Ato puro senão uma possibilidade sempre retomada).

Não se terá jamais terminado, sem dúvida, de responder às objeções sempre renovadas que tendem a reduzir o ser ao objeto, e que recusam o ser ao próprio ato pelo qual o objeto é posto e que não cessa, no entanto, de limitá-lo e provê-lo. Isso é tão verdadeiro que aqueles mesmos que, para salvar a interioridade, querem pôr a ideia acima do objeto não temem fazer da ideia um objeto mais puro que só a inteligência é capaz de captar. Mas é desconhecer que a ideia não se muda em objeto senão quando se encarna numa forma sensível. Em si mesma ela é uma mediação entre o ato e o objeto: e é por isso que o objeto jamais a esgota. Ela é a significação do objeto que não é nada senão para o próprio eu enquanto ele está implicado na participação e obrigado a realizar sua própria existência no tempo, mas num tempo que se inscreve inteiramente no ser, em lugar de emergir sem cessar do nada para nele recair sem cessar. Assim, por um lado, é a experiência do objeto o que permite ao eu entrar em contato com o ser que o supera, mas de maneira evanescente e tal que ele jamais pode ser confundido com nenhum objeto e tenha sempre movimento para ir além. E, por outro lado, é o instante o que realiza o cruzamento entre o tempo e a eternidade, por essa dupla propriedade que ele tem de ser ao mesmo tempo o único *ponto de união* entre a participação e o Absoluto de que ela procede e *o eixo do devir*, isto é, o centro em que o futuro se muda sem cessar em passado, em que o possível se cumpre, em que toda presença sensível se torna uma presença espiritual, em que as coisas não deixam subsistir de si senão sua pura lembrança e em que nossa existência enfim adquire sua essência.[2]

IV

Tentamos na presente obra, que inaugura nossa *Dialética do Eterno Presente*, revelar esta bela palavra "ser", a mais bela da linguagem humana, e cuja utilização, como Rousseau bem viu – "dar um sentido a esta pequena palavra 'ser'" –, serve para caracterizar o homem, muito melhor do que a postura ereta. Pois é próprio do homem sem dúvida poder pensar esse todo em que ele se inscreve e com respeito ao qual ele é desigual ao menos em ato, mas não em potência. É próprio do homem igualmente não se contentar com padecer sua natureza, mas elevar-se acima dela e tornar-se ele mesmo o autor do que ele é, não pertencer somente enfim ao mundo das criaturas, mas ser convidado ao conselho da criação.

Tivemos de começar por proposições muito simples, e reconhecidas como verdadeiras pela consciência comum, sobre a contradição que haveria em pôr o nada, isto é, em fazer dele uma forma de ser, sobre a universalidade do ser, isto é, sobre a impossibilidade de afirmar qualquer coisa que não esteja compreendida no ser, sobre sua univocidade, isto é, sobre a necessidade para o ser de estar presente inteiro em todas as partes e para seus mais diferentes modos de pertencer todos ao mesmo ser. Mas essas proposições, a reflexão esquece-as rapidamente, pois ela se embaraça quase imediatamente em suas próprias redes, de que parece já não pode sair para apreender o ser, como se não fosse no próprio ser e com o ser que ela as tivesse tecido. O próprio da filosofia é precisamente encontrá-lo sempre, não sem dúvida anulando a reflexão, mas levando-a até seu ponto de origem, onde o que ela tenta compreender é o próprio ser considerado em sua gênese. Assim, a reflexão, fundando a interioridade do eu, longe de nos separar do ser, permite-nos penetrar sua interioridade mesma.

---

[2] Em nosso livro intitulado *Introduction à l'Ontologie*, precisamos os diferentes aspectos sob os quais o ser se revela a nós através da perspectiva da participação: então nos pareceu que a palavra "ser" podia servir para caracterizar a fonte da participação, a palavra "existência" o próprio ato da participação pelo qual se funda o ser que nos é próprio, e a realidade (*res*) o ser enquanto nos é dado, isto é, enquanto limita este ato mesmo, mas que lhe corresponde. Poder-se-ia dizer ainda que o ser é o presente eterno, e que neste presente de que não podemos sair a existência olha para o futuro e a realidade para o passado.

Pois o ser não pode ser senão interior a si mesmo. Assim como não há nada exterior ao ser, assim também o ser não é, ele próprio, exterior a nada. Ele é inteiramente em si. Ora, esse em si em que o continente e o conteúdo não constituem senão algo uno não poderia ser um objeto que é sempre exterior ao ato que o põe, mas somente esse mesmo ato considerado enquanto se põe a si mesmo ou, se se pode dizer, enquanto faz de si mesmo seu único objeto. Não que possamos excluir do ser o próprio objeto, como aqueles que distinguem dois domínios separados: o do ser e o da aparência, ou, se se quiser, o do transcendente e o do imanente, e não querem que haja entre eles comunicação. Pois a aparência não pode ser separada desse ser de que se quer que ela seja aparência, sem o que ela não seria nada, nem sequer uma aparência. Do mesmo modo, o transcendente e o imanente pertencem, ambos, ao ser, e é no próprio ser que se constitui sua oposição. Mais ainda, a aparência não se distingue do ser senão ali onde se trata de seres particulares que, não sendo eles próprios interiores ao ser senão até certo ponto, fenomenalizam ainda todo o ser que os ultrapassa e de que não podem ser separados: assim nasce o mundo. No mesmo sentido, não há transcendência senão com respeito a uma imanência que ela funda. E é sem dúvida um grave erro que compromete a significação de nossa vida inteira querer romper os dois termos, ou se se quiser, pensar que nosso papel é transcender a imanência e não imanentizar a transcendência.

Só o Ato sem dúvida possui o ser imediatamente, precisamente porque ele o dá a si mesmo. Mas não temos experiência dele senão no ato de participação, isto é, num ato que é sempre correlativo de um dado, o qual, como se vê, esse exprime e ao mesmo tempo limita, e que é como a sombra projetada por nosso ato próprio na mesma infinidade do ser. É daí que partimos: mas seria um erro pensar que tal ato nos encerra inevitavelmente nos limites de nosso eu. Pois ele não se constitui senão desbordando-os; é por isso que a universalidade e a univocidade do ser não exprimem senão a competência do eu para julgar do ser precisamente porque ele próprio é o ser. Que nós não captemos o próprio ser senão na participação, isso nos mostra que é sem dúvida de sua essência ser participado, pois ali onde ele não o fosse, ali onde o tentássemos imaginar, de maneira sem dúvida contraditória, como anterior à participação, lhe faltaria por isso mesmo todos os caracteres que o definem como ser: a saber, a presença, a eficácia e esta potência de expansão ou este dom perpétuo de si que nos proíbe de encerrá-lo nunca em nenhuma clausura.

É admirável que as críticas dirigidas à própria ideia do ser oscilem entre esses dois extremos: ou, sendo a mais abstrata de todas, ela não é ideia de nada, ou tem a imobilidade da rocha, e, por satisfazer imediatamente, isto é, antecipadamente, todas as aspirações da consciência, é impossível abalá-la e por conseguinte tirar dela o que seja.³ Mas isso é desconhecer ao mesmo tempo a fecundidade da ideia como tal, que o entendimento jamais esgota, e esta potência criadora imanente ao ser e que constitui sua própria essência. É esquecer que o ser é ato e que o próprio do ato é afirmar-se a si mesmo, antes de permitir a afirmação de tudo o mais, que não tem sentido senão por ele e com respeito a ele, isto é, não tem outro ser que um ser de participação. A identidade entre o ser e o Ato é a chave da metafísica. Ela nos obriga a elevar-nos sempre do dado até o ato que se lhe dá, isto é, a confundir o ser com o Verbo e não com a coisa. Assim, este *Ser-Ato* seria dito muito mais justamente *Ato de ser*. Tal é a significação implicada pelo verbo ser que os gramáticos tinham chamado "verbo-substantivo", e que é tal que é por seu *particípio* e mesmo por seu particípio *presente* que devo me inscrever eu mesmo no ser como um "sendo". Nós estamos aqui no vértice, ou, se se quiser, na própria fonte da participação. Uma vez começada a participação, aparece imediatamente uma distinção entre a operação imperfeita e o dado que a ultrapassa e se torna de algum modo a medida de sua imperfeição. Mas, por uma espécie de modéstia natural, pomos o ser do lado do dado enquanto este se impõe e resiste a nós, e não do lado da operação sem a qual, no entanto, e até sem a deficiência da qual, não haveria dado para nós. Ora, isso não é sem razão, uma vez que o dado que marca os limites da operação lhe fornece sem cessar o que lhe falta. Mas aí onde a interioridade do ser é perfeita já não há dado: este se reabsorve na operação; ser e ato já não se distinguem.

Daí se extrai uma luz singular no que concerne às relações entre o ser e o conhecer. Pois: 1º ninguém duvida que o ser esteja acima do conhecer, que conhecer, como se diz amiúde, seja posterior ao ser, e até que possa ser definido como uma forma ou como um modo do ser. Sucede apenas que o ser não é um objeto de todo acabado de que o conhecimento seria a imagem. Pois um ato reside unicamente em seu cumprimento. De tal ato não pode haver representação, embora o mesmo ato do conhecimento participe dele: mas é somente por essa participação que ele se dá a si mesmo um conteúdo ou um objeto, ou afeta uma forma representativa; 2º é pois natural pensar que é no objeto do conhecimento que tomamos contato com o ser. Mas é o papel da filosofia, sem atentar contra essa riqueza de superação que caracteriza a presença do objeto,⁴ buscar o ser ali onde o objeto encontra sua própria condição de possibilidade, a saber, no ato mesmo que o funda e de que ele exprime, por assim dizer, o ponto de interrupção. A todos

---

³ Encontra-se em todos os nossos contemporâneos esta única preocupação de não deixar o ser petrificar-se em coisa. Todavia, é impossível não ser sensível a este curioso paradoxo: é que as coisas aparentemente mais imutáveis são todas levadas pela mobilidade do devir, em lugar de o ato que as funda poder ser considerado como a potência eterna quer de criá-los, quer de representá-los.

⁴ Na verdade, observar-se-á sempre um duplo ultrapassamento do ato pelo dado e do dado pelo ato, os quais testemunham igualmente o caráter finito da participação e da infinidade que se abre diante dela ora do lado do participável, ora do lado do participado.

os que se assombrariam de que se pudesse falar assim de um ato que não se conhece, responder-se-á dizendo que todo conhecimento contribui para no-lo revelar, não sem dúvida em seu estado de não participação, onde talvez ele já não fosse nada, mas na operação mesma que participa dele e que nos dá ao mesmo tempo o ser que nos é próprio e uma representação do Todo que é à nossa medida.

Assim aparece para nós o Mundo: ele preenche como dado atual e sempre cambiante o intervalo infinito que separa do absoluto, isto é, do ato puro, o ato de participação. E compreende-se sem dificuldade que há condições necessárias fundadas na unidade do Ato puro e na possibilidade do ato de participação em geral que possam fazer-nos pensar que vivemos todos no mesmo mundo, e que dão a esse mundo sua estrutura (tal como Kant, por exemplo, tinha tentado descrevê-la na *Crítica da Razão Pura*), mas que há também uma infinidade de modos de participação que, por um efeito de nossa liberdade, nos permitem escolher neste mundo a própria perspectiva em que vivemos (sensível ou espiritual, egoísta ou altruísta, apaixonada ou razoável): ora, dessas perspectivas pode dizer-se que são todas verdadeiras se não se tem em mira senão sua sede própria, embora elas possam ser ordenadas hierarquicamente, segundo seu grau de extensão ou de profundidade, isto é, de valor.

Do mesmo autor, leia também:

Chamado pelo filósofo Antonin-Dalmace Sertillanges "o Platão de nossos dias", Louis Lavelle escreveu grande parte de sua vasta obra entre 1930 e 1942. São dessa época seus primeiros grandes livros: *A Consciência de Si*, *A Presença Total*, *O Erro de Narciso*, *Ciência Estética Metafísica*, *O Mal e o Sofrimento*.

A esses livros já publicados pela É Realizações Editora, somamos o que seria considerado sua obra-prima: a tetralogia *Dialética do Eterno Presente*, cujo primeiro volume é *Do Ser*. Os próximos serão *Do Ato*, *Do Tempo e da Eternidade* e *Da Alma Humana*, integrantes da coleção Filosofia do Espírito, que, dirigida por Lavelle e René Le Senne, tornou-se o marco fundador do espiritualismo filosófico na França.

Do autor e sobre ele, leia também:

Com a leveza de estilo que lhe é peculiar, o filósofo francês Louis Lavelle nos convida a um exercício íntimo. O propósito destas regras é que tomemos consciência de nós mesmos diante da vida, do trabalho e de outros homens. Para Lavelle, é preciso buscar regras para a vida cotidiana, a fim de tentar escapar à superficialidade, sabendo ver a profundidade real do menor gesto cotidiano.

Para Tarcísio Padilha, é na história da filosofia que se percebe melhor o ponto de encontro do relativo com o absoluto no que tange às indagações do espírito humano. O relativo exprime a dívida de cada pensador com sua época. O absoluto, o que suas ideias representaram à *philosofia perennis*. Por conseguinte, a ambição de um filósofo deve ser a de falar a verdade eterna dentro da problemática de seu tempo, solucionando assim os problemas peculiares à conjuntura espaçotemporal de sua vida.